Cachaça

HISTÓRIA, GASTRONOMIA E TURISMO

Dados Internacionais de Catalogação na Publicação (CIP)
(Jeane Passos de Souza - CRB 8ª/6189)

Silva, Jairo Martins da
  Cachaça: história, gastronomia e turismo / Jairo Martins da Silva. – São Paulo : Editora Senac São Paulo, 2018.

  Bibliografia.
  ISBN 978-85-396-2407-2
  e-ISBN 978-85-396-2408-9 (ePub/2018)
  e-ISBN 978-85-396-2409-6 (PDF/2018)

  1. Cachaça   2. Cachaça – Brasil 3. Gastronomia – Cachaça 4. Cachaça – História   I. Título. II. Autor

18-006s   CDD – 663.5
                                            BISAC CKB088000

Índice para catálogo sistemático:
1. Cachaça : História e Gastronomia 663.5

Cachaça

HISTÓRIA, GASTRONOMIA E TURISMO

Jairo Martins da Silva

Editora Senac São Paulo - São Paulo - 2018

Administração Regional do Senac no Estado de São Paulo
Presidente do Conselho Regional: Abram Szajman
Diretor do Departamento Regional: Luiz Francisco de A. Salgado
Superintendente Universitário e de Desenvolvimento: Luiz Carlos Dourado

Editora Senac São Paulo
Conselho Editorial: Luiz Francisco de A. Salgado
                   Luiz Carlos Dourado
                   Darcio Sayad Maia
                   Lucila Mara Sbrana Sciotti
                   Luís Américo Tousi Botelho

Gerente/Publisher: Luís Américo Tousi Botelho
Coordenação Editorial: Verônica Pirani de Oliveira
Prospecção: Andreza Fernandes dos Passos de Paula, Dolores Crisci Manzano, Paloma Marques Santos
Administrativo: Marina P. Alves
Comercial: Aldair Novais Pereira
Comunicação e Eventos: Tania Mayumi Doyama Natal

Edição e Preparação de Texto: Adalberto Luís de Oliveira
Coordenação de Revisão de Texto: Marcelo Nardeli
Revisão de Texto: Silvana Gouvea
Coordenação de Arte: Antonio Carlos De Angelis
Projeto Gráfico e Editoração Eletrônica: Thiago Planchart
Impressão e Acabamento: PifferPrint

Todos os direitos desta edição reservados à:
Editora Senac São Paulo
Av. Engenheiro Eusébio Stevaux, 823 – Prédio Editora
Jurubatuba – CEP 04696-000 – São Paulo – SP
Tel. (11) 2187-4450
editora@sp.senac.br
https://www.editorasenacsp.com.br

© Editora Senac São Paulo, 2018

Sumário

Nota do editor | 7
Prefácio - Gilberto Freyre Neto | 9

Parte I – A cachaça
História | 13
Sociologia | 25
Matéria-prima | 53
Processos produtivos, tipos e estilos | 67
Elaboração em madeiras | 95
Regiões produtoras | 107
Degustação e apreciação | 127
Mixologia | 139
Cachaçogastronomia | 171
Serviço | 181
Marco legal | 195

Parte II – O turismo da cachaça
Cachaça e turismo: cachaçoturismo | 209
O mapa turístico da cachaça | 211

Cachaçarias no Brasil | 213

Sinonímia | 297
Glossário | 305
Bibliografia | 311
Crédito das imagens | 315
Sobre o autor | 317

Nota do editor

Há muito tempo, os processos de fermentação e destilação são empregados pela humanidade para transformar o açúcar dos cereais ou das frutas em bebida alcoólica - usada tanto em rituais religiosos como na confraternização entre vencedores de batalhas, ou entre amigos e familiares nos tempos de paz.

O cultivo da cana-de-açúcar - embora um dos principais agentes motivadores seja a produção do que no mundo antigo era considerada uma especiaria preciosa, o açúcar - também abriu caminho para a confraternização social, desde quando se passou a obter dessa planta a cachaça!

A produção da cachaça no Brasil envolve grande parte da história dos exploradores portugueses e sua busca por especiarias e novas rotas marítimas, bem como o tristíssimo capítulo da vida de africanos escravos empregados no plantio da cana, entrelaçados na constituição de nossas riquezas tanto econômicas quanto culturais!

De bebida de escravos, passando por um processo produtivo cada vez mais sofisticado, hoje a cachaça é comercializada não só nos bares e botecos mais populares como também nos melhores mercados e restaurantes do mundo.

Conhecer um pouco mais profundamente a feitura dessa bebida aumenta o prazer com que a degustamos, seja quando genuinamente pura, seja na caipirinha ou em uma batida de frutas, seja ainda nas harmonizações com pratos das mais diferentes texturas.

Lançamento do Senac São Paulo, este livro é essencial aos estudantes da nossa história social, bem como aos profissionais da gastronomia e do turismo, podendo ser consumido sem nenhuma moderação!

Prefácio

Jairo Martins, com profundidade e nobreza, mergulha na história e na cultura daquela que é a rainha das bebidas na América. Com informações profundas da origem, dos métodos de produção e do serviço da brasileiríssima cachaça, este livro vem a ser um importante referencial sobre a chegada ao Brasil de um método de produção de bebidas a partir de uma tecnologia e de uma cultura agrícola transnacional, trazida pelos portugueses dos confins do mundo, da Ásia e da Oceania, passando pela ciência árabe-persa.

Presente em todas as etapas de desenvolvimento deste país-continente, com identidade forte e grandes variantes de sabores, odores e cores, a cachaça tornou-se a mãe da caipirinha e das batidas de frutas brasileiras, que tanto conquistam paladares mundo afora com suas combinações nacionais ou regionais tão genuinamente nossas. Nada mais justo que busquemos referenciais de produção, armazenagem e envelhecimento que valorizem esse produto que tem forte potencial para conquistar o mundo levando a alegria brasileira para quem dela precisa.

Escrito para que todos possam lê-lo, com linguagem fácil, sem deixar de ser profundo, este trabalho de pesquisa é essencial para os amantes da boa cachaça, do apreciador mais telúrico ao consumidor mais especializado, seja pela qualidade da informação aqui trazida, seja pela oportunidade de contemplar a ampla trajetória da mais antiga bebida destilada das Américas. Trata-se de louvável iniciativa e bela homenagem à civilização do açúcar e seu legado, entranhado no sangue e na alma de todo brasileiro.

Gilberto Freyre Neto
Fundação Gilberto Freyre

Parte I
A cachaça

Fig. 1: Alambique antigo.

História

Após domesticar o fogo e inventar a roda, o homem descobriu que suco de fruta fermentado deixava alegre e fazia tudo rodopiar. A existência do álcool como bebida está presente em todas as culturas humanas conhecidas nos vários estágios da civilização.

Nas pirâmides do Egito, por exemplo, algumas datadas de até 4.000 a.C., foram encontradas ânforas com cerveja, confirmando que o álcool deve ser quase tão antigo quanto a própria agricultura. Sabe-se ainda que, no Egito antigo, várias doenças eram curadas pela inalação de vapores de líquidos aromatizados e fermentados, em ambiente fechado, emanados diretamente do bico de uma chaleira.

Uma vez que as bebidas alcoólicas fermentadas são de fácil obtenção, as destiladas requerem um processo mais refinado, o que só poderia ter sido desenvolvido por uma civilização em estágio mais adiantado. Acredita-se que a destilação, como hoje praticada, tenha sido desenvolvida pelos árabes, cerca de 3.000 a.C. Supõe-se que, no ano 800 a.C., o primeiro arak (destilado de arroz ou melaço) tenha sido produzido na Índia. No século IV a.C., Aristóteles descreveu o "princípio físico da destilação", esclarecendo o processo de transformação da água do mar em água potável (MALLE; SCHMICKL, 2003).

Água da vida

Pode ser uma grande coincidência, mas é importante o registro de que em vários idiomas, em diferentes culturas, a palavra que designa a bebida destilada é associada às palavras água ou vida. Exemplo disso já se observa na nossa cachaça, também chamada de "água ardente", em que o "ardente" se refere à "chama da vida". Na Noruega, por exemplo, temos o "acquavit" dos vikings, em que a expressão latina "aqua vitae" está bem clara. No caso do uísque da Escócia, a palavra origina-se de "uisgebeatha", que, em celta antigo, significa exatamente a mesma coisa: "água da vida". Os destilados franceses, feitos à base de frutas, levam também o mesmo nome, "eau de vie", e, na Rússia, "vodka" traduz-se por "aguazinha", que tem uma conotação positiva (HABER, 2004).

Há ainda outras palavras que lembram a associação do álcool ao "espírito da vida". Alguns idiomas europeus utilizam a palavra latina "spiritus" para dar nomes às suas bebidas destiladas, como o polonês e o alemão, entre outros. No Brasil, muitos se lembram, principalmente os mais velhos, da antiga "espiriteira", um recipiente de metal ou vidro, contendo um pavio embebido em álcool, que era muito usado em locais onde não havia energia elétrica, para trazer a "luz", ou seja, a "vida".

Aguardente

Em sua História natural, o naturalista romano Plínio, o Velho, que viveu entre os anos 23 e 79 d.C., registrou o processo de obtenção da "acqua ardens" – a "água que pega fogo". Como descrito no seu trabalho da ciência, o vapor, oriundo da resina do cedro, apanhado em um pedaço de lã, transformava-se em líquido que ele chamou de "alkuhu". O primeiro livro especializado, chamado Livro da destilação, foi escrito por Jerônimo, e continha uma série de ilustrações sobre o processo da obtenção do produto, além de várias receitas nas quais poderia ser empregado.

Estudada pelos alquimistas na Idade Média, à "água ardente" foram atribuídas propriedades místico-medicinais, sendo transformada em "água da vida", isto é, "eau de vie", e prescrita como "elixir da longevidade", para a cura de diversos males. No século XVI, entretanto, foi Paracelso quem batizou a aguardente com o nome definitivo de "álcool", publicado em um detalhado livro sobre o processo da destilação (NEVEU, 1999).

Pela força de expansão do Império Romano, a água ardente apareceu no Oriente Médio com o nome de al raga que deu origem ao nome da mais conhecida aguardente da Península Sul da Ásia, o arak, aguardente anisada, comumente tomada com água, que a faz adquirir uma tonalidade branca como o leite. Atualmente, obtido de grãos de cereais, tâmaras e seiva de coqueiros, o arak é encontrado na Índia, Arábia Saudita, Egito e Indonésia. Na Turquia há também o raki, um destilado anisado feito de uva.

Assim, a tecnologia e os equipamentos de destilação descobertos pelos árabes espalharam-se pelo Velho e Novo Mundo, dando origem a diversos tipos de destilados. Em Veneza, na Itália, surgiu a grappa, um destilado feito de bagaço de uvas. Na Alemanha, além do Geist, destilado aromatizado de frutas, raízes ou ervas, originou-se o conhecido Schnaps, que aparece mais comumente com as designações de Korn e Obstler, além do apreciado Steinhäger. Quando feito do bagaço de uva, o destilado alemão recebe os nomes de: Weinbrand, Trester, Treber ou Marc. Os franceses tornaram-se também conhecidos pelos destilados, como o cognac, oriundo da região de Charente; o armagnac, que se iniciou em Bordeaux e se espalhou até os Pirineus na fronteira com a Espanha; a aguardente calvados, produzida na região da Normandia, e o tradicional poire, da região francesa da Alsácia.

Fig. 2: Alquimista.

Além do orujo e do patxarán, a Espanha inovou na técnica de envelhecer e produz o brandy espanhol, também conhecido como brandy de Jerez. Com o nome de genever, a Holanda produz um destilado de malte, cevada e milho, que, mais tarde na Inglaterra ganhou o apelido de gin. Entre os eslavos surgiu a vodka, que hoje é produzida em quase todo o mundo, principalmente na Rússia e na Polônia. A que é produzida na Polônia é feita com cereais, batata ou beterraba. Para os russos, a tradicional vodka deve ser produzida com cereais. Na Hungria e na antiga Iugoslávia surgiram os destilados de ameixa, conhecidos como slibowitz. Na Grécia, surgiu o ouzo, que é muito semelhante ao arak, e na Romênia, a tiuca. Na América anglo-saxônica, predominou o whisky ou o whiskey, obtido do malte de cevada e outros cereais, que foi originado na Escócia. Nos Estados Unidos também são consumidos o bourbon e o tennessee whiskey. Na América Latina predominam, além da tequila – feita de agave e que teve suas origens nos povos asteca e maia, que fermentavam o pulque, que deu origem ao mezcal, à bacanora, ao sotol e à raicilla, que são as bebidas nacionais do México; o rum, no Caribe e em toda a América Central; a aguardiente da Colômbia, feita de cana-de-açúcar e anis; a puntas, do Equador; o singani, elaborado de uva, da Bolívia; o pisco, também de uva, originário do Chile e do Peru; e a caña, feita de cana-de-açúcar, produzida no Paraguai. É importante chamar a atenção de que muitos incluem, por engano, o sakê japonês como da família das aguardentes, embora trate-se, na verdade, de um fermentado de arroz, e não de um destilado. No Japão, o destilado feito de arroz é o shochu. Na China há o maotai e o baiju. Na Coreia, há o soju.

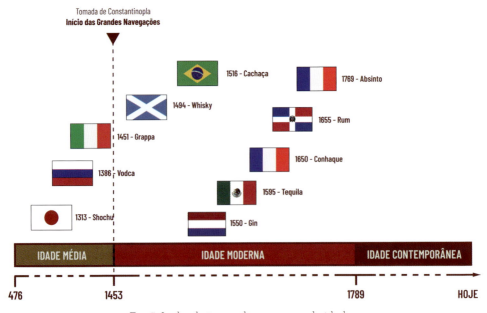

Fig. 3: Linha do tempo dos principais destilados.

Na Suíça, no final do século XVIII, surge o polêmico destilado de tonalidade verde, o absinto, "la Fée Verte" (a Fada Verde), feito à base de vermute (Artemisia Absinthium), com 50% a 85% em volume de álcool. Nos séculos XIX e XX, o absinto foi a bebida preferida no meio artístico, pois favorecia o processo criativo. Entretanto, a partir de 1908, o seu consumo foi proibido devido às suas propriedades alucinógenas, causadas pela substância tujona. Em 1998 foi novamente liberada após a publicação de procedimentos mais rígidos de produção.

Portugal, além da medronheira, aguardente feita de medronho, e da aguardente vínica, utilizando também a tecnologia de destilação dos árabes, aproveita o bagaço da uva e produz a aguardente bagaceira, que pode ter gerado o embrião para o surgimento da nossa cachaça. Quando envelhecida é chamada de aguardente velha.

Cachaça

Apesar de existirem várias versões sobre a origem da cachaça brasileira, é certo que a sua história se confunde com a história do Brasil, tendo como protagonistas a cana-de-açúcar, o escravo africano e o imigrante português, que, juntos, em terras habitadas pelo índio, criaram a bebida que mais simboliza o espírito descontraído do brasileiro.

Mesmo sendo o consumo de bebidas espirituosas uma prática comum entre os indígenas, que produziam o cauim, sabe-se que a cachaça não se originou daí. O cauim é uma bebida feita geralmente de mandioca, milho ou caju, cujo processo de elaboração consiste em mastigar a matéria-prima e depois cuspi-la em outro recipiente, quando então se inicia a fermentação. O cauim era consumido em grandes quantidades, por homens e mulheres, durante as constantes festas na tribo, além de fazer parte do ritual canibal, antes dos verdadeiros banquetes servidos com as carnes dos inimigos. Certamente, o processo de produção da atual aguardente tiquira, do Maranhão, originou-se do cauim, aplicando-se a tecnologia da destilação, que não era de domínio dos indígenas.

Embora o étimo do provavelmente brasileirismo "cachaça" continue ainda indefinido, alguns autores e lexicógrafos apresentam as suas considerações. Corominas, em seu Diccionario crítico etimológico de la lengua castellana, sobre o verbete espanhol "cacha" - cada uma das peças que formam o cabo das navalhas -, lembra que a palavra portuguesa "cacho" deve provir de "cacha" e deve ser a base da palavra "cachaço" - pescoço gordo, soberba, arrogância -, que antigamente, e ainda no Brasil, era usada para indicar o "porco gordo, cevado", e que nesta acepção, já aparece em 1188 a forma "cachaça", que seria um lusitanismo do espanhol "cachaza". Moraes Silva, em seu dicionário da língua portuguesa, remete ao espanhol "gachas", que, na acepção de melaço, refere-se a uma comida composta de farinha cozida em água e sal, documentada na primeira metade do século XV, à qual ele associa à "cachaça", definida como "aguardente extraída da borra do melaço" e "espuma produzida na primeira fervura da cana-de-açúcar", acepção já considerada brasileira. Antenor Nascentes, entretanto, lembra, em seu Dicionário etimológico da língua portuguesa, que apenas alguns autores consignam como de origem africana o vocábulo, citando Maximino Maciel e Amadeu Amaral. Silveira Bueno, conforme escreve Mario Souto Maior, no seu livro Cachaça (1970), é da opinião que "antigamente cachaça era sinônimo de porco (cachaço) e de porca (cachaça). Como a carne era dura, ajuntavam-lhe aguardente para amolecê-la. O nome de porca (cachaça) passou a significar a mesma aguardente". Assim, segundo ele, aguardente e cachaça são sinônimos. Luís da Câmara Cascudo (1986) comenta, em sua obra Prelúdio da cachaça, que a mais antiga menção à palavra cachaça, em Portugal, foi encontrada em uma carta de Sá de Miranda (1481-1558), endereçada ao seu amigo e comensal Antônio Pereira. Faz-se o elogio da independência e fartura das quintas fidalgas, acolhedoras e tranquilas no arvoredo do Minho:

> Ali não mordia a graça,
> Eram iguais os juízes;
> Não vinha nada da praça,
> Ali, da vossa cachaça!
> Ali, das vossas perdizes!

No entanto, a versão mais lógica e coerente é que o nome "cachaça" origina-se do espanhol "cachaza", que, bem antes de 1500, na Península Ibérica, denominava uma bagaceira de baixa qualidade. A palavra "cachaça" é, como tudo indica, um brasileirismo que teve o seu uso generalizado entre 1600 e 1700, para denominar a nossa aguardente de cana.

Historicamente, o surgimento da cachaça se deu durante as primeiras tentativas de exploração das terras brasileiras pelos portugueses. A primeira plantação de cana foi feita em 1504 pelo fidalgo judeu de Portugal Fernão de Noronha, que recebeu a ilha, batizada com o seu nome, para exploração do pau-brasil. Há referências de que o primeiro engenho de açúcar foi construído por Cristovão Jacques, em 1516, na Feitoria de Itamaracá, criada pelo rei D. Manuel no litoral pernambucano. A prova documental dessa tese está nos registros de pagamento de tributo alfandegário sobre carga de açúcar, vinda de Pernambuco, datados de 1526, e encontrados em Lisboa (FREYRE, 2012). Pesquisas arqueológicas, conduzidas pela Universidade Federal da Bahia, encontraram ruínas de um engenho de açúcar, datado de 1520, nas redondezas de Porto Seguro. Em contrapartida, pelo fato de Martim Afonso de Souza ter chefiado a primeira expedição colonizadora oficial do Brasil, tendo fundado a Vila

Fig. 4: Antigo engenho de açúcar.

de São Vicente em 1532 e logo iniciado o cultivo da cana e a construção de engenhos de açúcar, tem sido defendida a tese de que a produção de açúcar, e consequentemente da cachaça, tenha sido iniciada no litoral paulista.

Embora não haja dúvidas de que a cachaça tenha nascido, intencionalmente, não por acaso, em algum engenho da Costa do Brasil, pois os portugueses já utilizavam o processo de destilação para produzir a bagaceira (destilado de cascas de uvas), as vertentes citadas conduzem a três versões sobre o local de surgimento da cachaça no Brasil: Pernambuco, Bahia ou São Paulo. Apesar de não haver registro preciso, pode-se afirmar que a cachaça surgiu no território brasileiro, em algum engenho do litoral, entre os anos de 1516 e 1532, sendo, portanto, o primeiro destilado das Américas, antes mesmo do aparecimento do pisco peruano, da tequila mexicana, do rum caribenho e do bourbon americano.

A produção em maior escala no Brasil começou nos fins do século XVI, após a implantação do sistema de Capitanias Hereditárias. Conforme Gabriel Soares de Sousa em seu Tratado descritivo do Brasil em 1587, no capítulo sobre "quantas igrejas, en-

Fig. 5: Sistema de capitanias hereditárias no Brasil.

genhos e embarcações tem a Bahia", diz ele: "Tem mais oito casas de cozer meles, de muita fábrica e mui proveitosas" (SOUSA, 1938, p. 173). Há registros de que, em 1610, a bebida já existia no Brasil, pois, durante a sua estada em Salvador nessa época, o francês Pyrard de Laval escrevera: "Faz-se vinho com o suco da cana, que é barato, mas só para os escravos e filhos da terra" (CASCUDO, 1986, p. 15).

Aparecem também referências à cachaça no Livro de Contas do Engenho "Ceregype do Conde", no Recôncavo Baiano, que pertencia a Mem de Sá e posteriormente foi herdado pela sua filha, casada com o conde de Linhares. Não se sabe se por doação ou venda, esse engenho, em 1662, pertencia ao Colégio dos Jesuítas de Santo Antão de Lisboa, com o nome de "Engenho de Nossa Senhora da Purificação de Ceregype do Conde". Segundo as prestações de contas de 1622 a 1653, os portugueses do Ceregype compravam para seu consumo pipas e mais pipas de vinho, azeite doce, queijo do reino, azeitona, lentilha e marmelada. Os escravos alimentavam-se de farinha, caça, pesca e frutas; ovos e galinhas só quando estavam doentes. A aguardente, adquirida e depois fabricada no engenho, era para o consumo dos negros, durante o inverno ou em caso de enfermidades.

Também no período da escravidão, a "aguardente da terra" teve uma grande valorização, pois, juntamente com o tabaco, passou a ser moeda corrente de extensa circulação para o escambo de escravos. Além disso, a cachaça era servida aos escravos e aos marinheiros, para que eles suportassem a longa viagem pelo oceano, entre a África e o Brasil. Ambrosio Richshoffer, embarcado na esquadra holandesa que vem assaltar Pernambuco, anota no seu Diário em 31 de dezembro de 1629: "foi então dada a ordem de distribuir-se, pela manhã e à noite, um pouco de aguardente pelas equipagens" (RICHSHOFFER, 1897, p. 42).

Durante o período em que o conde Maurício de Nassau governou, no Recife, o Brasil Holandês (1637-1644), o médico Guilhermo Piso e o naturalista Jorge Marcgrave descreveram a fabricação do açúcar em Pernambuco, fazendo alusão à cachaça: "o caldo é sujeito à ação de um fogo lento, sempre movido e purgado por uma grande colher de cobre chamada 'escumadeira', até que fique bem escumado e purificado. A escuma é recebida numa canoa, posta embaixo, chamada 'tanque', e assim também a cachaça" (CASCUDO, 1986, p. 16).

Em 1654, os holandeses foram expulsos de Pernambuco, tendo retomado a produção do açúcar no Caribe e iniciaram, em 1655, a destilação de uma bebida, que chamaram inicialmente de "tafiá", que deu origem ao rum. Assim, pode-se dizer que o rum caribenho é filho da cachaça.

Com o passar do tempo, a cachaça, que inicialmente era bebida de escravos, teve seu processo produtivo cada vez mais aprimorado, atraindo vários consumidores e passando a ter importância econômica no Brasil Colônia. Com isso, os vinhos e a bagaceira importados de Portugal experimentaram uma redução alarmante do seu consumo. A relevância que a cachaça começou a adquirir, aliada ao fato de não ser taxada, fez com que aflorassem conflitos de interesses, obrigando a Coroa Portuguesa, em 1649, por meio da Carta Real, a proibir a fabricação e a venda de aguardente em todo o Brasil. Talvez pela importância econômica no cenário açucareiro e agrícola da época, essa proibição tinha duas exceções: não se aplicava a Pernambuco e o uso da bebida ficava restrito à população escrava, não sendo permitida a venda, mas apenas a produção para o consumo próprio.

Devido à pressão da Companhia Geral do Comércio, a comercialização foi liberada, porém com a introdução de um novo imposto sobre a cachaça. Então, em 1660, senhores de engenho e membros da Câmara do Rio de Janeiro enviaram ao Governador uma lista de reivindicações. Como não foram atendidas, eles deflagraram, em junho de 1661, a Revolta da Cachaça.

A partir daí houve uma grande reação dos senhores de engenho, comerciantes e destiladores, que continuaram a produzir e a vender a cachaça. Com a descoberta do ouro nas Minas Gerais, surgiram vários povoados espalhados em lugares altos e úmidos da serra do Espinhaço. Os garimpeiros, para amenizar o frio, passaram a consumir ainda mais a cachaça, então proibida, que era trazida pelos tropeiros que subiam a serra pelas trilhas - daí a histórica "Trilha do Ouro" - levando mercadorias e gêneros para o consumo diário.

Como todo o ouro era escoado para Portugal, por meio da baía da Ilha Grande, especificamente pelo Porto de Paraty, as trilhas dos tropeiros partiam também desta cidade. Devido ao crescente comércio da cachaça, mesmo na época da proibição da bebida, houve uma proliferação de alambiques clandestinos nessa região, que chegou a ter cerca de 150 engenhos. A fama da região como produtora de cachaça cresceu tanto que "parati" passou a ser sinônimo de cachaça, sendo comum pedir um "calix de parati", como utilizado ainda hoje para champagne, cognac, madeira, porto, etc., que são nomes de regiões produtoras dessas bebidas.

O fato é que, mesmo com a interdição, a cachaça, chamada por nomes diferentes, estava em todas as partes. Em 13 de setembro de 1661, em decorrência da Revolta da Cachaça, o rei D. Afonso VI, sob a regência da rainha Dona Luísa de Gusmão, suprimiu a proibição ridícula, inoperante e ineficaz. A solução encontrada pelo Reino foi o aumento constante dos impostos, a partir daí, sobre a sua comercialização. Após alguns anos, precisamente no período entre 1756 e 1766, foi instituído o "Subsídio Voluntário", cujos recursos eram destinados pelo marquês de Pombal, à reconstrução de Lisboa, devastada por um terremoto em 1755. Como se não bastasse essa tributação, em 1772 foi estabelecido o "Subsídio Literário", destinado ao pagamento de "professores de primeiras letras", só revogado oficialmente alguns anos após a independência.

Com o passar do tempo, a cachaça foi conquistando ascensão aos diversos níveis sociais, com um papel importante no período pré-independência, quando era patriotismo não beber produtos vindos de Portugal. Em 1789, durante o movimento da Conjuração Mineira, os intelectuais, sacerdotes e militares envolvidos tomavam a cachaça como símbolo da democracia, de nacionalismo e de protesto contra as ordens de Lisboa.

Quando, em Pernambuco, rebentou a revolução de 1817, a cachaça foi o símbolo da luta contra o domínio português. Os pernambucanos, imbuídos do seu típico nacionalismo, boicotaram os produtos oriundos do Reino. Chegaram até a substituir o pão pelo cuscuz e pela tapioca, para não consumir a farinha de trigo. Gilberto Freyre lembra que "o padre João Ribeiro - uma das figuras mais doces que já passaram pela história do Brasil - fazia questão de levantar seus brindes com aguardente de cana, em vez de vinho do Porto. Era a exaltação patriótica e romântica da cana-de-açúcar" (FREYRE, 1989, p. 98). Ainda na revolução de 1817, Luiz da Câmara Cascudo também comenta que "o padre João Ribeiro, mentor tão legítimo que se suicidou na derrota, recusou o calix de vinho francês, que lhe oferecia Tollenare, e pediu, para o brinde, a aguardente" (CASCUDO, 1986, p. 37).

Passada a fase dos movimentos nacionalistas, chegou a independência em 1822. A história do Brasil evoluía, assim como o consumo da cachaça, pelas mais diversas classes sociais, principalmente pelos níveis mais baixos, devido ao preço extremamente acessível. Muita gente desocupada perambulava pelas ruas pedindo esmolas para comprar cachaça e afogar suas desgraças. O fato agravou-se principalmente depois da bem-intencionada, porém mal planejada, Abolição dos Escravos. Saindo das casas dos seus patrões para comemorar a vitória, após uma semana de festas, esses escravos não tinham mais abrigo nem comida. A partir de então, a cachaça experimentou o seu lado triste, servindo de refúgio para amenizar as dores da miséria e da

Fig. 6: Semana de Arte Moderna de 1922.

fome. Aí começa a decadência da cachaça, que passa muito tempo a ser vista com preconceitos, como bebida de "pinguços" e "cachaceiros", que se tornaram termos pejorativos e macularam a imagem da cachaça.

Em fevereiro de 1922, durante a Semana de Arte Moderna, que, por meio dos campos literários e das artes plásticas, buscava romper as tradições acadêmicas e reforçar o acento brasileiro, principalmente no Rio de Janeiro, São Paulo, Minas Gerais e Pernambuco, a cachaça volta à mesa, acompanhando pratos tradicionalmente brasileiros.

Desde essa época, a cachaça passou a inspirar cantigas, trovas e rezas. Chegou a ser tema de músicas populares, nos sambas, marchinhas, frevos e serestas, como parte integrante da realidade brasileira, histórica e social.

Sociologia

A existência do álcool como bebida é um daqueles fatos que está presente em todas as culturas humanas conhecidas, em quaisquer estágios de civilização. Assim como determinadas descobertas e invenções constituem verdadeiros átomos que integram a história humana, o álcool ocupa uma posição especial devido ao múltiplo impacto sobre a sociedade, os relacionamentos entre pessoas e os problemas sociais.

Consequentemente, a importância da cachaça para a construção da sociedade brasileira não é, de modo algum, um tema trivial ou inferior. Quando se pensa em uma bebida legitimamente brasileira, que incorpora todos os elementos socioantropológicos do País, como o folclore, as religiões, a economia, as classes e os problemas sociais, automaticamente lembramos da pura e genuína aguardente de cana-de-açúcar. A história da cachaça confunde-se com a própria história brasileira - foi a primeira bebida destilada nas Américas, intencionalmente, entre os anos 1516 e 1532, nos primeiros anos da produção do açúcar no Brasil. A cachaça não teve apenas o seu nome popularizado aqui - ela nasceu nessa terra (SILVA, 2008).

Está presente não apenas nas conversas de bares e bodegas do Brasil rural e urbano, mas também é obrigatória, devido ao seu poder catalisador, sempre que há motivos, festivos ou não, para se juntar pessoas. Seja em casamentos, batizados, celebrações, cantorias, velórios, oferendas, ou seja no preparo de medicamentos populares, a cachaça sempre está presente no cotidiano do brasileiro, tornando-se uma verdadeira "paixão nacional".

Uma prova da importância da cachaça como ícone nacional ficou registrada nas palavras finais do discurso do presidente Fernando Henrique Cardoso no início das comemorações dos 500 anos do Descobrimento do Brasil: "Que a celebração dos 500 anos fique na história com o selo desse compromisso. Peço a todos que brindem comigo ao futuro. E o brinde será com a mais autêntica das bebidas brasileiras: a nossa cana, a cachaça" (FOLHA S.PAULO, 2000).

Fig. 1: Engenho de açúcar no Brasil Colônia.

O princípio de tudo

Tudo começou com a cana-de-açúcar que, plantada no Nordeste e Sudeste brasileiros, na época das concessões das Feitorias, e, depois, no regime das Capitanias Hereditárias, pelo escravo africano – irrigada com suas lágrimas, adubada com o seu sangue, colhida e industrializada com seu suor –, chegou a ser o ponto mais alto da nossa economia, o orgulho do português colonizador e a cobiça dos invasores. Por meio do conhecimento europeu e da habilidade africana, a cana-de-açúcar foi transformada, em um passe de mágica, em açúcar, rapadura, melaço e cachaça... e como disse o padre Antônio Vieira, na carta ao marquês de Niza, em 12 de agosto de 1648: "sem negros não haverá Pernambuco" (GLASGOW, 1982, p. 47) ou, em outras palavras, "sem negros não há açúcar" e "sem açúcar não há Brasil".

Foi a cana-de-açúcar o embrião de todos os fatos antropológicos e sociológicos que se desencadearam a partir da cachaça. Ela influenciou a língua portuguesa com a invenção de um bocado de palavras que não apenas a enriqueceram, como também a adoçaram, principalmente nas coisas do bem-querer e da afetividade; engrandeceu a nossa culinária com uma infinidade de bolos e doces; aglutinou fatores econômicos e sociais em torno dos engenhos, que foram a mangedoura da cachaça e que, de uma maneira ou de outra, contribuíram fortemente para a formação da nacionalidade brasileira.

Cachaça e a sociedade escravagista

A presença da cachaça na sociedade escravagista colonial foi sempre constante, atuando principalmente como integradora na dinâmica social, tanto da senzala como do quilombo.

O consumo cotidiano da aguardente de cana pela população escrava, promovendo a sua interação, normalmente à noite, embora pudesse ser encarado como um problema, constituía um elemento político que favorecia a manutenção do escravismo. No ambiente da senzala, a cachaça atuava como lenitivo, fazendo com que o escravo se esquecesse da sua condição e entrasse em um processo de acomodação e amortecimento do potencial de rebeldia, que era o intento dos patrões na época. No entanto, nos quilombos – comunidades formadas por escravos fugitivos –, o consumo da cachaça era visto como gerador de um comportamento rebelde e sedicioso, mas principalmente de união. Os fazendeiros alegavam que os escravos encontravam na cachaça força, energia e coragem para fugirem do cativeiro e se juntarem aos rebel-

Fig. 2: Cachaça na sociedade escravagista.

des quilombolas, que, por sua vez, consumiam a aguardente de cana como elemento integrador, durante as longas noites de discussão das ações estratégicas e táticas.

O fato é que, na dinâmica social e no processo histórico, a cachaça foi mais um elemento por meio do qual se viabilizou um conjunto de interações entre todos os agentes envolvidos com a sociedade escravagista colonial.

Cachaça e sentimento

Morrendo de saudade, suportando um exílio forçado e injusto, além da judiação dos feitores dos senhores de engenho, o escravo africano, sem dúvida, reconhecido como o construtor dos alicerces econômicos do Brasil, por meio da agricultura e da mineração, foi quem primeiro usou a cachaça para curar os seus males do espírito. Para afugentar o "banzo", uma espécie de loucura nostálgica mortal, que dizimava os escravos pela inanição e fastio, a cachaça atuava como os antidepressivos da realidade da época, preenchendo o vazio das frustrações humanas causado pela saudade da terra e dos parentes que ficaram no além-mar. Depois que os negros africanos fizeram da cachaça a sua "amante dos infortúnios", começaram a beber, como que buscando uma desculpa para afogar no copo a dor de uma paixão infeliz ou de uma traição amorosa - a conhecida "dor de corno", responsável pela geração de um punhado de ébrios.

Cachaça e labutação

Foi também no trabalho com a cana-de-açúcar que, em muitos engenhos, dava-se cachaça aos escravos logo na primeira refeição do dia, para que melhor pudessem suportar o árduo trabalho nos canaviais, durante o período de chuva, atolados no barro massapê. Na exploração dos minérios, o trabalho não era feito sem a cachaça, que protegia os negros do frio e das doenças, mantendo-os aquecidos durante as horas que ficavam cavando as montanhas ou mergulhados nos rios, lidando com as pedras e com as bateias. Foi durante o Ciclo do Ouro que surgiram vários alambiques nas redondezas da cidade de Paraty, no Rio de Janeiro, cuja produção de cachaça era transportada pelos tropeiros para os escravos e trabalhadores nas montanhas de Minas Gerais. Nesse caso, a bebida não apenas servia para amenizar o frio e a umidade, durante o trabalho e o descanso, mas também para mitigar a solidão e a distância dos entes queridos. Embora esse lado do consumo da cachaça nos desperte um sentimento de maior humanidade, não podemos esquecer de que também foi fator de queda de produtividade para aqueles que desgraçadamente se entregaram, de corpo e alma, como ainda tantos o fazem, aos caprichos da "branquinha" que vicia e sabe ser, mais do que qualquer outra bebida, sobejamente tirana.

Infelizmente, devido ao desnível social que ainda reina no Brasil, a cachaça, graças ao seu conteúdo calórico, tem servido como alimento de muito trabalhador braçal. No Nordeste do Brasil era comum se encontrar grupos de estivadores tomando no café da manhã cachaça e farinha, o que também se repetia no almoço, economizando, portanto, dinheiro para o leite e o mingau das crianças.

Apesar da dureza da jornada, o brasileiro, com sua criatividade e humor, não deixa de explorar o lado lúdico da cachaça e do trabalho, como é mostrado no quadro:

As doze razões para se liberar o consumo de cachaça no trabalho:

1. É um incentivo para ir ao trabalho.
2. Reduz o estresse.
3. Gera comunicações mais abertas.
4. Reduz os custos de aquecimento no inverno.
5. Elimina as férias, porque todos vão preferir trabalhar.
6. Reduz as faltas, porque se pode trabalhar de ressaca.
7. Reduz o consumo de café para curar a bebedeira.
8. Aumenta as horas produtivas, pois o happy hour é feito no próprio trabalho.
9. A comida do refeitório fica com gosto melhor.
10. Reduz as reclamações sobre salários baixos.
11. Os armários vão finalmente ter um uso.
12. A empresa vai ser premiada como a que tem o melhor clima de trabalho.

Fig. 3: Cachaça e os cultos afro-brasileiros.

Cachaça e religião

Talvez pelo fato de a aguardente ser parte integrante dos cerimoniais religiosos dos indígenas e de africanos e de os portugueses estarem familiarizados com o vinho da missa e com a bagaceira, a cachaça passou logo a desempenhar o seu papel na história religiosa brasileira.

Alguns ritos e hábitos, ainda hoje utilizados pelos bebedores tradicionais, demonstram laços existentes entre a cachaça, a religião católica e os cultos afro-brasileiros: tomar cachaça em velório, ou "beber o morto", para espantar a tristeza, ou fazer um rodeio do copo cheio sobre a cabeça antes de beber, são atos de busca de proteção dos deuses, na liturgia dos cultos africanos. O ainda atualíssimo gesto de "dar pro santo", derramando um pouco da bebida no chão, trata-se de uma oferenda antecipada ao santo, já confessando e pagando o pecado que será cometido logo em seguida, em uma atitude pensadamente proativa do fiel devoto. Com o aumento do preço da cachaça, entretanto, muitos têm se esquivado dessa obrigação, alegando que o surgimento do "rosário" de pequenas bolhas, ao se agitar a garrafa, já é um indício de que a sua ingestão está liberada, podendo ser feita sem medo de pecar.

Hoje em dia também se denomina a "parte do santo" aquela porção que se evapora quando a cachaça é armazenada, por algum tempo, em barris de madeira, para maturação ou envelhecimento.

Na Sexta-feira Santa, na região sudeste do Brasil, é costume de muitas famílias ingerir cachaça com alho para "fechar o corpo", protegendo os bebedores do "mau-olhado" ou do "olho gordo".

Como a maioria das manifestações folclóricas brasileiras está vinculada às seitas africanas e às festas da Igreja Católica – e a cachaça sempre esteve presente nesses eventos, seja como oferenda, ou como ato de comemoração –, pode-se dizer que a nossa bebida nacional instituiu uma ligação, de certa forma ilícita, porém verdadeira, entre o profano e o sagrado.

Como bem relata Luís da Câmara Cascudo, o povo brasileiro tem uma imaginação tão exuberante que conseguiu até uma legião de santos escolhidos na hagiologia da Igreja para protetores da cachaça: Santa Joana D'Arc, porque "morreu de fogo", São Jorge, porque "matou o bicho", e São Benedito, porque já tinha o "cargo" de "Padroeiro Nacional da Cachaça" pela sua descendência escrava, como é o Brasil (CASCUDO, 1986, orelha do livro).

Supõe-se que o culto a São Benedito tenha chegado ao Brasil por meio de Angola, que já tinha um núcleo da Irmandade de São Benedito, criada em Lisboa, em 1619, por mouros e negros convertidos ao catolicismo. Apesar da popularidade de São Benedito, poucos sabem que ele nasceu na Itália, por volta de 1525, era filho de um escravo africano trazido para a Sicília, e se chamava Benedetto Manasseri. Exercendo tarefas humildes de cozinheiro, como frade em um convento da Itália, teve a sua fama difundida em Portugal e Espanha e morreu em 1589. A nomeação de São Benedito como o Santo Padroeiro Nacional da Cachaça foi registrada em verso popular pertencente ao folclore sergipano:

> São Benedito
> é santo preto,
> ele bebe cachaça
> e ronca no peito.
>
> São Benedito
> é negro de raça,
> ele toca pandeiro
> e bebe cachaça.

Menção deve ser feita também a Santo Onofre, que, segundo se conta, era de uma estirpe real e dado ao vício da bebida. Com muita fé, por meio da penitência, oração e força de vontade, venceu o vício do álcool e tornou-se ermitão em Tebaida, no Egito. É evocado para pedir ajuda, ganhar forças e resistir à tentação da bebida. Protege os alcoólicos anônimos para que conservem firme o propósito de viver afastados da bebida e de ajudar os seus semelhantes a fazerem o mesmo.

Cachaça e a Inquisição

Vários foram os processos de sodomitas luso-brasileiros, ocorridos na época da Inquisição Portuguesa, nos quais a aguardente de cana é citada, antes ou depois da consumação de atos homoeróticos, como álibi para diminuir ou livrar a pena dos réus pela prática do "abominável e nefando pecado da sodomia". Na maioria dos processos, a defesa argumentava que "a aguardente fazia perder o juízo". Um sodomita português que servia como soldado em Angola, em meados do século XVII, declarou: "com uma botija de aguardente até fazia dos rapazes o que quisesse, porque a aguardente faz perder o juízo" (VENÂNCIO & CARNEIRO, 2005, p. 47).

Outra história que relacionava o amor homossexual com a cachaça aconteceu em São João Del Rey, no lugar conhecido como "Lamas da Lagoa", em 1752. Foi denunciado que o jovem professor João Pereira de Carvalho enviou um bilhete ao seu aluno Luiz Moreira de Carvalho, de 10 anos: "Meu amorzinho, minha vidinha, vinde para o bananal que eu lá vou com a garrafinha de aguardente" (VENÂNCIO & CARNEIRO, 2005, p. 54).

Também no Maranhão, Francisco Coelho, de 50 anos, descendente de pais açorianos, foi acusado, em 1672, de "cometer por várias vezes, com negros e índios, o pecado nefando" (VENÂNCIO & CARNEIRO, 2005, p. 55). Segundo acusações de alguns dos seus vizinhos, e também de sua própria esposa, "quando o réu bebia, ou estando bêbado, praticava muitos desatinos, querendo de certa vez manter cópula anal com ela ou chamando os escravos para dormir em sua rede" (VENÂNCIO & CARNEIRO, 2005, p. 63).

Alguns sodomitas abordados pela Inquisição alegaram que, esquentados pela aguardente, tiveram perda temporária de memória, tornando-se irresponsáveis pelos seus crimes libidinosos.

Apesar de ser um fato considerado por muitos como negativo na história da cachaça, os processos de sodomia registrados durante a época da Inquisição constituem excelentes referências etnográficas sobre os aspectos da cultura da cachaça no Brasil Colonial.

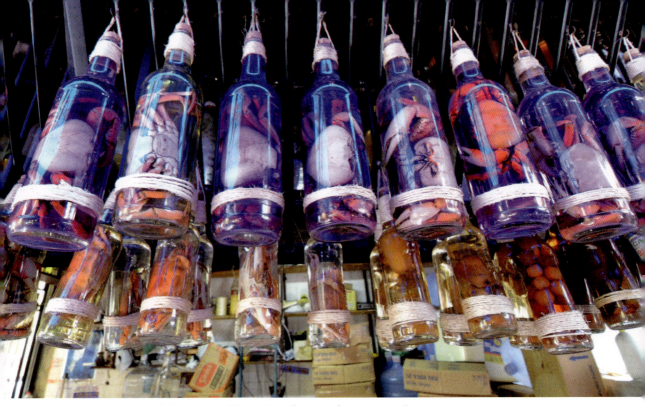

Fig. 4: Remédios populares com cachaça.

Cachaça e folclore

O riquíssimo folclore brasileiro, originado da miscigenação racial - branco, negro e índio -, expresso nas suas lendas, crenças, canções, festas, demologia e costumes, tem também a cachaça como um dos seus principais ornamentos e instrumentos de integração. Em todo o território nacional ocorrem diferentes manifestações folclóricas, de diferentes teores profanos e religiosos. A cachaça é o elemento desinibidor, estimulante da alegria e da criatividade, que está sempre presente nas diferentes festas: quermesses, bailes, folguedos, jogos, casamentos, nascimentos, batizados, folias, novenas, ladainhas e rezas.

Nas festas de final de ano, Natal, Ano Novo e Reis, nas quais as "comedorias" são o ponto alto, as cachaças sempre estão presentes, seja na forma de batidas, seja puras. Há uma mistura de lazer e devoção, de música e hinos, de fé e alegria, porém tudo com o mesmo objetivo de comemorar o aniversário de nascimento do Menino Jesus e a chegada do Novo Ano, com as suas esperanças e com o cumprimento dos votos recebidos. Na região do Vale do Rio Paraíba, em São Paulo, na noite de Natal é costume beber a "Temperada", uma mistura de cachaça e groselha. Nesse ritual há também os que comemoram o Final de Ano bebendo cachaça para se esquecer, na maioria dos casos, de alguma coisa que nem se lembram mais.

Nas Folias de Reis, que marcam o final do ciclo do Natal, os grupos visitam os lares nas cidades e nas roças, cumprimentando e saudando as pessoas, participando de rezas e ladainhas. Nas casas, são recebidos com café e bolo, sendo a cachaça mais uma opção. Também são feitas doações, normalmente ovos, galinhas vivas e também cachaça, como agradecimento à visita e às cantorias.

Na Bahia, a Lavagem da Igreja do Bonfim é um dos grandes acontecimentos que mobiliza gente de todo lugar. É uma mistura de cultura e religião, integrando procissão com samba de roda, eucaristia com comida típica, missa com umbanda, bênção com candomblé, água benta com suor e cachaça, tudo resultando em uma combinação saudável de alegria e fé.

É também comum nas grandes procissões da Igreja Católica, sejam terrestres, fluviais e marítimas, algumas pessoas esconderem garrafas de cachaça nos andores, pois quando o sol esquenta e o calor aperta a única saída é "encher a cara de fanta", como dizem os fervorosos, para não pronunciarem o nome "cachaça" diante do santo. De norte a sul e de leste a oeste do Brasil as procissões, movidas também à cachaça, arrastam multidões: Círio de Nazaré, Corpus Christi, Bom Jesus dos Navegantes e as numerosas Festas do Divino.

Nas festas e rituais herdados dos africanos, como na Umbanda, no Candomblé e no Catimbó, a cachaça é utilizada para oferenda e despachos, além de ser derramada e borrifada nos amuletos, nas imagens e nos símbolos.

Na mitologia brasileira, há o Curupira que é uma figura de cabelos ruivos, pele escura e pés voltados para trás, conhecida como protetor da fauna e da flora amazônica. Conta-se que, para se entrar na floresta sem molestar o Curupira, os índios costumavam oferecer presentes, como fumo e cachaça.

A cachaça também tem o seu lugar de destaque quando se trata de estimular a alegria, incendiar os ânimos, brindar as vitórias e consolar as derrotas, além de ser uma das três maiores paixões brasileiras, sendo as outras o carnaval e o futebol.

Cachaça e medicina popular

Inicialmente usada como remédio contra o frio e a umidade, e também como lenitivo para os males do espírito que acometiam os escravos – o banzo –, a cachaça teve outras utilidades na medicina popular.

A grande extensão territorial do Brasil, com a sua infraestrutura insuficiente para o transporte de medicamentos e, principalmente, sem médicos, fez com que surgisse uma medicina alternativa ou empírica, que até hoje sobrevive. Até mesmo nas grandes cidades, muita gente continua tomando o seu chazinho de quebra-pedra para cálculos renais, o seu lambedor para tosses rebeldes, a sua garrafada para impotência e outros remédios mais ao alcance do poder aquisitivo do povo. Pelo seu conteúdo de álcool, cuja presença na composição das "meizinhas" dava maior credibilidade terapêutica, a cachaça teve um papel significativo no progresso da farmacopeia do período colonial do Brasil.

O prontuário do dr. Luís Gomes Ferreira, denominado de Erário mineral, e o Formulário e guia médico do dr. Chernoviz são compêndios de receitas empíricas, baseadas na necessidade do povo, de tratar os seus males diante das dificuldades da época. Foram obras que tiveram várias edições atualizadas e que prestaram grande serviço aos médicos, boticários e famílias mais letradas daquela época.

Foi encontrada no arquivo do padre Diogo Feijó, do período regencial brasileiro, uma receita para vômitos e enjôos:

> Salsa parrilha 20/8as; Sena, 12 ditas; 3 garrafas de aguardente: ponha-se de infusão por 5 dias, enterrado o frasco no mato; e depois se beba de manhã e de tarde, com açúcar, quanto baste para obrar 4 a 5 vezes por dia, e vá tirando aguardente no frasco, tanto quanto se tira até inteirar mais 4 garrafas. Coma-se com carne fresca de vaca, carneiro, frango, biscoitos, feijão, ovos, aipim. (SOUTO MAIOR, 1985, pp. 70-71)

Aconselhada às pessoas "fracas do peito", a "gemada" - bebida originalmente feita com gemas de ovos, açúcar, canela e leite quente - foi a grande receita para restaurar e tonificar aqueles acometidos de fraqueza. Para dar um teor mais medicamentoso, passou-se a substituir o leite pela cachaça. Ainda hoje, nas zonas rurais de São Paulo, Minas Gerais, Santa Catarina e Rio Grande do Sul, costuma-se, para iniciar a labuta na roça nas épocas de inverno, tomar leite, tirado na hora da teta da vaca, misturado com açúcar e cachaça.

O fato é que a cachaça, misturada a todo tipo de ervas, era recomendada para um sem-número de doenças: picada de cobra, constipação, fraqueza, reumatismo, sífilis, maleita, impotência, blenorragia, amarelão, catarro no peito e muitas outras, constituindo-se em uma verdadeira panaceia da "Escola Brasileira de Medicina Empírica".

Fig. 5: Roda de samba.

Cachaça e música

Bebida para todas as ocasiões, seja expressando prazer e alegria seja falando de amores traídos, não correspondidos e paixões incompreendidas, a cachaça foi sempre cantada em prosa e verso, inspirando enredos, poesias, marchas de carnaval, sambas, frevos, cordéis, serenatas e outros tipos de manifestações musicais.

Quando se pensa em música sobre cachaça, a marchinha Cachaça não é água, de autoria de Mirabeau Pinheiro, Lúcio de Castro e Heber Lobato, que foi um tremendo sucesso no carnaval de 1953, é sempre lembrada:

> Se você pensa que cachaça é água,
> Cachaça não é água não!
> Cachaça vem do alambique
> E água vem do ribeirão!
> [...]

Na poesia de Manuel Bandeira, falando de cachaça e carnaval, com toda a sua alma de boêmio, as contradições entre as alegrias e as doenças do coração são evocadas:

> [...]
> Felizmente existe o álcool na vida,
> E nos três dias de carnaval éter de lança-perfume.

Desinibindo e descontraindo bailes populares, festejos, rodas de samba e serestas, a cachaça foi espalhando o seu carisma nos diversos estilos de música. Quase todo mundo se lembra ou já ouviu falar de Carmem Miranda, que, vestida de baiana, divulgou a música e os ritmos brasileiros nos Estados Unidos e no mundo. Um dos seus grandes sucessos foi a música de Assis Valente, composta em 1935, chamada Camisa listrada, depois gravada pela meiga e inesquecível Nara Leão:

> Vestiu uma camisa listrada e saiu por aí,
> Em vez de tomar chá com torradas, ele bebeu parati!
> Levava um canivete no cinto e um pandeiro na mão
> E sorria quando o povo dizia: Sossega leão! Sossega leão!

Nessa letra, a cachaça é chamada de "parati", que é reflexo do tempo em que houve a proibição da bebida e os alambiques clandestinos na região de Paraty proliferaram. Foi durante essa época de proibição que começaram a surgir as inúmeras denominações populares para a cachaça que existem hoje.

Até hoje, a cachaça, que teve a sua cadeira cativa no samba e na bossa nova, faz parte da história da música popular brasileira, não só participando das letras das músicas, mas também "molhando a goela" dos compositores para trazer a inspiração e a descontração necessárias ao processo criativo.

Na Ópera do malandro, adaptada por Chico Buarque de Holanda da Ópera dos mendigos (1728), de John Gay, e da Ópera dos três vintens (1928), de Bertolt Brecht e Kurt Weill, a cachaça é a protagonista de uma história de alta malandragem, em que cada "elo" da cadeia do fornecimento da cachaça tenta passar a perna no seu próximo, estourando sempre no elo mais fraco, o próprio malandro:

> O malandro / Na dureza
> Senta à mesa / Do café
> Bebe um gole / De cachaça
> Acha graça / E dá no pé.
>
> O garçom / No prejuízo

Sem sorriso / Sem freguês
De passagem / Pela caixa
Dá uma baixa / No português.
[...]

O galego / Tá apertado
Pro seu lado / Não tá bom
Então deixa / Congelada
A mesada / Do garçom.

O garçom vê / Um malandro
Sai gritando / Pega ladrão
E o malandro / Autuado
É julgado e condenado culpado
Pela situação.

Caindo no gosto popular, a cachaça, ou pinga, também está bem representada na música caipira por meio do Hino da marvada, cantada por Inezita Barroso, com o sotaque do interior de São Paulo:

Com a marvada pinga é que me atrapaio
Eu entro na venda e já dô meu taio
Pego no copo e dali num saio.
Ali mesmo eu bebo, ali mesmo eu caio.
Só pra carregá é qui dô trabaio, oi lá.

Também o saudoso Luiz Gonzaga - o Rei do Baião - que por meio das suas letras e músicas divulgou o regionalismo nordestino, contando a sua saga e os seus festejos, não deixou de citar a cachaça no seu vasto repertório, como na música, em parceria com Zé Dantas, São João na roça:

[...]
Dança Janjão com Raquel
E eu com Sinhá.

Traz a cachaça, Mané
Eu quero ver
Quero ver paia voar.

Merece especial destaque a manifestação de eventos por meio da literatura de cordel, muito comum nas feiras livres e nos mercados da região Nordeste. Evocando acontecimentos, pertencentes ou não à história oficial, aos costumes, às crenças, às personagens reais ou imaginárias, os versos de cordel também dedicam espaço significativo à cachaça, como se pode ver nos trechos a seguir:

> Vou lhe contar uma história
> De se tirar o chapéu
> Não é de assombração
> E muito menos do Créu
> E nem de bumba-meu-boi
> É do sujeito que foi
> Vender cachaça no céu.
> [...]
> (O Homem que foi vender cachaça no céu, de Jotabê)

> A nossa pinga é bem-vinda
> Antes de uma refeição
> Dizem que abre apetite
> E melhora a digestão
> Age como estimulante
> E faz bem ao coração
> (O Beabá da Cachaça, de Pedro Queiroz)

> [...]
> Quando o crente foi passando
> Com a Escritura na mão
> O cachaceiro abraçou-o
> Nesta mesma ocasião
> Ele disse: ô camarada
> Vamos tomar uma lapada
> De pitú com camarão?
>
> Disse o crente: Deus me livre
> A minha lei não adota
> Eu jogar nem tomar cana
> Não me jogue esta patota
> Saiba que sou um crente
> E você um insolente
> Cachaceiro e idiota.
> (Discussão de um crente com um cachaceiro, de Vicente Vitorino de Melo)

Fig. 6: Literatura de cordel.

A literatura de cordel também tem a sua aparição, influenciada pela imigração nordestina, no estado de São Paulo. O poeta e trovador Antonio Zanetti, de Caçapava, em Os deserdados da sorte, na série "Tipos populares de Caçapava" canta:

> [...]
> Manezinho, "Lobisome"
> Que estava sempre com fome,
> Com fome de aguardente,
> Que servia sorridente,
> "Comendo como farinha"
> Gastando tudo o que tinha.

O próprio espírito extrovertido e bem-humorado do brasileiro, mesmo nas situações mais adversas, encontrou na música um veículo adequado para expressar toda a riqueza e o ecletismo da sua cultura, que não poderia deixar de registrar o evento da cachaça.

Fig. 7: Cachaça na culinária.

Cachaça e culinária

Tendo a cana-de-açúcar como ponto alto na nossa economia, era de se esperar que os seus derivados, como o açúcar, o melaço, a rapadura e a cachaça tivessem um papel de destaque na nossa culinária.

Em princípio, a cachaça participou da culinária brasileira acompanhando pratos considerados pesados, das cozinhas mineira e nordestina, como tutu à mineira, feijão tropeiro, porco assado, buchada, panelada, feijoada e rabada. Misturada com suco de frutas, deu origem à grande variedade de licores e batidas, de exuberante colorido, que retrata o visual das exóticas e saborosas frutas brasileiras. Como primogênita da cachaça e, consequentemente, da "drincologia brasileira", surgiu a controversa caipirinha, que é, ao mesmo tempo, a sua descendente mais simples (cachaça, limão, açúcar e gelo) e a mais nobre, pois está sempre presente nos locais mais sofisticados do planeta. Tamanho é o ecletismo da caipirinha que uns dizem ser a "bebida dos deuses" e outros dizem ser a "invenção do capeta".

No passado, pouco se tem conhecimento do uso da cachaça na culinária, só aparecendo, com frequência, como aperitivo ou acompanhamento de pratos regionais. No Nordeste e no Sudeste do Brasil, entretanto, a cachaça aparece associada à preparação do peru, que é prato tradicional em festas de batizado, Natal, noivado e casamento. Como relata Mario Souto Maior,

> [...] à primeira vista, a maneira pela qual o peru é abatido parece a mais humana possível, sem sentir a faca afiada lhe cortando o pescoço vermelho e cheio de penduricalhos, embriagado com a cachaça que a cozinheira lhe dá, não por piedade, mas para a sua carne ficar mais tenra e muito mais gostosa. (SOUTO MAIOR, 1985, p. 52)

Atualmente, com a evolução da culinária brasileira, por meio dos seus renomados chefs, cujas capacidades de inovação em nada deixam a desejar em relação à cozinha internacional, a cachaça está experimentando uma nova fase de ascensão. Vários eventos da alta gastronomia têm se revezado para oferecer pratos exóticos - principais e sobremesas - que utilizam a cachaça na sua elaboração, na forma de molhos, de tempero ou de flambados.

A cachaça confere ao prato um sabor apurado, podendo ser combinada tanto com carnes vermelhas como brancas. Os frutos-do-mar ficam melhor quando flambados; já as carnes podem ser servidas com molhos encorpados com cachaça, o que confere maciez e sabor, principalmente às carnes de caças, como a de javali. Para os pratos mais condimentados, recomenda-se o uso de cachaças armazenadas ou envelhecidas em tonéis ou barris.

Nas sobremesas, a cachaça tem sido utilizada para flambar bananas e pêssegos, bem como na preparação de tortas, bombons, gelatinas e sorvetes. O petit gâteu com cachaça fica delicioso. Até geleia de cachaça já existe.

O fato é que, durante séculos, a cachaça foi desprezada, principalmente quando comparada a outras bebidas largamente utilizadas na cozinha internacional, como vinhos, cervejas, conhaque ou uísque. Atualmente, a brasileiríssima cachaça começa a expandir os seus domínios, revelando-se um produto com ótimo potencial para enriquecer mais ainda a promissora gastronomia brasileira.

Cachaça, adagiário, anedotário e loas

Tão presente e tão ligada aos costumes e à vida do brasileiro, a cachaça tem um adagiário e um anedotário bastante marcante. Os adágios ou provérbios populares, embora poucos, transmitem conselhos simples, porém profundos, àqueles que querem usar a cachaça de forma desmedida, por isso, na maioria das vezes, atuam como inibidor e como limitador. Por meio das loas, palavra usada para exprimir a "filosofia de botequim", criada pelos discípulos da branquinha, muito se pode depreender sobre o meio social brasileiro. No entanto, as anedotas sobre cachaça têm um repertório rico e variadíssimo, de uma criatividade e um colorido humorístico surpreendente, perdendo apenas para as famosas piadas do papagaio, as do português e as do argentino.

Os adágios incorporam uma "filosofia educativa", estabelecendo uma certa ética popular por meio de ditados que enfatizam os perigos e os riscos, no caso, da cachaça:

Retratando o desajuste social:

> Minha mãe teve dois filhos
> Fui eu só que dei prá gente:
> Vendi tudo que era nosso,
> Bebi tudo de aguardente.

> A cachaça a Deus do Céu
> Tem o poder de empatar:
> Porque Deus dá juízo,
> Cachaça pode tirar... (CASCUDO, 1986, p. 44)

"Preservando" a moral:

> Cachorro que morde bode,
> Mulher que erra uma vez,
> Homem que bebe cachaça,
> Não há remédio pros três. (SOUTO MAIOR, 1985, p. 29)

Cuidando do futuro, em uma certa perspectiva suicida:

> Reserva um canto da pança,
> Para enchê-lo de cachaça,
> Pois toda a nossa esperança,
> Se encerra nessa desgraça. (CASCUDO, 1986, p. 44)

Há entretanto louvações para a cachaça dando um recado positivo:

> O homem que nunca sentiu
> O gosto da cachacinha,
> Ou a mulher que não provou
> Uma taça de caninha,
> Passaram por esse mundo
> Sem o melhor que convinha.

> Provem já esta bebida,
> Que nos dá sensação nova
> De uma vida bem vivida.
> Quem a cachaça não prova
> É como moça bonita,
> Que vai virgem para a cova. (SOUTO MAIOR, 1985, p. 33)

Os ditos populares retratam as mais variadas expressões da sabedoria popular, ora criticando ora enaltecendo o ato de beber cachaça, como esses indicados em Souto Maior (1985, p. 33):

- Mulher, cachaça e bolacha, em toda parte se acha.
- Não há mulher sem graça, nem festa sem cachaça.
- Não há festa sem graça, nem poeta sem cachaça.
- Não vem não cachaça que eu bebi leite.
- Com cachaça até o frio é quente.
- Acontece desgraça, porque não acaba a cachaça.
- Cachaça tira juízo, mas dá coragem.
- Mulher, briga e cachaça estão sempre na praça.
- Pinga demais, tombo na poeira.
- Sem cabaça e sem cachaça é muita desgraça.
- Nem no inverno sem cachaça, nem no verão sem cabaça.
- A cana na roça dá pinga. A pinga na cidade dá cana.

E, curiosamente, há um dito popular de baixo calão, ainda hoje utilizado e que provavelmente tenha se originado lá pelos tempos da Inquisição, o famoso:

- Cu de bêbado não tem dono.

As loas, também conhecidas como "conversa mole de cachaceiro", retratam as "variações filosóficas", às vezes tão profundas que parecem vazias e às vezes tão vazias que parecem profundas. Seguem alguns exemplos presentes em Cascudo (1986, pp. 57, 67, 69, 75) e Souto Maior (1985, pp. 29, 30, 55, 57, 59, 89):

Sociologia

- Suco de cana caiana passado no alambique, pode ser que prejudique, mas bebo toda sumana.
- Eu quero beber bebida humana, pois está em uso a bela caiana.
- Cana caiana, cana roxa, cana fita, cada qual a mais bonita, todas boas de chupá.
- Pra começo de conversa, eu preciso declarar, que não fumo sem beber e nem bebo sem fumar.
- É como diz o ditado: mulher, jogo e cachaça são os plantadores da cruz do caminho.
- Três coisas espirram um cabra pra fora do cafua: fumaça, goteira e muié cachaceira.
- Eu vi o cheiro, mas não vi a pinga.
- Não há agonia no mundo que se compare à agonia dos olhos de um cachaceiro vendo a garrafa vazia.
- Oh! Cachaça amiga, não há quem me diga que não tens valor.
- Entrou, pediu, cuspiu, pagou, saiu, voltou, repetiu, tropeçou, caiu, levantou, sumiu.

Como o consumo da cachaça está largamente difundido nas diversas classes sociais, principalmente nas populações mais humildes, o anedotário sobre o tema adquiriu proporções extraordinárias. As anedotas, ou piadas, versam sobre os mais diferentes tipos de usuários e profissões: cachaceiros, estudantes, operários, militares, guardas, bodegueiros, padres e mulheres. Não se pode ignorar a criatividade do povo, que, mesmo sofrendo a realidade nas muitas situações, transformam as suas agruras em humor e prazer, como se apenas fossem meros intérpretes dos diferentes atos de cada peça teatral:

- Um bêbado tentava abrir a casa querendo introduzir um charuto na fechadura. O guarda ia passando e falou: - Seu Justino! O senhor não vai conseguir abrir a porta desse jeito! O senhor está querendo botar o charuto na fechadura? O bêbado surpreso e amedrontado, perguntou: - Seu guarda, será que fumei a chave?
- Dois bêbados saindo de um bar de madrugada. Um se vira para o outro: - Acho melhor a gente tomar um táxi! O outro: - Tomar o quê? E o primeiro responde: - Um táxi! Mas o outro diz: - Não! Não gosto de misturar bebida, não!
- O soldado ia levando o bêbado preso debaixo da maior porrada. Era coronhada, cacetada, chute e tudo o mais. O coitadinho já estava um farrapo. Nisso ia passando uma velhinha que reagiu indignada: - Moço, uma malvadeza dessas não se faz. Assim, é

melhor o senhor matar. Mate logo! E o bêbado: - Seu guarda, não vá na onda dessa velhinha não! Assim tá muito bom!

- O bêbado acompanhava o pastor em sua oração: - Se vocês orarem com fé, Jesus entra em suas vidas e permanecerá dentro de suas almas. Deixem que Jesus entre. Nesse momento, o bêbado que estava ajoelhado, com a calça quase caindo, orando, tão concentrado que nem percebeu quando um cachorro se aproximou e lambeu o seu traseiro. Então ele falou: - Por aí não Senhor! Por aí não!

- Dois caipiras se encontram no ponto de ônibus para uma pescaria: Caipira 1: - Então cumpadre, tá animado? Caipira 2: - Eu tô home! 1: - Ô cumpadre, pru mode quê tá levano essa garrafa? 2: - É que tô levano uma cachacinha, cumpadre. 1: - Cachaça, cumpadre? Nóis num tinha acertado qui num ia bebê mais?! 2: - Cumpadre, é qui pode aparicê uma cobra e picá a gente. Aí nóis disinfeta cum a cachaça e toma uns gole qui é pru mode num sinti dô. 1: - E... na ôta sacola, o qui é qui tá levano? 2: - É a cobra, cumpadre. Pode num tê lá...

- Um bêbado entra numa livraria religiosa e pede: - Me dá uma cachaça aí! - Aqui não tem cachaça, amigo - responde o balconista. - Aqui só vendemos artigos religiosos. - Então me dá uma dose de São João da Barra, completa o bêbado.

- Um bêbado, cansado de fazer feio na cama, procura um médico porque suspeita que está com uma disfunção erétil. Após o diálogo formal, o médico pergunta: - Sua mulher faz sexo com você por amor ou por interesse? - Acho que é por amor!, responde o bêbado. - Como você sabe?, pergunta o médico. - Porque ela não demonstra o mínimo interesse!, completa o bêbado.

- Médico: O senhor vai parar de beber cachaça. Durante um ano só vai beber leite. Paciente: Outra vez, doutor? Médico: O quê? O senhor já fez esse tratamento? Paciente: Já. Logo que nasci, até completar um ano de vida.

- O bêbado entrou na contramão e o guarda foi logo apitando: - Ei nojento, onde pensa que vai? - Bom, eu ia pra uma festa, mas parece que já acabou... Tá todo mundo voltando!

Engraçadas, porém eticamente incorretas em alguns casos, o fato é que as anedotas e as loas transmitem, de certa forma, um pouco da realidade social do Brasil, com uma boa parte da população buscando na cachaça a panaceia para afastar os seus males.

Cachaça e documentação histórica

Por estar presente em quase todo tipo de ambiente, sendo apreciada ou mesmo à espera de seus pretendentes, as cachaças constituem um excelente veículo de comunicação e uma fantástica fonte de documentação histórica dos principais fatos e acontecimentos de cada época. Nos rótulos são abordados assuntos históricos, psicológicos, antropológicos, culturais, sociais e políticos, constituindo-se uma riquíssima fonte de pesquisa e indagação, que coloca em evidência mais um aspecto pitoresco do "cachacismo" no Brasil – fruto da fértil imaginação popular que estimula a verve e enriquece o vernáculo.

Fig. 8: Rótulos de cachaça.

A primeira cachaça brasileira industrializada foi a "Monjopina", fabricada em 1756, no engenho Monjope, em Pernambuco. Foi a partir dessa época que a cachaça começou a ser vendida em garrafas, com rótulos que se tornaram o reflexo das emoções, dos desejos e, até mesmo, da fé religiosa dos consumidores. Associar a cachaça aos acontecimentos importantes de cada época foi uma excelente jogada de marketing dos produtores de cachaça.

Como alusão a acontecimentos políticos, de repercussão local, nacional ou internacional, surgiram rótulos, por exemplo, com o nome de "Aliada", com o seu rótulo mostrando canhões e navios conquistando a Europa, na Segunda Guerra Mundial. Os Aliados desembarcaram na França ocupada e o rótulo "Invasão" veio reforçar o espírito de batalha que culminou com a "Vitória" - a cachaça para comemorar o fim da guerra. Em 1960, surgiu a cachaça "Brasília", destacando a inauguração da nova capital do Brasil pelo presidente Juscelino Kubitschek. Na mesma época, o Rio, deixou de ser a capital do país, para tornar-se estado da Guanabara, fazendo surgir uma nova cachaça, a "Guanabara". Com a renúncia do presidente Jânio Quadros foi lançada a cachaça de nome "Poderes Ocultos", que, segundo ele, foram responsáveis pela sua desistência, em 1961.

Com o crescente liberalismo econômico no Brasil, logo após a Segunda Guerra Mundial, a cachaça encontrou um grande concorrente - o whisky -, que começou a ganhar espaço na preferência do brasileiro. Como reação a esse novo cenário da economia, foram lançadas duas cachaças a "John Bull" e a "Whisky do Norte", como se fosse a aplicação de um dos conceitos tradicionais do marketing: "Se você não pode com seu inimigo, junte-se a ele!".

Em 1970, confirmando a preferência brasileira pelo futebol, Pelé consagrou-se definitivamente rei do futebol na Copa do Mundo, no México, o que valeu o surgimento da cachaça ou caninha "Pelé" que, infelizmente, logo foi retirada do mercado, devido a problemas legais entre o homenageado e o fabricante do produto.

A mulher também foi motivo de alguns rótulos de cachaça, registrando personagens de extrema importância de fatos e emoções brasileiras. A cachaça "Iracema" - a virgem dos lábios de mel - ostenta a pintura de uma índia de busto nu, com uma garrafa de aguardente na mão, simbolizando a personagem do romance de José de Alencar. "Bastianinha" foi outra cachaça que simbolizou a beleza africana. "Yolanda", uma cachaça produzida em Pernambuco, registrou a fineza de Yolanda Penteado ao tomar cachaça em uma taça de champanhe. "Salomé" era uma cachaça cujo rótulo apresentava uma dançarina provocante, que, na época, exercia uma atração forte para os jovens. A cachaça "Conquista" tinha no seu rótulo uma mulher segurando um cálice de aguardente. Foi lançada também, porém logo proibida pela censura, uma cachaça que se intitulava "Zero Quilômetro", em cujo rótulo apresentava uma noiva bastante elegante, com véu e grinalda, segurando um velocímetro. Nos anos 1950 foi comercializada uma cachaça com o nome "De Cabeça Para Baixo" em cujo rótulo estava desenhado um busto de mulher, que, ao ser virado de cabeça para baixo, se transformava em uma figura de corpo todo, de maiô e em uma pose muito sensual.

Os rótulos de garrafas de cachaça não deixaram de registrar e documentar palavras e fatos de músicas marcantes de cada época, como: BR3, Cara de Palhaço, Índia, Maracangalha, Colombina e Cobiçada.

Merecem registro os rótulos de cachaça com mensagens pejorativas e pornográficas, que, apesar de jocosas, não deixam de retratar o espírito extrovertido do povo brasileiro: Amansa Corno, Amansa Sogra, Na Bundinha, Atrás do Saco, Pau do Índio, etc.

Outro artifício bastante usado nos rótulos de cachaça para chamar a atenção dos consumidores foi a combinação de cores. As cores mais usadas eram o amarelo, o vermelho e o preto. Em pouquíssimos rótulos se encontravam as cores verde e azul.

Atualmente, adotando modernas estratégias de comunicação, os rótulos de cachaça têm apresentado design mais finos e elegantes, seguindo as tendências globais do mercado de destilados.

Cachaça e arte

A cachaça também serviu de tema para expressar diferentes manifestações de artes plásticas e cênicas, além da influência comprovada na música popular brasileira.

Mestre Vitalino, de Caruaru, em Pernambuco, que por meio da cerâmica representou a vida simples do nordestino, suas agruras e suas diversões, também utilizou a cachaça para renovar a sua arte e os seus temas. As cenas retratadas pelo Mestre Vitalino sempre apresentavam quatro protagonistas: a garrafa de cachaça, o bêbado, o guarda e o cachorro. Inúmeros são os trabalhos e as variações sobre o tema cachaça que compõem o acervo das obras do Mestre Vitalino, hoje espalhadas pelo Brasil e pelo mundo.

Figs. 9 e 10: A arte na cachaça - artesanato de barro e madeira (à esq.);
e quadro à óleo pintado pelo próprio autor (à dir.).

Embora só a partir da Semana de Arte Moderna de 1922 tenha resurgido como expressão autêntica de brasilidade – iniciando assim um movimento contra o preconceito já sedimentado durante anos – a cachaça já havia sido tema da arte cênica. Mello Moraes Filho divulgou, em 1902, no Rio de Janeiro, o Baile da aguardente, que era um pequeno auto, parte integrante do Pastoril nas festividades de dezembro, cuja finalidade era a de homenagear o nascimento do Menino Jesus. O enredo era transmitido por quatro pastoras que convidavam os camponeses a reverenciar o Deus Menino por meio de alguns versos cantados:

> Que prados tão florescentes
> Neste dia de prazer!
> Vinde já, oh! Camponeses
> A Jesus louvor render.
>
> [...]
> Senhor, deixe ver a prova
> Desta bebida excelente;
> Suando, não bebo vinho,
> O melhor é aguardente.
>
> [...]
> Vejam como estão vocês
> Da caiana tão tomados:
> Vocês não vêm o presepe;
> Como estão embriagados! (CASCUDO, 1986, pp. 73, 74, 78)

A cachaça também teve o seu espaço no Teatro Negro de Antônio Callado, na peça A revolta da cachaça, surgida no bojo do grande movimento da criação de uma "consciência negra" no Brasil. Trama simples, repleta de situações absurdas e ações extremadas, a Revolta da cachaça, escrita em 1959, mas inédita até 1983, é uma brilhante metáfora da condição do negro no Brasil. A peça foi baseada no movimento de rebeldia ocorrido no Rio de Janeiro em meados do século XVII, que durou de novembro de 1660 a abril de 1661, liderado por Gerônimo Barbalho, produtor de cachaça. A revolta foi originada pela proibição da cachaça entre 1649 e 1661, pela Companhia Geral de Comércio do Brasil, criada pela Coroa Portuguesa, para ter o monopólio da comercialização de bebidas. Embora subjugados, os revoltosos da cachaça acabaram ganhando parte da luta, o que levou a Coroa a revogar a proibição em 13 de setembro de 1661.

Assim, através dos tempos, a história da cachaça, que se confunde com a própria história do Brasil e do seu povo, debruça-se sobre todos os agentes que provocaram e ainda provocam profundas modificações na sociedade brasileira, constituindo um fenômeno específico: "a sociologia da cachaça". O texto de Rubem Braga, "A cachaça também é nossa", retrata toda a influência da cachaça no contexto social do brasileiro:

> [...] mas foi com a CACHAÇA que o brasileiro pobre enfrentou a floresta e o mar, varou esse mundo de terras, construiu essa confusão meio dolorosa, às vezes pitoresca, mas sempre comovente a que hoje chamamos Brasil.
> É com essa cachaça que ele, através dos séculos, vela os seus mortos, esquenta seu corpo, esquece a dureza do patrão e a falseta da mulher.
> Ela faz parte do seu sistema de sonho e vida; é como um sangue da terra que ele põe no seu próprio sangue. (BRAGA, 1989, p. 45)

Matéria-prima

A cana-de-açúcar é a matéria-prima para a produção da cachaça. Originária da Nova Guiné, na Oceania, onde foi domesticada entre os anos 9.000 e 8.000 antes da Era Cristã, dalí levada para o sul da Ásia (Índia e China), a propagação das culturas de cana no norte da África e sul da Europa se deve aos árabes, na época das invasões. Nessa mesma época, os chineses levaram-na para Java e Filipinas (FREYRE, 1989).

Sendo típica de climas tropicais e semitropicais, a cultura da cana não teve grande desenvolvimento na Europa, embora fosse tentada a sua propagação por toda a região. Os conflitos entre Veneza e os turcos no século XV fez com que se procurassem outros centros abastecedores, fazendo surgir culturas nas Ilhas da Madeira, São Tomé, Açores e Cabo Verde, levadas pelos portugueses, e nas Canárias, pelos espanhóis.

Foi na América, entretanto, a região na qual a cana-de-açúcar encontrou as melhores condições para o seu desenvolvimento, vindo a se tornar mais tarde, o continente

Fig. 1: Cana-de-açúcar.

onde se concentram as maiores plantações. Colombo, em sua segunda viagem, em 1493, trouxe as primeiras mudas para Santo Domingo, na Insula Hispana ou Isla Española, estendendo-se a sua cultura a Cuba e a outras ilhas do Caribe. No México, foi introduzida em 1520.

No Brasil, que é atualmente o maior produtor mundial, o introdutor da cana-de-açúcar foi o fidalgo judeu de Portugal Fernando de Noronha, que firmou um contrato com a Coroa Portuguesa para exploração dos recursos naturais do Brasil, entre eles, o pau-brasil. Após descobrir a ilha – hoje com o seu nome – em 1504, a recebeu como 1ª Capitania do Mar, tendo lá plantado a primeira muda de cana-de-açúcar. Trazida das Ilhas da Madeira e de São Tomé, onde estava aclimatada, a planta vingou tão viçosa que, em 1516, d. Manoel já recomendava a construção de engenhos no Brasil.

Há também registros de que em 1515 já havia significativa plantação de cana na Ilha de Itamaracá, em Pernambuco. Em 1516, mesmo de forma precária, já moía o primeiro engenho nessa ilha. Há prova documental da chegada do primeiro carregamento de açúcar, em Lisboa, oriundo de Itamaracá. Dessa forma, em torno da cana-de-açúcar, começava verdadeiramente a colonização do Brasil. Em 1532, Martin Afonso de Souza instalou oficialmente o primeiro engenho na Capitania de São Vicente. A partir de 1533, com a participação dos judeus que vieram com Noronha, fugidos da Inquisição e que se tornaram senhores de engenho em Pernambuco, a cultura logo resultaria na indústria mais lucrativa da Colônia.

O mapa-múndi da cana-de-açúcar

Com relação às exigências climáticas, que dão origem a um conjunto de condições propícias para o plantio de cana-de-açúcar, pode-se dizer, como classificam os franceses, que a cana também tem seu próprio "terroir", ou seja, solo, pluviometria, insolação, temperatura e umidade propícios à sua cultura.

Mundialmente, a cana-de-açúcar é cultivada em mais de uma centena de países sob condições temperadas, subtropicais e tropicais. É basicamente uma cultura de climas tropicais, com rendimentos significativamente afetados pela temperatura, umidade relativa e radiação solar. A melhor média de amplitude térmica diária é de 14 °C a 35 °C. Da mesma forma, a umidade relativa variando entre 55% e 85%. A cana-de-açúcar exige solo poroso de boa drenagem, bem arejado, com pH de 6,5. Solos compactados (> 1,6 g/cm3 a 1,7 g/cm3) afetam a penetração da raiz e a absorção de água e nutrientes. A cultura é moderadamente sensível à salinidade do solo.

Assim, as principais zonas produtoras de cana-de-açúcar no mundo encontram-se em regiões tropicais e semitropicais, entre o trópico de Câncer, no Hemisfério Norte, e o trópico de Capricórnio, no Hemisfério Sul, ou seja, entre as latitudes 23,5° dos hemisférios Norte e Sul, conforme mostrado na figura a seguir, sendo normalmente plantada em altitude de até 1.000 m do nível do mar.

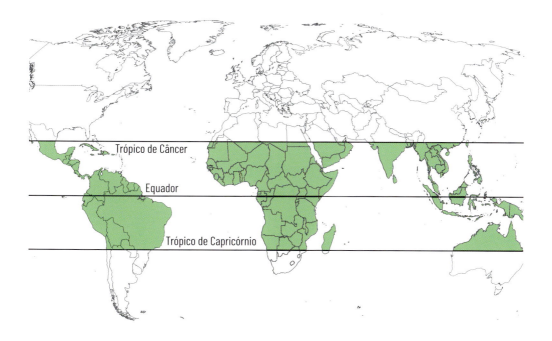

Fig. 2: "Terroir" da cana-de-açúcar.

A cana-de-açúcar é uma das principais culturas do mundo, destinada, predominantemente, para a produção de açúcar. Segundo a Food and Agriculture Organization (FAO), a produção mundial de 2016 foi de 2.014 milhões de toneladas, em uma área cultivada de cerca de 24 milhões de hectares, em mais de 115 países, com 90% da produção concentrada em 17. O Brasil, a Índia e a China são os mais importantes produtores do mundo, representando mais de 2/3 da produção mundial. O Brasil é o maior produtor com mais de 1/3. Os principais produtores são: Brasil, Índia, China, Tailândia, México, Paquistão, Filipinas, Austrália, Indonésia e Estados Unidos.

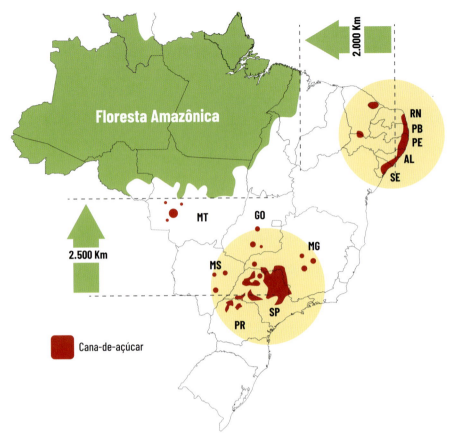

Fig. 3: Mapa da cana-de-açúcar no Brasil.

Botânica

A cana-de-açúcar é uma gramínea perene, própria de climas tropicais e subtropicais, que se desenvolve bem em regiões de clima quente, tendo o seu cultivo concentrado entre os trópicos de Câncer e de Capricórnio (BASTOS, 1987).

De acordo com o sistema do botânico Cronquist, a cana-de-açúcar tem a seguinte classificação botânica:

- Reino: Plantae
- Divisão: Magnoliophyta
- Classe: Liliopsida
- Ordem: Cyperales
- Família: Poaceae
- Tribo: Andropogoneae
- Subtribo: Saccharininae
- Gênero: Saccharum
- Espécies: Sacharum officinarum

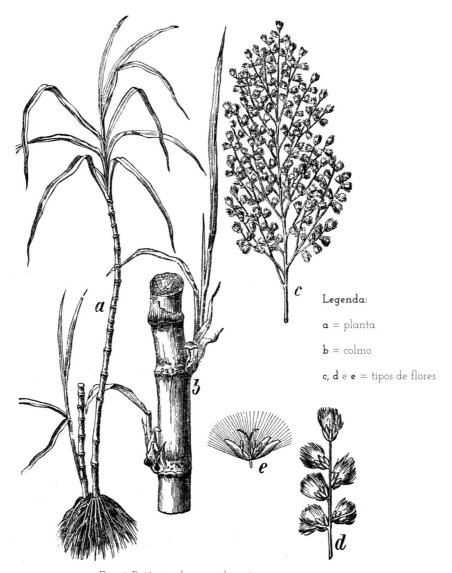

Fig. 4: Botânica da cana-de-açúcar.

Com relação à espécie, atualmente 32 são conhecidas e devidamente catalogadas. As mais conhecidas são as seguintes:

- Saccharum officinarum;
- Saccharum spontaneum;
- Saccharum sinensis;
- Sacharum barberi;
- Saccharum robustum;
- Saccharum edule.

As canas atualmente cultivadas no Brasil e no mundo são híbridos bastante complexos das espécies citadas anteriormente, originadas de cruzamentos intervarietais, que recebem designações variadas de acordo com a origem e com a identificação dos institutos de pesquisa responsáveis pelo desenvolvimento da espécie. Até 1925, eram plantados no Brasil os genótipos da espécie Saccharum officinarum, conhecidos como Riscada, Roxa, Cristalina, Manteiga, Caiana, Criola e Preta. Dessa forma, a Saccharum officinarum é a base dos programas de melhoramento, capazes de acumular altos níveis de sacarose, mas com pouca resistência às doenças. Apresenta ainda boa pureza de caldo, teor de fibra adequado para a moagem e alta exigência em solo e clima.

Os atuais híbridos recebem uma nomenclatura específica, na qual é identificada a instituição responsável pela seleção e cruzamento, o ano do cruzamento e o número específico do clone. O Instituto Agronômico de Campinas (IAC) tem como nomenclatura as siglas IAC e IACSP denominando as suas variedades, por exemplo: IAC87-3396, IAC86-2210 e IACSP93-3046. No quadro 1, são apresentadas algumas das principais siglas utilizadas mundialmente.

País	Sigla
Argentina	Tuc - Tucuman NA - Norte Argentina
África do Sul	N - Natal NCo - Natal - Coimbatore
Austrália	Q - Queensland
Brasil	CB - Campos - Brasil IAC - Instituto Agronômico de Campinas RB - República Brasil (Planalsucar/Ridesa) SP - São Paulo (Copersucar) CTC - Centro de Tecnologia Canavieira PO - Pedro Ometto (Usina da Barra) PB - Pernambuco - Brasil
Colômbia	ICA - Instituto Colombiano Agropecuário
Cuba	C - Cuba
Estados Unidos	CL - Clewiston (U.S. Sugar Corporation) CP - Canal Point F - Florida (Belle Glade Exp. St.) L - Louisiana Exp. St. H - Hawaii Sugar Planters Association

(cont.)

País	Sigla
Índia	Co - Coimbatore
Indonésia (Java)	POJ - Proefstation Oest Java
Outras	B - Barbados BT - Barbados - Trinidade TA - Taiwan Sugar Manuf. Co. P - Filipinas V - Venezuela PR - Porto Rico R - Ilhas Reunião

Quadro 1. Países e principais siglas utilizadas mundialmente.

Variedades e safras

As principais características nas quais as variedades se diferenciam são: alta produção, boa riqueza em açúcar, resistência a pragas e moléstias, baixa exigência quanto aos solos, época de maturação adequada, despalha fácil, ausência de joçal e porte aprumado. Para garantir a produção durante toda a safra e evitar o perigo de eventuais incidências de moléstias em forma epidêmica, devem ser plantadas diversas variedades, normalmente de três a oito.

Para a fabricação de cachaça, as variedades recomendadas resultam de melhorias genéticas ou cruzamentos entre as espécies, cuja escolha deve levar em conta a relação entre as características da variedade, o meio em que vai ser plantado o canavial e o período de produção. A distribuição orientada das variedades, considerando o seu período de maturação, é um fator importante para a obtenção de um maior rendimento no decorrer de toda safra.

Fig. 5: Evolução da cana-de-açúcar.

Matéria-prima

Na região Nordeste, a safra inicia-se em agosto-setembro e vai até março-abril. Nas regiões Sudeste, Sul e Centro-Oeste, a safra tem início em maio e estende-se até outubro-novembro.

Classificadas em precoces, médias e tardias, com relação ao "Período Útil de Processamento" – época em que apresentam teores de sacarose mais elevados –, a colheita deve ocorrer no período em que as variedades atinjam o seu ápice de maturação, respectivamente:

a. Maturação precoce: é aquela que apresenta características químicas tecnológicas adequadas para ser colhida no início da safra.

b. Maturação média: é aquela que vai ser colhida no meio da safra.

c. Maturação tardia: é aquela que vai ser colhida no final da safra.

Considerando o universo das variedades, pode-se dizer que aproximadamente 20% são precoces; 60% são médias e 20% são tardias.

A porcentagem de açúcar da cana é medida em "graus Brix". O Período Útil de Processamento, também chamado de Período Útil para a Industrialização (PUI), é estabelecido para uma faixa de valores de sacarose compreendidos entre 13% e 16%. As variedades denominadas precoces alcançam, logo no início da safra, valores da ordem de 13% de sacarose, demonstrando um PUI longo, acima de 150 dias. As variedades médias têm um PUI entre 70 e 100 dias.

Solo e clima

A cana-de-açúcar é uma cultura que exige, para um bom rendimento econômico, uma mobilização perfeita do solo, que deve apresentar um nível de matéria orgânica de no mínimo 2% a 4%. Desenvolve-se melhor em solos profundos, de textura areno-argilosa, com boa fertilidade e boa capacidade de armazenamento de água, porém não sujeitos a encharcamento.

Para manter as condições necessárias, a restituição dos elementos orgânicos e químicos aos solos cultivados com cana-de-açúcar deve ser feita com regularidade e com certos cuidados, por meio de adubos químicos. O pH recomendado, mais favorável, está na faixa de 5,5 a 6,5.

Com relação ao clima, a cana apresenta algumas particularidades importantes. Nas fases de brotação, perfilhamento e desenvolvimento vegetativo, a cultura é bem exigente em temperatura, que deve ser acima de 20 °C (ideal entre 24 °C e 28 °C), e água com precipitação anual entre 1.000 mm/ano a 3.000 mm/ano. Já na fase de maturação, deve haver restrição térmica, com temperaturas menores que 20 °C, e/ou hídrica, com período de seca, para que o seu desenvolvimento diminua ou paralise, acumulando assim mais açúcar.

Além dessa particularidade, a cana desenvolve-se mais em região de alta intensidade luminosa, de pouco risco de geadas e de baixa incidência de ventos. Por isso, é recomendável evitar o plantio em locais mais baixos, próximos a rios, lagoas e outras áreas sujeitas à geada. Ventos fortes podem provocar o tombamento da cana, o que torna a sua colheita mais difícil e cara, além de dilacerar as folhas e aumentar a transpiração da planta e, consequentemente, a sua necessidade de água.

Plantio

Um dos fatores importantes para a obtenção de maior produtividade para a elaboração da cachaça é o cuidado com as condições da cana destinada às plantações. Do vigor e da sanidade da cana de planta dependem a boa germinação, a vegetação e o rendimento cultural. Para isso, o produtor deverá reservar os melhores talhões dos seus canaviais para atender, na devida época, as novas áreas a serem cultivadas. O corte da cana, para esse fim, deve ser feito com muito cuidado, evitando-se prejudicar as gemas ou rachar os gomos, o que poderá ocasionar infecções prejudiciais à germinação.

O transporte para a área de plantio já preparada, isto é, arada e sulcada, pode ser feito da cana inteira ou das estacas já cortadas para a semeadura. De preferência deve-se levar para o local e lá efetuar o corte das estacas, com facão bem afiado, em pleno ar, evitando assim cortar a cana sobre um pedaço de madeira ou outra superfície, o que poderia provocar rachaduras e, consequentemente, prejudicar a germinação. As estacas praguejadas por brocas, danificadas pelo transporte ou com defeitos visuais devem ser rejeitadas.

O tempo de germinação das estacas é variável com as condições ambientais e com a própria variedade da cana. Após o plantio, desde que as condições de calor e de umidade sejam suficientes, a germinação será mais rápida. Há variedades que germinam de 8 a 10 dias, e outras demoram de 15 a 18 dias. A cana para plantio deve ser cortada com 24 horas de antecedência. A germinação é facilitada quando as canas são mergulhadas em água corrente de 24 a 48 horas. Estacas que passam por essa operação apresentam uma germinação mais rápida e vigorosa do que as que passam pelo processo de irrigação do sulco após o plantio.

Após cortadas as estacas, o plantio deve ser feito imediatamente. Os dias nublados são os melhores, mas, desde que os procedimentos de preparação das terras a serem cultivadas sejam atendidos, o plantio pode ser feito em qualquer tempo. Nos dias de grande insolação, é conveniente cobrir logo as estacas para evitar o seu ressecamento. As estacas devem ser colocadas horizontalmente no fundo dos sulcos e cobertas por uma camada de terra de espessura de 5 cm a 10 cm. É indispensável que as estacas fiquem bem cobertas, pois o brotamento das raízes é periférico em toda a zona rizógena do nó. Há uma grande diversidade na distância de colocação das estacas no sulco. O plantio racional recomenda que a distância deva ser de aproximadamente de 35 cm a 40 cm.

O não cumprimento das especificações técnicas adequadas ao plantio da cana-de-açúcar pode levar à degenerescência das variedades e ao consequente aniquilamento das plantações.

Colheita

A colheita da cana é o resultado de todo o trabalho planejado, desenvolvido e conduzido no campo, ao longo do ciclo da cultura, que culmina na entrega da matéria-prima para que ela seja processada e possa fornecer um produto final de qualidade, no caso a cachaça.

Embora a cana queimada aumente o rendimento do corte manual (cana crua = 1 a 3 t/homem/dia e cana queimada = 4 a 6 t/homem/dia), há alguns inconvenientes, como perda de açúcar pela exudação de mel, aumento de impurezas minerais (areia, terra, etc.) e, em algumas condições de alta temperatura e umidade, contaminações microbiológicas. Tal conduta acelera a deteriorização da cana pela inversão mais rápida da sacarose em glicose e frutose. Além disso pode levar cinzas para o processo de fermentação, fazendo com que a cachaça apresente um gosto de queimado, o que deprecia a qualidade do produto. A Lei nº 11.241, de 19/9/2002, regulamentada pelo Decreto Estadual 47.700, estabelece a proibição da queima em 100% dos canaviais mecanizáveis paulistas até o ano de 2021. Para as áreas não mecanizáveis, isto é, com declividade superior a 12% e/ou menor que 150 hectares, o término da queima ocorrerá em 2031. Para a produção da cachaça, a prática da queima encontra-se praticamente eliminada.

Fig. 6: Corte manual da cana-de-açúcar.

Fig. 7: Colheita mecanizada da cana-de-açúcar.

Ao cortar a cana, é necessário fazê-lo rente ao nível do solo, a fim de evitar perda de matéria-prima, infestações de pragas e moléstias nas cepas remanescentes, e emissão de brotações aéreas, com grande prejuízo para a cana nos anos seguintes.

Outro fator importante para um bom rendimento da cana-de-açúcar é não irrigá-la durante as quatro ou até mesmo seis semanas antes da colheita, pois um item importante na maturação da cana é a relativa secura do solo, evitando assim que, devido à umidade, o suco tenha água em demasia e pouco açúcar. O mesmo cuidado deve ser tomado no período de chuvas, quando o corte deverá ser evitado.

É necessário que a cana seja despontada devidamente, isto é, cortar a parte superior, que, além de ser muito pobre em açúcar, ainda pode provocar embuchamento da moenda. Da mesma maneira, as raízes adventícias que se encontram na parte inferior da haste devem ser retiradas, pois também têm pouco açúcar.

Uma vez devidamente cortada a cana, deve-se cuidar para que ela não seja danificada, evitando a passagem de caminhões, ou mesmo pessoas, sobre elas e, também, que sejam amontoadas em pilhas enormes.

De forma geral, recomenda-se que o intervalo entre o corte e a moagem não deva ultrapassar 24 horas.

É importante salientar que, para a produção da cachaça, é essencial que a cana esteja madura, quando apresenta uma maior concentração de açúcar. Embora o método visual para determinar a maturação da cana ainda seja muito utilizado, ele não é o ideal. A cana, quando se encontra madura, apresenta, em seu terço superior, folhas de coloração verde-amarelada e menos erectas, ao passo que as folhas que se localizam nos terços basal e médio encontram-se totalmente secas. O método ideal é a utilização do refratômetro de campo, que mesmo sendo simples é de relativa precisão. Por meio da refração da luz em algumas gotas do caldo da cana, é definido o valor Brix, que é a percentagem de açúcar da amostra. Outra alternativa é a utilização do sacarímetro de graus Brix, que fornece a percentagem de açúcar existente no caldo da cana.

Após seguidos todos os procedimentos indicados, a cana deve ser transportada para a moagem, iniciando, assim, o processo produtivo propriamente dito da cachaça.

Processos produtivos, tipos e estilos

Como a produção de qualquer alimento ou bebida, a elaboração da cachaça resulta da qualidade da matéria-prima e da interferência do homem, por meio de habilidade, tecnologia, boas práticas, precisão e muita sensibilidade.

O processo produtivo da cachaça inicia-se com a escolha da variedade de cana mais adequada ao clima e ao solo da região. Após o plantio, crescimento e maturação da cana, são realizados o corte e o transporte até o setor da moagem, onde a cana é lavada, para a extração e filtragem do caldo. Conforme o teor de açúcar (sacarose), o caldo é diluído para ajustar o grau Brix (teor de sacarose) ideal para o início da fermentação, em sala adequada e dornas apropriadas, por meio da ação das leveduras, naturais ou selecionadas.

No decorrer do processo de fermentação, todo o açúcar do mosto (caldo da cana em fermentação) é transformado em álcool, sob a ação das leveduras. Ao transformar todo o açúcar em álcool, o caldo já completamente fermentado é denominado de vinho da cana, com cerca de 8% de álcool, pronto para ser destilado.

A destilação é um processo físico de separação de líquidos com base nas suas temperaturas de ebulição. A cachaça pode ser obtida por meio de destiladores descontínuos ou alambiques de cobre, pelos quais se procede à separação das frações "cabeça", "coração" e "cauda", sendo o "coração" a cachaça propriamente dita; e destiladores contínuos, ou de coluna, por meio dos quais a cachaça é destilada de forma contínua, não sendo necessária a separação, pois os componentes indesejáveis já são separados automaticamente durante o processo.

Cabe assinalar que as frações "cabeça" e "cauda", resultantes da destilação em alambiques descontínuos, são aproveitadas para se produzir álcool não potável, usado, pela empresa, como combustível ou para higienização de superfícies. O vinhoto é o subproduto de maior volume, usado na fertilização do canavial.

Os tipos e estilos de cachaças definem-se pelo tratamento dado após a destilação, quando elas são transferidas para tonéis de aço inoxidável ou de madeira. Muitos produtores, por opção, armazenam a cachaça, após a destilação, para um período de descanso, por 2 a 6 meses. Quando armazenada em tonel de aço inoxidável ou de madeira, sem relevante alteração sensorial, a cachaça branca ou quase branca pode ser chamada de "Clássica", "Tradicional" ou "Prata", com a indicação no rótulo do tipo de tonel em que descansou. Se a proposta do produtor é oferecer uma cachaça com características sensoriais de madeira, diz-se que a cachaça é "Armazenada" ou "Envelhecida", por exemplo, em tonel ou barril de amburana (cerejeira), carvalho, jequitibá, bálsamo, ipê, canela de tapinhoã, podendo ser denominada "Envelhecida" ou "Ouro". Conforme o período de envelhecimento, as cachaças ainda recebem as denominações "Premium", "Extra Premium" e "Reserva Especial". Contendo acima de 6 g/l e até 30 g/l de sacarose, a cachaça deve ser acompanhada do termo "Adoçada". A graduação alcoólica é expressa nos rótulos em percentual de álcool (% vol.).

Alguns produtores, seguindo a tendência de outros destilados, realizam "blending" de cachaças, que é a mistura de tipos: branca, armazenada e envelhecida. Alguns, produzem bebidas alcoólicas mistas com cachaça e preparados oriundos da infusão de frutas, essências e especiarias, resultando bebidas compostas e licores.

A etapa final da produção é o engarrafamento, quando o produto é rotulado, embalado e estocado, para ser distribuído para a venda e o consumo.

É importante salientar que o processo produtivo da cachaça é ambientalmente correto, pois todos os resíduos são aproveitados: as folhas e pontas da cana são adubo para o canavial e forragem para o gado; o bagaço é combustível para a caldeira e forragem para o gado; as frações "cabeça" e "cauda" geram álcool não potável; e o vinhoto é fonte adequada e natural de nutrientes para o canavial (CARDOSO, 2001).

O processo de produção da cachaça de qualidade requer controles sistemáticos, análises rotineiras e laboratoriais, boas práticas de produção e registros diários das etapas, de forma a garantir a rastreabilidade do produto.

Fluxograma dos processos produtivos

Os processos produtivos da cachaça obedecem, em linhas gerais, o fluxograma apresentado na figura 1, começando com a escolha correta da variedade da cana-de-açúcar a ser plantada.

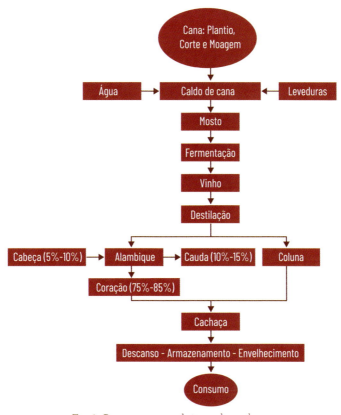

Fig. 1: Os processos produtivos da cachaça.

Instalações

A qualidade do processo produtivo da cachaça está relacionada ao planejamento adequado das instalações, que deve considerar os aspectos técnicos, estéticos, econômicos, de circulação, de fluxo de processos e de higienização (GRAVATÁ, 1999).

O lay-out da área de produção deve compreender: seção de moagem, sala de fermentação, seção de destilação, área de armazenamento e/ou envelhecimento, área de engarrafamento e, eventualmente, um pequeno laboratório para análise e garantia de qualidade. Além das instalações ligadas diretamente ao processo produtivo, há necessidade de um escritório para as atividades administrativas, registros dos processos e controle da entrada de matéria-prima e saída de produtos. Tem sido bastante comum a construção de salas de degustação, cursos para cachaçófilos e profissionais do ramo, espaço para visitação e eventos e venda de cachaças e produtos afins.

A higiene na produção da cachaça é fator preponderante para a qualidade do produto. As seções de moagem, fermentação e destilação devem ser lavadas diariamente com água potável. As moendas e tubulações devem ser limpas de forma a eliminar todo açúcar residual para evitar o desenvolvimento de micro-organismos indesejáveis, que podem contaminar a fermentação. As instalações sanitárias devem se localizar em um ponto afastado das seções de moagem, fermentação e destilação.

Deve ser construído um tanque para resfriamento do vinhoto, ou vinhaça, que é o resíduo do mosto após o processo de destilação, antes de ser encaminhado para reaproveitamento. O vinhoto não deve ser jogado nos rios, tendo em vista o seu alto poder poluente. A sua melhor utilização é como complemento alimentar para o gado, preparado na mistura com a ponta da cana e sais minerais ou como adubo para o canavial.

Moagem

Moagem é a operação de extração do caldo dos colmos da cana-de-açúcar. O principal objetivo desta etapa é recuperar o açúcar que está dissolvido no caldo e que se acha armazenado nas células de reserva ou parenquimatosas dos colmos da cana-de-açúcar. Para o bom resultado desta fase da produção, a cana deve estar madura, fresca, limpa, sem insetos ou terra, e deverá ser moída em um prazo de no máximo 24 horas, após o corte, evitando assim a deterioração do caldo.

Fig. 2: Moenda de cana-de-açúcar.

A extração do caldo é normalmente efetuada por esmagamento direto da cana em moendas, que devem prover o máximo de rendimento econômico do açúcar, separando o caldo do bagaço. O processo de moagem da cana-de-açúcar para a obtenção da sacarose, ou seja, do açúcar da cana, foi inventado pelos chineses e se perpetuou.

As moendas são máquinas de diversos tamanhos e capacidades movidas por motor elétrico, motor a combustão, ou, muito raramente, por roda d'água ou tração animal, que espremem a cana através de cilindros ou rolos de pressagem. Além dos rolos, as moendas são compostas basicamente de: bases de fundação, castelos, cilindros, bagaceira, reguladores de pressão e motores, se for o caso.

De uma boa escolha de moenda, depende, em grande parte, a produtividade e o rendimento do processo. Sob o ponto de vista da produção, a cana-de-açúcar é constituída de duas partes: a "dura" e a "mole". A parte dura, formada de cana e nós, representando cerca de 25% do peso, contém 15% de caldo. A parte mole, composta pela medula, representando 75% do peso, contém 85% de caldo. Em termos aproximados, a cana-de-açúcar tem de 85% a 92% de caldo e 8% a 15% de fibras, dependendo da variedade do solo e do clima. Se a cana está madura, o caldo contém 75% a 82% de água e aproximadamente 18% a 25% de açúcares, sendo 16% a 23% de sacarose e um pouco menos de 2% de glicose e frutose. Geralmente, as moendas têm capacidade de extração média que varia entre 60% e 70%. Algumas de maior capacidade e tamanho podem atingir um rendimento de extração de 75%. No bagaço ainda ficam de 25% a 40% de caldo.

Para ampliar o índice de extração para 75% a 90%, é utilizado o Processo de Embebição. Trata-se da lavagem do resíduo fibroso, ou melhor, do bagaço, com água ou caldo de cana diluído, para retirar o caldo remanescente.

Antes de colocar a moenda em operação, além da boa regulação, o corpo, os coadores, os tanques de decantação e de recepção, assim como as bicas e a tubulação devem ser lavados com água potável, água quente ou a vapor. Essa operação diminui as possibilidades de contaminação por micro-organismos indesejáveis, capazes de prejudicar a fermentação do caldo e, consequentemente, a qualidade da cachaça.

Fig. 3: Decantador para caldo de cana.

A garapa que sai da bica da moenda deve ser coada e, para tal, usam-se peneiras comuns de tamanho suficiente para conter bagacilhos, terra e outras impurezas. Uma sequência de malhas de peneiras para a filtragem será interessante. Além de eliminar as impurezas, que podem ser prejudiciais ao produto final – evitando que se formem substâncias nocivas, como o furfural, aldeído tóxico encontrado nos destilados –, a peneira serve para arejar a garapa, o que contribui muito para uma fermentação saudável.

Após todo esse processo, a garapa segue, por meio da canalização (cobre, PVC ou, rudimentarmente, bambu) até atingir um tanque para ser decantada, separando, ainda mais, as impurezas que escaparam à filtragem, como areia, terra e outros detritos.

Recomenda-se que a seção de moagem seja aberta, com piso resistente e impermeável, para garantir uma boa higiene. Geralmente, o piso é de cimento, não muito liso, para evitar acidentes quando molhado. As paredes podem ser revestidas de azulejos e a seção deve ser coberta para proteger a cana das ações do sol e da chuva. É comum instalar a moenda em locais elevados, para facilitar a fluidez do caldo e do mosto, por gravidade, até a sala de fermentação, economizando dessa forma mais energia (RIBEIRO, 1997).

Quando a moagem ocorrer de modo contínuo (diurno e noturno), sugere-se interromper a cada doze horas, para que se efetue a lavagem dos equipamentos, evitando assim o surgimento de focos de infecção.

Preparação do mosto

O caldo da cana, conforme obtido nas moendas, já que é um líquido açucarado que pode ser fermentado, é denominado mosto. Porém, para garantir um produto final de boa qualidade, é preciso que o mosto satisfaça determinadas condições que o caldo que sai das moendas não apresenta. Assim, o preparo do mosto consiste em uma série de medidas a serem tomadas para garantir basicamente uma menor contaminação microbiológica inicial, concentração adequada de açúcares fermentáveis e condições do meio que sejam adequadas ao desenvolvimento das leveduras alcoólicas.

A fermentação ideal ocorre com o caldo de cana em uma concentração de açúcares em torno de 14 Brix. Normalmente o caldo apresenta uma concentração de açúcares de 14 a 22 Brix. Estando acima de 14 Brix, é necessário diluir o caldo de cana para garantir a estabilidade do processo de fermentação. A diluição é feita com água de boa qualidade, que reúna todas as características de uma água potável bacteriologicamente pura: incolor, inodora, insípida e não contendo sais minerais em excesso.

A principal ação das leveduras no processo de fermentação do caldo de cana é transformar os açúcares presentes em gás carbônico e em álcool etílico ou etanol, que é o principal produto da fermentação alcoólica. Teoricamente, seríamos levados a pensar que quanto mais açúcar disponível no meio, maior seria a produção de etanol e, portanto, maior seria o rendimento da fermentação. Porém, a partir de certas concentrações, o etanol começa a inibir a ação das leveduras e pode acabar por interromper o processo fermentativo. Assim, mostos com valores superiores a 14 Brix podem causar interrupção da fermentação antes que todo açúcar presente seja consumido. Fermentações incompletas, além de representarem um desperdício de matéria-prima, provocam incrustações no alambique e formação de furfural, que provoca aroma e gosto desagradável na cachaça. Teores de açúcar abaixo de 14 Brix permitem fermentações mais rápidas, entretanto acarretam diminuição no rendimento da produção.

Um fator muito importante para o desenvolvimento da atividade das leveduras é a temperatura do meio e, nesse sentido, deve-se garantir uma temperatura entre 26 °C e 32 °C para o bom andamento da fermentação. Temperaturas mais baixas diminuem a atividade da fermentação, entretanto as mais elevadas favorecem o desenvolvimento de bactérias indesejáveis, provocando o enfraquecimento das leveduras.

Pelo fato de o processo de fermentação alcoólica produzir calor, dependendo do clima, mecanismos de resfriamento ou aquecimento podem ser necessários. Em épocas frias, pode-se diluir o caldo de cana com água potável quente, para que o mosto inicie a fermentação a uma temperatura em torno de 30 °C. Essa prática ativa as leveduras, favorecendo o início da fermentação. Uma vez iniciado o processo, o calor gerado pode ser suficiente para manter a temperatura na faixa adequada, em uma temperatura inicial de 30 °C, caindo lentamente até 20 °C na etapa final, quando o Brix já está próximo de zero. Quando a temperatura for mais elevada, da ordem de 30 °C a 35 °C, as dornas (recipientes em que ocorre a fermentação) podem ser refrigeradas por meio de serpentinas ou pode-se utilizar leveduras termotolerantes.

Outro fator importante para o desenvolvimento e atividade das leveduras é o pH do meio. Por ser um micro-organismo acidófilo, o pH desejável do caldo a ser fermentado situa-se entre 4,0 e 5,0 e, como o caldo de cana-de-açúcar sadia e madura apresenta um pH que varia entre 5,0 e 6,0, há a necessidade de redução por meio do aumento da acidez, pela adição de ácidos fixos, como medida corretiva. Outra prática utilizada para aumentar a acidez é a adição de vinhoto à água usada para diluir o caldo para o ajuste do Brix. Com isso, ao mesmo tempo em que se corrige o teor de açúcar, é possível abaixar o pH do mosto para a faixa adequada.

Adicionalmente, a correção do mosto pode incluir o acréscimo de sais minerais para compensar as deficiências naturais do caldo da cana em suprir o crescimento e a ação fermentativa das leveduras. A adição periódica ao meio de misturas salinas, contendo quantidades adequadas de nitrogênio, fosfato, cálcio e sais de magnésio, manganês e cobalto, pode ser necessária para a manutenção do processo fermentativo.

Da mesma forma, a adição de vitaminas do complexo B ao mosto estimula o crescimento e a atividade da levedura. Essa complementação vitamínica pode ser também realizada por meio da adição de fubá ou farelo de arroz. O fubá, obrigatoriamente isento de inseticida, além de fornecer nutrientes para as leveduras, exerce um importante papel na acidificação do meio e no desenvolvimento dos componentes desejáveis ao aroma. O farelo de arroz fresco é fonte de vitaminas do complexo B, que aumentam a atividade e o vigor das leveduras, melhorando o desenvolvimento da fermentação. Para evitar entupimentos, o farelo de arroz deve ser colocado em sacos de malha fina. Uma prática ainda pouco difundida, que tem trazido bons resultados, é o uso da farinha de soja integral em substituição ao farelo de arroz.

Fermentação

Após o preparo do mosto, para que ocorra a fermentação, é necessário que se faça a inoculação com as leveduras, que na realidade são fungos, para transformar o açúcar em álcool. As leveduras, como se sabe, são micro-organismos eucariontes (têm estrutura interna complexa), unicelulares, desprovidas de clorofila e que podem ser encontrados em todo lugar no ambiente. A habilidade de converter açúcares em etanol é chamada de fermentação alcoólica e é característica de um pequeno grupo de micro-organismos, constituído, principalmente, das leveduras Saccharomyces cerevisiae e Kluyveromyces marxianus e da bactéria Zymomonas mobilis. Apesar de o processo de fermentação para a produção da cachaça ainda ter um pouco de empirismo, algumas leveduras já foram isoladas e identificadas cientificamente, como os seguintes gêneros: Saccharomyces cerevisiae, Rhodotorula glutinis, Kluyveromyces marxianus, Pichia heimii, Hanseniaspora uvarum, Pichia subpelliculosa, Debaryomyces Hansenii e Pichia methanolica.

Fig. 4: Levedura Saccharomyces cerevisiae.

As fermentações são conduzidas em recipientes próprios denominados dornas de fermentação, que podem ser de aço inoxidável, fibra de vidro, plástico, madeira, ferro ou cimento. Estes três últimos não são recomendados devido a problemas de higienização. A fermentação é iniciada a partir da adição do inóculo, também chamado de pé-de-cuba, pé-de-fermentação, fermento ou lêvedo, que é normalmente preparado segundo técnicas regionais práticas ou observando-se tecnologia apropriada com fermentos selecionados. Para que se tenha garantia de uma fermentação sadia, regular e de alto rendimento, é necessário introduzir ao caldo da cana uma quantidade adequada de fermento de qualidade reconhecidamente boa.

O uso de fermentos puros selecionados é desejável sob vários aspectos, porém exige instalações, condições de trabalho e conhecimento técnico do pessoal envolvido. É recomendável que se utilizem, se possível, leveduras isoladas de mosto em fermentação da própria região, porém é também muito comum o uso de fermentos prensados para panificação ou obtidos por meio de "receitas regionais" denominadas "fermentos caipira". O pé-de-cuba pode ser preparado a partir de quantidades muito pequenas de fermento mediante fermentações sucessivas, com quantidades crescentes de caldo até o volume industrial desejado. Durante o preparo do pé-de-cuba, a presença de ar no meio, conseguida por agitação, favorecerá a multiplicação de células de levedura.

A parte mais importante da produção da cachaça é, sem dúvida, a fermentação. Dela depende muito a qualidade do produto final. É nessa fase que o "cachaçólogo" – o profissional da cachaça ou o mestre-cachaceiro – escolherá o tipo de fermentação para conseguir o melhor rendimento e a melhor qualidade do destilado, associando métodos e técnicas, além da intuição e experiência, para um melhor resultado.

A marcha da fermentação se dá após a inoculação do pé-de-cuba no mosto preparado, que entrará, após natural multiplicação do fermento, no processo fermentativo propriamente dito. A observação de algumas características do processo fermentativo pode ser muito útil como indicativo da qualidade da fermentação:

- Tempo de fermentação – a duração média da fermentação de mosto de caldo de cana geralmente situa-se na faixa de 12 a 36 horas, sendo afetado por fatores como: temperatura, pureza, teor de açúcar e acidez do mosto, temperatura ambiental e processo de fermentação. O período ideal seria entre 12 e 24 horas. O aumento desse tempo pode indicar irregularidades no processo, embora em baixas temperaturas uma dilatação seja possível. Em processo industrial, esse tempo é de seis horas, em média.

- Odor da fermentação – o aroma agradável, característico de frutas maduras, indica uma fermentação pura e normal. Já o aparecimento de odores ácidos, sulfurados ou rançosos, até nauseantes, indica irregularidades, ou seja, fermentação acética (odor de vinagre), bútrica (odor de ovos podres) ou lática (odor de leite), respectivamente.

- Aspecto da espuma - cada fermentação tem características peculiares e normalmente constantes. No início do processo, a espuma apresenta-se cobrindo o mosto, em uma camada escura que se rompe em aberturas, permitindo a visão de uma espuma alva, à medida que a fermentação progride. As bolhas são pequenas e regulares, com movimentos mais ou menos lentos no auge da fermentação. Espuma persistente com formação de bolhas grandes (fermentação levânica) denota contaminações e irregularidades no processo.

- Evolução da temperatura - outro parâmetro a se observar ao longo do processo fermentativo é a curva de temperatura. No inverno, quando as temperaturas são baixas, chegando a 14 °C ou 15 °C, os cachaçólogos aquecem o caldo para atingir a faixa de temperatura ideal, que é de 26 °C a 32 °C, podendo às vezes fermentar até 36 °C. Valores acima de 32 °C podem alterar a fisiologia das leveduras e abaixo de 26 °C podem provocar uma diminuição na atividade da levedura.

- Densidade do mosto - durante a fermentação, devido a transformação dos açúcares em etanol, a densidade do mosto (grau Brix) decresce harmonicamente no decorrer do processo. A paralisação da queda do Brix ou a formação de grânulos gelatinosos (fermentação dextrínica) podem indicar que está ocorrendo algum desequilíbrio, o que favorece o surgimento de contaminações: matéria-prima deteriorada, fermento debilitado, refrigeração excessiva, etc.

Fig. 5: Dornas de fermentação.

Cessada a fermentação, deixa-se a levedura sedimentar por duas a três horas. Em seguida, retira-se quatro quintos desse mosto, agora denominado de "vinho", de cuja qualidade vai depender a qualidade final da cachaça. Nesse processo de separação, deve-se ter o cuidado para que não haja, ainda em suspensão, uma parte do pé-de-cuba. É recomendável que esse processo de decantação não demore, pois uma vez terminada a fermentação alcoólica ocorre a fermentação acética, que é responsável pela acidez da cachaça. Após a separação, o vinho é transferido para o alambique, onde poderá ser ainda filtrado, coado ou peneirado, pois quanto mais limpo é o vinho, melhor será a qualidade, o gosto e o aroma do produto final.

Em um processo contínuo de produção, o quinto restante na dorna funcionará como pé-de-cuba na operação seguinte. O preparo de novos pés-de-cuba, semanalmente ou mensalmente, para substituir ou reforçar aqueles já enfraquecidos, é muito recomendado.

O tamanho da sala de fermentação varia conforme a quantidade de dornas. Quando as dornas são de ferro ou de madeira, devem ser dispostas uma ao lado da outra, com espaço livre e assentadas sobre uma base, para permitir a inspeção de vazamentos, conservação, limpeza e reparos. As dornas de alvenaria são geralmente retangulares e construídas uma ao lado da outra, ocupando menor espaço. Ao lado das dornas ou entre elas, coloca-se uma passarela para se poder observar o desenvolvimento do processo de fermentação. As passarelas e as escadas podem ser de madeira ou de ferro, em forma de grade. Estas últimas permitem uma limpeza mais fácil, sendo, portanto, mais higiênicas.

Para permitir constantes lavagens, as paredes laterais da sala devem ter um revestimento interno liso e resistente, de azulejo ou tinta. Para um bom arejamento, a sala deve ter janelas amplas, do tipo basculante, que possibilitam um controle e ventilação, sem formação de correntes de ar e oscilações indesejáveis de temperatura. A sala de fermentação também deve possuir portas que permitam a saída do gás carbônico que se acumula no piso, e um pé-direito o suficiente para deixar um bom espaço entre o teto e a parede superior das dornas. O revestimento do piso deve ser de cerâmica ou de cimento liso, com declividade para facilitar o escoamento das águas de lavagem. O teto deve ser preferencialmente de telhas de barro, com alguns pontos de telhas de vidro, para tornar a sala mais clara.

Em terrenos planos, a passagem do caldo de cana da seção de moagem para a sala de fermentação é feita por meio de bombeamento.

Destilação

Após o processo de fermentação, o mosto fermentado, a partir de agora denominado "vinho", está pronto para ser destilado e dar origem à cachaça. A destilação é uma operação que consiste, por aquecimento, em separar e selecionar as substâncias sólidas, líquidas e gasosas de acordo com os seus respectivos graus de volatilidade, ou seja, de acordo com as temperaturas de ebulição ou de mudança de fase do componente.

A utilização do processo de destilação para a purificação de produtos de uma mistura hidroalcoólica é de domínio do homem há séculos. O equipamento utilizado para esse processo é o destilador, que pode ser descontínuo, do tipo tradicional, denominado alambique, ou contínuo, do tipo coluna, denominado coluna de destilação, sendo este último utilizado para a produção em escala industrial.

No vinho, a fração gasosa é composta de gás carbônico (CO_2), gases amoniacais e ar, em pequenas quantidades, já que a maior parte dos gases é desprendida durante a fermentação. Na fração líquida, a água representa cerca de 90%, e o álcool etílico, principal componente da cachaça, aparece na proporção de 5% a 8%, em função do teor de açúcares fermentescíveis do mosto. Em menores quantidades, 2% a 4%, ocorrem produtos secundários como: aldeído acético, acetato de etila, ácido succínico, ácido acético, ácido lático, ácido butírico, glicerina e álcoois homólogos superiores como o propílico, iso-propílico, iso-burítico, burítico, iso-amílico e amílico.

As substâncias sólidas presentes correspondem a células de leveduras ou bactérias, bagacilho, terra, açúcares não fermentescíveis, proteínas, sais minerais, etc. Estas substâncias, de modo geral prejudiciais na destilação, devem ser eliminadas por meio de uma fermentação completa, no caso dos açúcares, e de uma total decantação do vinho. Os açúcares não fermentados e o bagacilho, quando presentes no vinho a ser destilado, formam o furfural, que, conforme já mencionado, influencia negativamente o aroma e o paladar da cachaça.

Assim, no processo de destilação, quando se aquece uma mistura, ocorre a emissão de vapores cuja composição é diferente daquela do líquido gerador. Da condensação desses vapores obtém-se um líquido de composição diferente daquele que a originou. Portanto, na produção da cachaça, a destilação é a operação final, sendo responsável pela separação do álcool e demais componentes que compõem o vinho, isto é, são separados em duas frações líquidas: o destilado, também chamado de flegma, e o vinhoto, denominado também de vinhaça.

No processo descontínuo, o destilado é obtido pelo aquecimento do vinho, o que é feito por fogo direto, por meio de uma "fornalha" localizada na parte inferior do alambique, ou de uma caldeira, que efetua o aquecimento do vinho mediante vapor superaquecido. Os vapores formados, ricos em etanol e outras substâncias voláteis, ao atingirem a parte superior do alambique, chamada de capelo ou retificador, são condensados por resfriamento feito pela água corrente que passa por uma serpentina existente no interior do pescoço do alambique. De um vinho proveniente de fermentação alcoólica, contendo de 5% a 8% em volume de álcool etílico, em condições normais, se produz de 15% a 17% do seu volume em cachaça, contendo de 38% a 48% de álcool em volume.

A parte que fica na panela do alambique é o vinhoto, que contém todos os componentes sólidos e não voláteis do mosto fermentado, ácidos graxos, sais minerais, células remanescentes, bactérias, etc. A produção de vinhoto é estimada de 7 a 10 litros, para cada litro de cachaça produzido. Apesar de ser um ótimo complemento alimentar para o gado, misturado com a ponta da cana e sais minerais, ou do seu aproveitamento como adubo para o canavial, o vinhoto é um agente poluidor, não devendo, de maneira alguma, ser derramado nos rios ou nos lagos.

Fig. 6: Alambique - destilação descontínua.

A temperatura ou ponto de ebulição do vinho situa-se entre 92,6 °C e 95,6 °C, na mistura álcool/água. Os primeiros vapores são condensados com concentração entre 35,8% vol. e 51,0% vol. e, à medida que os vapores são condensados, com uma composição mais rica em álcool, o ponto de ebulição vai diminuindo. No entanto, enquanto o vinho perde álcool, o ponto de ebulição do líquido remanescente aumenta. Durante o prosseguimento da destilação, o teor de álcool da cachaça produzida vai decrescendo. O condensado, que representa a soma de todos os vapores, com diferentes concentrações, formados sucessivamente após atingir teor alcoólico mais elevado, também diminui de concentração ao longo do processo. Ao atingir a graduação desejada, faz-se o corte da alambicada, porque, a partir daí, o destilado terá a concentração alcoólica gradativamente reduzida e, portanto, abaixo do teor desejado para a cachaça em produção.

A graduação é medida recolhendo-se a cachaça na saída do alambique e com a utilização do equipamento denominado alcoômetro, que tem duas escalas: Cartier e Gay Lussac. A escala Gay Lussac é a mais utilizada e representa o valor percentual do álcool contido em uma bebida. Por exemplo, 48 °GL corresponde a 48% de álcool/volume.

Na prática, o corte é feito quando a graduação atingir de 50 °GL a 54 °GL, devendo, a partir daí os produtos da destilação serem divididos em três frações: "cabeça", "coração" e "cauda".

A "cachaça de cabeça", obtida na fase inicial da destilação, é mais rica em substâncias mais voláteis do que o etanol, ou seja, metanol, aldeídos, cetonas e ésteres, assim como em outras menos voláteis, que se encontram envolvidas por moléculas de água e etanol, perdendo dessa forma o ponto de ebulição característico. Dependendo do aparelho e da quantidade de álcool do vinho, os primeiros destilados atingem graduação alcoólica entre 65 °GL e 70 °GL. A quantidade do destilado de cabeça dependerá da qualidade da fermentação, da higiene do processo e também do tipo, da regulagem e da operação do alambique. Normalmente, na prática, os produtores consideram que essa fração corresponde de 5% a 10% do total do produto destilado.

A "cachaça do coração", que é a segunda fração destilada, é a cachaça propriamente dita, ou seja, aquela de qualidade elevada. Normalmente, quando o destilado começa a sair com 38 °GL, é interrompida a sua retirada. Na prática essa fração corresponde de 75% a 85% do total do produto destilado. A maior produtividade na produção da cachaça é obtida quando se tem o completo domínio do processo produtivo.

A "cachaça de cauda" ou "água fraca" apresenta um maior teor de produtos menos voláteis e indesejáveis, como furfural, ácido acético e os chamados óleos fúseis. Na prática, essa parte corresponde de 10% a 15%.

É importante salientar que toda cachaça contém aldeídos, cetonas, ésteres e álcoois. Maior ou menor quantidade dessas substâncias definem a qualidade da bebida. Uma grande quantidade de aldeídos pode dotar o líquido final de elevado teor ácido, entretanto os ésteres são responsáveis pelo "bouquet" da cachaça.

Os destilados de cabeça e de cauda são os principais causadores da "ressaca", da dor de cabeça e do "bafo de onça", devendo ser eliminados, pois caracterizam cachaça de baixa qualidade, além de prejudicar o paladar e a saúde do consumidor. A presença de metanol da fração cabeça pode, com o tempo, causar cegueira. O cuidado e a honestidade desse processo de fracionamento são fatores fundamentais para a determinação da qualidade do destilado e da reputação do produtor.

As partes da cabeça, junto aos produtos da cauda, podem ser utilizados para a obtenção de álcool carburante por meio de nova destilação em coluna contínua.

A presença de cobre em elevadas concentrações na cachaça é altamente indesejável, do ponto de vista da saúde, sendo também fator importante na classificação da cachaça de qualidade. Apesar da existência, no passado, de várias controvérsias sobre o uso desse metal em alambiques, ele é largamente utilizado, principalmente por produtores que trabalham em pequena escala. Muitos pesquisadores atribuem ao cobre o papel de catalizador de certas reações durante o processo de destilação, o que contribui para a qualidade do destilado. No entanto, o azinhavre, carbonato básico de cobre, que se forma nas paredes internas dos alambiques, quando dissolvido pelos vapores alcoólicos ácidos, pode contaminar o destilado. Para reduzir os teores de cobre na cachaça deve-se proceder à higienização do alambique durante as suas paradas, fazendo-se a primeira destilação de água com suco de limão e depois só com água.

Algumas cachaças produzidas hoje em dia têm utilizado o processo de bidestilação na sua elaboração. Bidestilação é o processo usado na destilação dos melhores uisques e conhaques e que, reconhecidamente, resulta em produto livre de elementos contaminantes indesejáveis, embora muitos julguem que esse processo descaracterize o sabor da cachaça. Produtores tradicionais afirmam que "cachaça bidestilada não é cachaça". O processo de bidestilação consiste em diluir uma cachaça industrial ou artesanal, para uma concentração de 27 °GL a 37 °GL e destilar novamente em alambique de cobre. Tendo a cachaça inicial sido produzida dentro dos critérios de qualidade, durante todo o processo da primeira destilação, a cachaça bidestilada poderá ser chamada de "coração do coração". Há produtores que já estão praticando o processo de multidestilação, utilizado pela vodca, e divulgando-o como vantagem competitiva. Só o consumidor e o tempo poderão julgar essas práticas.

Fisicamente, a seção de destilação é dimensionada de acordo com a produção diária e com o tipo de equipamento utilizado. É recomendado que a instalação seja feita em uma área coberta, arejada e com pé-direito de no mínimo 3 metros, protegida apenas contra a entrada de animais e insetos.

Nessa seção estão instalados o alambique, o condensador, a fornalha e o tanque de recepção do destilado. No caso de aquecimento por fogo direto, para alimentação da fornalha, normalmente o bagaço seco é utilizado como combustível para a destilação, devendo ser armazenado em área reservada. A caldeira, quando utilizada, deve ficar em local também reservado, afastada das áreas destinadas à fermentação e à destilação. O piso da área de destilação deve ser de cimento ou ladrilho, para permitir uma boa higiene, e a seção deve dispor de água potável para lavagem do piso e do alambique, entre cada lote de destilação. A água de resfriamento normalmente é reutilizada para esse fim.

No processo contínuo, utilizado para a produção em escala industrial, as colunas de destilação são constituídas de uma série de caldeiras superpostas, chamadas de pratos ou bandejas, atuando cada uma como uma unidade de destilação. Nesse sistema, os pratos são alimentados continuamente com o vinho da cana, que é aquecido para gerar vapores alcoólicos para posterior refrigeração, quando então são condensados em aguardente. Nesse caso, não há a necessidade de se separar as frações "cabeça", "coração" e "cauda", uma vez que esse processo ocorre automaticamente.

Diluição

Após o processo de destilação, muitas vezes são obtidos produtos de graduação alcoólica diferentes daquela que o produtor definiu para o seu posicionamento no mercado, ou seja, a sua proposta de cachaça. Mesmo se tendo um controle total do processo produtivo, pode-se obter uma alambicada com 50 °GL, outra com 52 °GL, outra ainda com 55 °GL e assim por diante. A legislação brasileira estabelece que a aguardente de cana deve ter uma graduação alcoólica entre 38 °GL e 54 °GL e a cachaça, entre 38 °GL e 48 °GL.

Fig. 7: Coluna de destilação - destilação contínua.

Assim, se a proposta da cachaça é ir ao mercado com uma graduação de 40 °GL, partindo-se, por exemplo, de uma alambicada de 50 °GL, torna-se necessário fazer uma diluição com água destilada. Para se padronizar 400 litros de uma cachaça de 50 °GL para 40 °GL deve-se utilizar a seguinte fórmula:

$$VA = VI \times \frac{(GI - GF)}{GF}$$

VA = volume adicional de água

VI = volume inicial da cachaça

GI = graduação inicial da cachaça (°GL ou % vol.)

GF = graduação final da cachaça (°GL ou % vol.)

Aplicando-se a fórmula aos dados apresentados, chega-se a:

$$VA = 400 \times \frac{(50 - 40)}{40} = 100 \text{ litros}$$

Portanto, devem-se adicionar 100 litros de água destilada aos 400 litros de cachaça a 50 °GL para se obter uma cachaça de 40% vol.

Em princípio, esse processo de diluição deve ser feito logo após a destilação e antes da filtragem. Entretanto, quando a cachaça vai ser envelhecida, deve-se considerar que, devido à temperatura e à umidade do ambiente e ao período de armazenamento em barris de madeira, há uma perda de graduação alcoólica entre 2% vol. e 3% vol. ao ano.

O processo de padronização deve ser feito despejando-se a água de forma lenta e mexendo-se o líquido de forma contínua e simultânea. Alguns cuidados devem ser tomados para que a cachaça final não apresente turvação leitosa:

a) Não utilização de água potável comum;
b) Pouca diferença entre a temperatura da aguardente e a da água;
c) Separação correta da fração "cauda".

Filtragem

Para dar maior limpidez, transparência e brilho, bem como corrigir eventuais defeitos de qualidade, após a destilação a cachaça deve passar por um processo de filtragem, que pode ser de dois tipos.

O primeiro tipo utiliza filtros de celulose, de algodão ou de resinas neutras, que não interferem nas propriedades químicas, no paladar e no aroma da cachaça.

A segunda categoria utiliza filtro de carvão, carvão ativado ou resina de troca iônica, que modificam o produto original e, portanto, só deve ser utilizado a partir de orientação e acompanhamento técnico. A filtragem por meio de carvão diminui a quantidade de alguns componentes secundários, principalmente os oleosos, como os álcoois superiores. O efeito do carvão ativado, além de diminuir a participação de álcoois superiores e de outros componentes secundários, pode vir a descaracterizar os padrões sensoriais desejáveis da cachaça. Os filtros de troca iônica são usados para eliminar o teor residual de cobre do produto destilado, exigindo, contudo, um rigoroso acompanhamento técnico, uma vez que são necessárias retrolavagens criteriosas e periódicas, pois do contrário pode constituir uma fonte de contaminação da bebida.

Descanso, armazenamento e envelhecimento

Depois de finalizados os processos de destilação, diluição e filtragem, o produto obtido é constituído, basicamente, de álcoois, aldeídos, ácidos, cetonas e ésteres. Em uma cachaça de 40% vol., na sua composição média, o líquido destilado contém 59% de água, 40% de álcool e, aproximadamente, 1% de outros compostos, como acetaldeído, acetato de etila, propanol, butanol e ácido acético. Entretanto, como a cachaça ainda não está maturada e preparada para o consumo, dependendo do produtor, ela deve passar por um processo de descanso, armazenamento e envelhecimento para adquirir boas propriedades sensoriais de aroma e paladar. A cachaça recém-destilada, de coloração branca, apresenta uma certa acidez e um leve amargor, além de um buquê irregular, característicos de uma bebida nova. Quanto melhor for o controle do processo, menos acentuados serão os aspectos negativos do produto destilado.

A qualidade da cachaça é afetada por todas as fases do processo, iniciando pela matéria-prima, passando pela fermentação, destilação, tipos de equipamentos, instalações até a higiene. O descanso, que é a primeira fase de estocagem da cachaça, deve ser de dois a seis meses. A bebida, que acaba de passar pela destilação e filtragem, é submetida a esse processo de repouso para fixar o seu caráter e consolidar a sua personalidade. A partir dos seis meses, a cachaça passa do descanso para o armazenamento ou envelhecimento propriamente dito, conforme o caso. Com o envelhecimento, as características sensoriais da cachaça irão se modificar, aprimorando as suas qualidades com novos aromas, novo paladar e nova coloração - a cachaça torna-se macia e aveludada, atenuando a sensação desidratante do álcool presente.

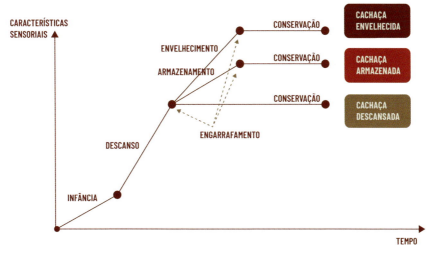

Fig. 8: Descanso, armazenamento e envelhecimento.

Normalmente o descanso é feito em tanques de aço inoxidável. Para o envelhecimento devem ser utilizados tonéis ou barris de madeira, que permitem a oxigenação ou arejamento, uma vez que a porosidade da madeira possibilita o fluxo do oxigênio do exterior para o interior do recipiente, que não deve ficar completamente cheio, de modo a ter em sua parte superior uma camada de ar.

Entre as madeiras nacionais - que podem ser, hoje, mais de 30 tipos - as mais usadas para o envelhecimento de aguardente são: bálsamo, amburana ou cerejeira, amendoim, jatobá, jequitibá, freijó, sassafrás, ipê-amarelo, pereira, louro-canela e cabreúva. Talvez pelo fato de outros destilados, principalmente os estrangeiros, utilizarem o carvalho para o envelhecimento, ele tem sido também muito usado pelos produtores de cachaça. Entretanto, considerando que a bebida sofre uma grande influência da madeira, por meio dos seus odores, dos seus taninos e das decomposições das suas macromoléculas (lignina, celulose e hemiceluloses), normalmente a cor, o aroma e o paladar dos destilados envelhecidos em carvalho tendem a ficar muito semelhantes com o tempo. Assim, sendo a cachaça uma bebida genuinamente brasileira, que deve se caracterizar por propriedades sensoriais de maior autenticidade, seria mais aconselhável que os produtores passassem a utilizar madeiras nacionais, cujas características exóticas diferenciariam, ainda mais, a cachaça dos destilados estrangeiros. Um longo período de envelhecimento, dependendo da madeira, pode provocar na cachaça a perda do cheiro característico de cana, o que pode ser evitado limitando-se esse tempo. O período máximo recomendado para que o líquido não perca as características organolépticas próprias da cachaça é de 48 meses. Caso a proposta da cachaça seja outra, esse período pode ser estendido.

Fig. 9: Sala de descanso, armazenamento e envelhecimento.

O envelhecimento da cachaça é influenciado pelas condições ambientais, pelo volume dos tonéis e barris e pelo tempo de acondicionamento, além, logicamente, da qualidade do destilado inicial. Com relação às condições ambientais, o envelhecimento deve ser realizado em lugar fresco, à temperatura na faixa de 15 °C a 20 °C, com umidades relativas na faixa de 70% a 90%, além de arejamento adequado. O ambiente deve ter o pé-direito alto, em torno de 5 metros, paredes espessas, para evitar oscilações de temperatura, com pequenas janelas distribuídas para melhor ventilação. Quando o armazenamento é feito em ambiente seco, haverá a tendência de evaporação da água, resultando em acréscimo do grau alcoólico. Ao contrário, ambientes úmidos provocarão a redução do grau alcoólico.

É importante destacar que as diferentes madeiras trabalham de formas diferentes na liberação dos componentes corantes e aromáticos desejáveis ao envelhecimento do destilado e, portanto, requerem tempos diferentes para atingir os padrões de cor e paladar requeridos pelo produtor. Segundo a legislação brasileira, para que a cachaça seja considerada envelhecida ela deve conter, no mínimo, 50% do seu volume envelhecido em recipiente de madeira apropriado, com capacidade máxima de 700 litros, por um período mínimo de doze meses. A partir desse tempo, além de a bebida pegar muito o gosto da madeira, o envelhecimento torna-se mais lento e, portanto, antieconômico, por causa da evaporação, que normalmente ocorre durante esse processo.

Salienta-se ainda que o envelhecimento não encobre as falhas do processo de produção da cachaça. Apenas o produto bom, oriundo de um processamento criterioso e sobretudo higiênico, tem as suas propriedades organolépticas – cor, aroma e sabor – decorrentes de variações da sua composição química, promovidas pelas transformações causadas pelo contato do líquido com a madeira.

Deve-se chamar a atenção para o fato de que alguns produtores inescrupulosos e sem visão de futuro, felizmente em pequeno número, têm adotado a prática de colocar raspas ou pedaços de madeiras na cachaça em repouso, para ganhar cor e assim venderem como cachaça envelhecida. Embora seja difícil para o consumidor perceber essa sutileza, a regulamentação e a fiscalização do processo produtivo por órgãos governamentais têm coibido essa prática enganosa.

O produtor que deseje mencionar, no rótulo da sua cachaça, o tempo de envelhecimento deve requisitar ao Serviço de Inspeção de Produtos Agropecuários, do Ministério da Agricultura, Pecuária e Abastecimento (Mapa), o lacre dos seus barris. Além do lacre – "Produto Sob Controle de Envelhecimento" –, que deve conter a data e a identificação do fiscal, é necessário também ser preenchida uma ficha na qual são informados a data, o volume, o número do barril e o número do lote. A retirada do lacre, para que o produto seja comercializado, deve ser feita pelo fiscal do serviço de inspeção.

Por fim, é importante salientar que a conservação da cachaça em garrafas de vidro ou plástico não contribui para o envelhecimento da bebida, pois, devido à estabilidade decorrente da graduação alcoólica, não há reações ou interações que promovam alterações nas suas características.

Engarrafamento

Após as fases de descanso, armazenamento ou de envelhecimento, a cachaça está pronta para ser engarrafada para a distribuição, venda e consumo.

Fig. 10: Engarrafamento.

O engarrafamento consiste em acondicionar o produto em garrafas de vidro, de preferência lisas e transparentes, em volumes de 200 ml a 1.000 ml. Dos tanques de descanso ou dos barris e tonéis de armazenamento e envelhecimento, a cachaça é transferida, por meio de uma enchedora, para o recipiente, sendo posteriormente fechada com tampa metálica, rolha, resina ou conta-gotas. Quando se utiliza a rolha, normalmente é feito um acabamento com lacre ou envólucro de plástico.

Hoje em dia têm sido utilizados, industrialmente, garrafas ou recipientes de plástico (PET), PVC ou polipropileno. Embora não haja estudos conclusivos sobre a influência desses materiais na qualidade e nas características químicas, o certo é que algumas cachaças, acondicionadas dessa forma, apresentem pequena alteração no gosto.

Alguns produtores oferecem os seus produtos em latas de alumínio. Devido a reações químicas entre o etanol e o material das soldas das dobras, deve-se atentar para o prazo de validade do líquido acondicionado dessa forma.

Uma vez a cachaça engarrafada ou enlatada, os recipientes são rotulados e acondicionados, normalmente, em caixas de papelão, em geral, de doze unidades.

Embora ainda poucos produtores atendam ao padrão regulamentado para a confecção dos rótulos de cachaça, deve-se atentar para as informações mínimas necessárias para o consumidor final: nome, natureza, graduação alcoólica, local de fabricação, produtor, engarrafador, CNPJ, Inscrição Estadual, Registro no Mapa, conteúdo da garrafa e prazo de validade, no caso da latinha de alumínio.

Padronização

Conforme o artigo 53 do Decreto nº 6.871, de 4 de junho de 2009, que dispõe sobre a padronização, a classificação, o registro, a inspeção, a produção e a fiscalização de bebidas, a cachaça é definida como

> [...] a denominação típica e exclusiva da aguardente de cana produzida no Brasil, com graduação alcoólica de trinta e oito a quarenta e oito por cento em volume a vinte graus Celsius, obtida pela destilação do mosto fermentado do caldo da cana-de-açúcar com características sensoriais peculiares, podendo ser adicionada de açúcares até seis gramas por litro.

Quando a cachaça contiver açúcares em quantidade superior a 6 g/l e inferior a 30 g/l, expressos em sacarose, o rótulo deve conter a palavra "Adoçada".

O Mapa determina que a cachaça só pode ser comercializada após o seu registro e seu enquadramento nos padrões por ele estabelecidos (ver a tabela 1).

Especificação	Limites
Grau alcoólico a 20 ºC (em % vol.)	38 a 48
Acidez volátil (mg de ácido acético/100 ml de álcool anidro)	150 máx.
Cobre (mg/l)	5 máx.
Aldeído (mg de aldeído acético/100 ml de álcool anidro)	30 máx.
Ésteres (mg de acetato de etila/100 ml de álcool anidro)	200 máx.
Álcoois Superiores (mg de álcool isobutílico/100 ml de álcool anidro)	360 máx.
Álcool Metílico (mg/100 ml de álcool anidro)	170 máx.
Soma dos componentes secundários (mg/100 ml de álcool anidro)	200 a 650

Tabela 1. Padrões de cachaça, Ministério da Agricultura.

A Instrução Normativa nº 13, de 29 de junho de 2005, dispõe "que será denominada de cachaça "Envelhecida", "Premium", "Extra Premium" e ainda "Reserva Especial", desde que devidamente comprovado e com laudos técnicos emitidos por laboratórios reconhecidos pelo Mapa, como veremos mais adiante.

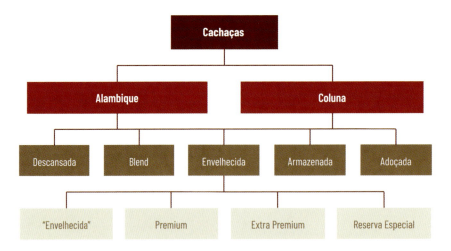

Fig. 11: Tipos e estilos de cachaça.

Ampliando a oferta de produtos que atendam às necessidades dos apreciadores, estão sendo produzidas "cachaças kosher", que deferem os preceitos religiosos judaicos, pois são armazenadas ou envelhecidas em barris fabricados com madeiras e ferramentas que não utilizam o sebo de porco no seu tratamento ou na sua conservação.

Qualidade, meio ambiente e responsabilidade social

A elaboração da cachaça com características que permaneçam estáveis ao longo do tempo, isto é, com a repetibilidade assegurada, depende do controle da qualidade dos processos de toda a cadeia produtiva. Para isso, é necessário que sejam definidos e controlados os pontos críticos de cada estágio da produção, desde o plantio da cana, passando pelo corte, moagem, fermentação, destilação, descanso, envelhecimento até o engarrafamento. Cada processo deve ter os seus procedimentos documentados e praticados por pessoal treinado e qualificado, para aplicação dos requisitos de segurança alimentar, higiene pessoal, proteção ambiental e segurança no trabalho.

O controle de qualidade na produção da cachaça leva em consideração as características organolépticas e o controle rigoroso da presença de substâncias, como metanol, óleos fúseis e o carbamato de etila, que, além de comprometer o sabor, são prejudiciais à saúde humana. O carbamato de etila, ou uretana, encontra-se presente em diversos alimentos e bebidas obtidos por meio de processos de fermentação, alcoólicos ou não (iogurtes, queijos, cervejas e vinhos). Sua presença é admissível em mínimas quantidades.

Os insumos críticos, que podem influenciar a qualidade final do produto – principalmente a cana-de-açúcar, os adubos, os agrotóxicos, as substâncias utilizadas para a formação do pé-de-cuba, a água, os vasilhames –, devem ser identificados e registrados de forma que tenham a sua rastreabilidade garantida. Informações, como lote de insumos, data de processamento, testes e medições realizados, data e número do recipiente de armazenamento e embalagem, devem ser documentadas e mantidas por prazo determinado, de acordo com o sistema de qualidade estabelecido.

Como a higiene do processo produtivo tem papel decisivo na qualidade do destilado final, os insumos devem ser limpos antes do processo de moagem, e as instalações devem ser lavadas e desinfetadas diariamente para que não haja contaminação durante os processos de fermentação, destilação, armazenamento e engarrafamento. Os vasilhames devem ser novos, comprovados com notas fiscais, ou, no caso de reutilização, devem passar por processos de higienização descritos e documentados.

É extremamente importante que haja uma política de preservação ambiental, com diretrizes claramente comunicadas aos empregados sobre os possíveis impactos ecológicos decorrentes da produção: florestas, recursos hídricos, destino dos efluentes, uso de agrotóxicos, poluição ambiental e efeitos sobre a saúde da comunidade. Além dos procedimentos internos, o uso de lenha renovável para a fornalha e o manuseio adequado dos resíduos, oriundos do bagaço, bagacilho, vinhoto, vidros, papéis e lixo, devem obedecer à legislação oficial e ser documentados, divulgados e seguidos pela força de trabalho. O uso de roupas adequadas e de equipamentos de proteção individual (EPI), como luvas, capacetes, máscaras, botas e óculos, deve ser obrigatório, não só por questões de higiene, mas também e principalmente para evitar acidentes de trabalho e atender às normas pertinentes.

Também deve ser atendida a Lei nº 12.305, de 2 de agosto de 2010, que institui a Política Nacional de Resíduos Sólidos (PNRS), dispondo sobre os seus princípios, objetivos e instrumentos, bem como sobre as diretrizes relativas à gestão integrada e ao gerenciamento de resíduos sólidos, incluídos os perigosos, as responsabilidades dos geradores e do poder público e os instrumentos econômicos aplicáveis.

Em suma, para que a produção da cachaça esteja dentro de padrões uniformes, adquirindo assim a sua identidade e a sua diferenciação, é imprescindível que o produtor estabeleça e documente as características dos processos e dos equipamentos utilizados, por meio da elaboração de um projeto específico, definindo todos os parâmetros desejados para que a bebida produzida esteja sempre dentro dos mesmos

Fig. 12: Cachaças no ponto de venda.

padrões de qualidade requeridos. O atendimento a todas essas práticas é condição sine qua non para a consolidação da nossa cachaça no mercado internacional, como bebida de alto nível de qualidade.

Elaboração em madeiras

Após a destilação, a cachaça é descansada em tonéis ou barris de aço inoxidável ou de madeira neutra, como jequitibá e freijó, que quase não transferem cor à cachaça. Sendo engarrafada ao final do processo de descanso, a cachaça é chamada, popularmente, de Descansada, Crua, Nova, Pura, Branca, Tradicional ou Prata.

Se a proposta do produtor é oferecer uma cachaça com características sensoriais diferenciadas, após o descanso, a cachaça pode ser armazenada ou envelhecida em tonéis ou barris de madeira, como amburana, carvalho, bálsamo, louro canela, grápia, amarelo cetim, ipê, cedro, jatobá, sassafrás, ariribá, tapinhoã e vinhático. Estão catalogados mais de 30 tipos de madeiras utilizadas para a maturação de cachaças. Após o armazenamento ou envelhecimento, a cachaça recebe, coloquialmente, as denominações Amarela, Armazenada, Envelhecida ou Ouro (CARDOSO, 2013).

Fig. 1: Madeiras para armazenamento e envelhecimento de cachaças.

No caso de envelhecimento, dependendo do período, segundo a legislação vigente, as cachaças ainda recebem as denominações: Premium, Extra Premium e Reserva Especial. Alguns produtores, seguindo tendência de outros destilados, trabalham ainda com "blend" de cachaças, que é a mistura de cachaças novas, armazenadas e envelhecidas, e com cachaças "Compostas", oriundas da infusão de frutas, extratos e especiarias. Contendo entre 6 g/l e 30 g/l de sacarose, a cachaça é dita "Adoçada". Com relação ao teor alcoólico, as cachaças, apenas para classificá-las para orientar o consumidor, podem ser denominadas de "Leves", com graduação de 38% a 41%, "Médias", de 42% a 45%, e "Fortes", de 46% a 48%. A graduação alcoólica é, normalmente, indicada em percentual (% vol.).

Sobre as madeiras

A madeira foi o primeiro material utilizado pelo homem para fazer os seus utensílios, muito antes que ele aprendesse a trabalhar com metais e do descobrimento do plástico. Em muitos casos, por ser mais barata ou apresentar propriedades que outros materiais não têm, a madeira continua a ser utilizada em larga escala.

A madeira pode ser definida como um material orgânico, sólido, poroso e de elevada complexidade, constituído por compostos de alto grau de polimerização e peso molecular, predominando as fibras de celulose e hemiceluloses, unidos por lignina, que são responsáveis pela sua morfologia, estrutura e sustentação mecânica.

Dentre as suas várias aplicações, o segmento de bebidas, fermentadas ou destiladas, é um exemplo clássico de utilização da madeira, que se transforma em tonéis e barris para a maturação do produto.

Normalmente, a parte interna do tronco das árvores, chamada de cerne, destaca-se por ter uma cor mais escura, decorrente da deposição de taninos, gorduras, resinas e carboidratos. A seção típica de um tronco é composta anatomicamente de: anéis de crescimento, medula, raios, cerne, alburno, câmbio, floema e casca (RIZZINI, 1978).

Entre os componentes químicos das madeiras, a glucose é a base para a formação dos polímeros constituintes da parede celular. Além desses, durante a formação do cerne ocorre a deposição dos extrativos que varia em tipo e quantidade; e são denominados componentes acidentais, podendo estar presente ou não na madeira. Estes últimos incluem os componentes minerais, que são formados pelos sais minerais que transitam durante a circulação da seiva bruta e varia em função do tipo de solo.

Todos esses componentes são responsáveis pelas propriedades da madeira, que são oriundas da formação, variabilidade, estrutura anatômica e composição química e, certamente, afetam as características sensoriais das cachaças durante o processo de maturação.

Fig. 2: Uso da madeira na tanoaria.

Fig. 3: Anatomia da madeira.

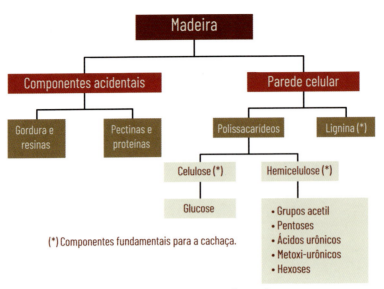

Fig. 4: Composição química da madeira.

Para que uma madeira seja adequada para descansar, armazenar ou envelhecer cachaças ou qualquer outra bebida, ela deve apresentar uma soma de características que vai adicionar novos parâmetros sensoriais na fase final do processo e ser de fácil trabalhabilidade na produção de barris e tonéis.

As principais características desejáveis são:

- Densidade
  É uma propriedade que afeta diretamente a resistência mecânica, a trabalhabilidade, a durabilidade, a permeabilidade e o peso, estando relacionada a praticamente todas as outras - física, mecânica, anatômica, química.

- Cor
  A cor natural da madeira é devida à impregnação de diversas substâncias orgânicas, como taninos e resinas, nas paredes celulares. A origem da cor da madeira tem grande influência da camada orgânica (húmus) do solo, das variações climáticas que influenciam o crescimento das árvores e das práticas silviculturais, que refletirão diretamente na formação anatômica e composição química. A cor, no entanto, não é um parâmetro confiável para a identificação de madeiras, pois a variação de tonalidades é muito grande entre as espécies florestais e até mesmo dentro da mesma espécie. Substâncias corantes, quando presentes em elevadas concentrações, no caso das cachaças, podem transferir uma cor mais atraente para o consumidor, não devendo ser ignorado, porém, o seu efeito nas demais propriedade, como gosto e cheiro.

- Cheiro

    O cheiro é uma propriedade difícil de ser definida. A presença de certas substâncias voláteis propicia o odor típico de certas madeiras, porém tende a diminuir gradativamente com o tempo, embora possa ser realçado raspando, cortando ou umedecendo a madeira seca. O odor natural da madeira pode ser agradável, como sassafrás e cedro, ou desagradável, como o de alguns gêneros de canelas.

    Para a confecção de barris e tonéis de armazenamento e envelhecimento, é desejável que o cheiro seja imperceptível, embora algumas madeiras apresentem cheiro agradável, como é o caso da cerejeira (Amburana cearensis).

- Gosto

    O gosto é uma propriedade que está intimamente relacionada ao cheiro por estarem ambos acondicionados às mesmas substâncias. De um modo geral, madeiras com elevado teor de taninos apresentam sabor amargo e ligeiramente adstringente.

- Permeabilidade

    Está relacionada com a densidade da madeira, uma vez que madeiras de alta densidade apresentam volume menor de espaços vazios para a circulação de fluidos. Aspectos como tamanho, abundância, distribuição dos elementos anatômicos e presença ou não de substâncias obstrutoras, como gomo-resinas e tilos, influenciam muito no grau de permeabilidade.

    Para a fabricação de barris e tonéis, é desejável que as madeiras sejam impermeáveis ou tenham baixa permeabilidade, para evitar o vazamento do líquido estocado.

- Resistência mecânica

    A propriedade de uma peça de madeira em se opor à deformação ou ruptura excessiva é denominada de resistência mecânica. Essa propriedade está diretamente relacionada à densidade da madeira, pois quanto maior a espessura da parede celular maior será a densidade e, consequentemente, maior será a resistência mecânica.

    Madeiras que apresentam resistência mecânica de média a alta são indicadas para a fabricação de barris e tonéis para armazenamento e envelhecimento de cachaças, por ter uma vida útil mais longa.

- Durabilidade natural

   Por durabilidade ou resistência natural entende-se o grau de suscetibilidade da madeira ao ataque de agentes destruidores, como fungos, insetos e brocas, ou à ação de intempéries. Em geral, as madeiras de alta densidade, por apresentarem uma estrutura mais fechada e elevado teor de substâncias especiais, que impregnam as paredes das células, são mais resistentes. No caso específico do armazenamento e envelhecimento de cachaças, há outros fatores que aumentam a durabilidade da madeira, por exemplo, o acondicionamento em ambientes internos e as reações que ocorrem entre a madeira e a cachaça, que cria um ambiente repelente aos agentes destruidores. A durabilidade da madeira é reflexo de quase todas as outras características desejáveis, pois madeiras com baixa permeabilidade, alta densidade e alta resistência mecânica também apresentam alta durabilidade.

- Trabalhabilidade

   Refere-se ao grau de facilidade ou dificuldade em processar a madeira com ferramentas manuais e/ou mecânicas. Madeiras excessivamente macias sofrem junção de células dos tecidos frágeis, apresentando superfície aveludada. As madeiras de elevadas massas específicas provocam grandes desgastes das ferramentas de corte.

   Para se obter barris e tonéis de alta qualidade e de custo competitivo, deve-se escolher madeiras de boa trabalhabilidade, que facilitarão o processamento.

Maturação de cachaças: descanso, armazenamento e envelhecimento

A destilação não é a última fase da produção da cachaça. Uma vez destilada, a bebida, de coloração branca ainda não está no seu padrão de qualidade, pois apresenta um paladar levemente agressivo e amargo, requerendo que ainda seja maturada por períodos de tempos definidos de acordo com a proposta do produtor para o posicionamento do produto no mercado. O produto obtido pós-destilação é constituído, basicamente, de álcoois, aldeídos, ácidos, cetonas e ésteres, além da água (maior quantidade).

Assim, após o processo de destilação, a cachaça ainda não está preparada para o consumo, devendo, dependendo do posicionamento de mercado que se quer dar, passar por três fases, a saber: descanso, armazenamento e envelhecimento.

- Descanso

O descanso é a primeira fase da maturação que corresponde ao período de armazenamento, em média de dois a seis meses, suficiente para suavizar ("amaciar") o aroma e o sabor da cachaça, decorrente da oxidação dos aldeídos oriundos da fermentação, principalmente o acetaldeído, cujo aroma forte pode causar sensação desagradável na mucosa nasal.

O processo corresponde a reações de oxidação e esterificação, não devendo ocorrer modificação na cor da cachaça. Nessa fase, a cachaça recém-destilada é transferida para tanques de aço inoxidável sob a forma de chuveiro, para que possa receber uma boa oxigenação. Além disso, baseado no acompanhamento químico e sensorial, podem ser realizadas aerações adicionais, circulando-se a cachaça do recipiente, por bombeamento, retirando-a pela base e retornando-a pelo topo na forma de chuveiro, até obter o efeito esperado

Outra opção é a utilização de tonéis ou barris de madeira neutra, que não transferem cor à cachaça. Nesse caso, não há necessidade de oxigenação ou arejamento, uma vez que a porosidade da madeira permite o fluxo de oxigênio do exterior para o interior do tonel ou barril. Os recipientes não devem estar completamente cheios, para que tenham uma parte de ar na sua parte superior. Também não devem ser pintados ou envernizados, para que não transfiram odor desagradável à cachaça ou obstruam os poros da madeira, prejudicando a passagem de oxigênio.

- Armazenamento

Após o descanso, dependendo da proposta de produto que se quer oferecer ao mercado, a cachaça pode ser armazenada em recipientes de madeiras, que são responsáveis por significativas modificações nas características sensoriais da cachaça, que adquire novos aromas, novo paladar e nova coloração, originados de novas substâncias químicas. Por exemplo, ácidos reagem com álcoois formando ésteres, que são substâncias mais aromáticas do que as anteriores.

O armazenamento é feito em madeiras nacionais, como amarelo-cetim, amburana, bálsamo, jatobá, jequitibá-rosa, freijó, louro canela, carvalho, etc. Atualmente, estão catalogadas mais de 30 madeiras para o armazenamento de cachaças, havendo novas experiências em curso, como é o caso do eucalipto e da jaqueira. Também é largamente utilizado o carvalho europeu e o americano nesse processo.

Durante o armazenamento, a cachaça passa por inúmeras transformações físicas, químicas e sensoriais:

- Interações químicas dos compostos secundários provenientes da fermentação e da destilação entre si, com o etanol e o oxigênio da atmosfera;
- Incorporação de componentes solúveis extraídos da madeira (flavonoides, taninos, etc.);
- Decomposição parcial de macromoléculas da madeira (lignina, celulose e hemicelulose) em monômeros solúveis (aldeídos e álcoois fenólicos), que são incorporados à cachaça;
- Oxidação de aldeídos fenólicos, que se convertem em ácidos fenólicos;
- Interação entre os ácidos fenólicos e o etanol e outros álcoois da cachaça, gerando ésteres fenólicos, componentes oleosos com aromas peculiares e agradáveis;
- Coloração progressiva de amarelo claro a amarelo mais intenso, com tonalidade dourada, passando por avermelhada, até amarronzada, conforme o tipo da madeira e o tempo de armazenamento;
- Complexação entre os diversos componentes secundários, que interagem preferencialmente com o etanol, caracterizando uma emulsão hidroalcoólica;
- Aumento progressivo da viscosidade e da oleosidade.

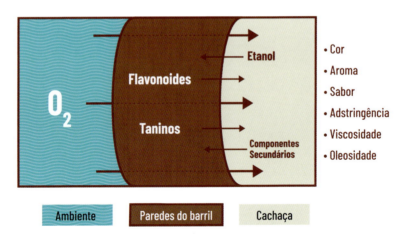

Fig. 5: Transformações da cachaça pela madeira.

É importante salientar que água e álcool são perdidos durante o armazenamento decorrente da difusão, por meio da madeira, e subsequente evaporação, o que justifica a redução de volume do destilado durante a maturação. Nesse processo, as paredes dos tonéis e barris atuam como uma membrana semipermeável, permitindo a passagem de vapores de álcool e água, que ocorre em função da umidade relativa e da temperatura do local de armazenagem. Alta temperatura e baixa umidade relativa conduzem à perda de água, aumentando o teor alcoólico da cachaça. Nos climas frios e úmidos, quando a temperatura é mais baixa e a umidade relativa mais alta, a perda de álcool é maior, diminuindo o grau alcoólico da cachaça. Para se reduzir as perdas de etanol durante o armazenamento, é necessário manter a temperatura abaixo dos 20 °C e a umidade relativa do ar em torno de 85%. Ainda assim, deve-se contar com uma perda da ordem de 1 °GL por ano. O tamanho do recipiente também influencia o processo de armazenamento. Em recipientes menores, as concentrações dos componentes da madeira são maiores na bebida, pela maior relação entre a área superficial e o volume. Uma cachaça é dita "armazenada" quando o tempo de estágio em madeira não é rigidamente controlado e documentado, devendo-se, entretanto, efetuar controles periódicos para que as características desejáveis não ultrapassem as da proposta do produtor para o produto final. Uma vez atingidas as características de identidade do produto, a cachaça deve ser acondicionada em recipientes de aço antes de ser engarrafada, liberando os tonéis e barris para um novo lote.

- Envelhecimento.

    No processo de envelhecimento, ocorrem as mesmas transformações desenvolvidas no processo de armazenamento. A diferença entre os dois processos reside apenas no controle e registro do tempo durante o qual a cachaça é armazenada.

    Segundo a legislação atual brasileira (Instrução Normativa nº 13 de 29 de junho de 2005), a cachaça é dita "Envelhecida" quando contém no mínimo 50% de cachaça envelhecida em recipiente de madeira apropriado, com capacidade máxima de 700 litros, por um período não inferior a 1 ano. Se a cachaça contém 100% de cachaça envelhecida em recipiente de madeira com no mínimo 700 litros, por um período não inferior a 1 ano, ela é chamada de "Premium".

    Sendo envelhecida, 100%, por um período não inferior a 3 anos, ela é chamada de "Extra Premium".

    Desde que devidamente comprovado, poderá ser declarada no rótulo a expressão "Reserva Especial" para a cachaça que possuir características sensoriais, dentre outras, diferenciadas do padrão usual e normal dos produtos elaborados pelo produtor. Nesse caso, os laudos técnicos deverão ser emitidos por laboratórios públicos ou privados reconhecidos pelo Mapa.

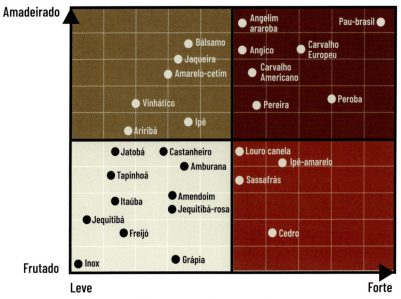

Fig. 6: Efeitos das madeiras na cachaça.

Em linhas gerais, pode-se concluir que a maturação de destilados alcoólicos é um processo complexo, no qual as reações de subtração, adição e redução ocorrem simultaneamente e que as condições de temperatura e umidade ambiental influenciam decisivamente a velocidade e o equilíbrio das reações que contribuem para a melhoria da qualidade sensorial.

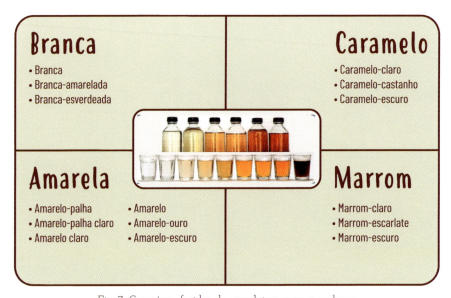

Fig. 7: Cores transferidas das madeiras para a cachaça.

Por fim, cabe salientar que, após engarrafada, o tempo não contribui para o envelhecimento da cachaça, como de qualquer outro destilado. Devido ao alto teor alcoólico, o líquido é dotado de maior estabilidade, não havendo reações ou interações que promovam alterações das suas características (fig. 8). Pode, entretanto, ocorrer certa deterioração das suas propriedades organolépticas, se a embalagem não estiver totalmente vedada. Ressalta-se ainda que a cachaça armazenada e/ou envelhecida só será de qualidade se, após a destilação, já apresentar parâmetros de qualidade.

Fig. 8: Composição química final da cachaça.

Regiões produtoras

O cultivo da cana-de-açúcar no Brasil, em larga escala, começou no tempo das Capitanias Hereditárias em São Vicente e, logo em seguida, em Pernambuco. No fim do século XVI, Pernambuco e Bahia já contavam com uma centena de engenhos, tendo as culturas florescido de tal forma que o Brasil, até 1650, liderou a produção mundial de açúcar, com grande penetração no mercado europeu (SILVA, 2008).

Acompanhando de certa forma a produção de açúcar no Brasil, no chamado Ciclo do Açúcar, a cachaça seguiu o mesmo roteiro, ou seja, Pernambuco, São Paulo e Bahia e, no Ciclo do Ouro, Rio de Janeiro, especificamente em Paraty, e Minas Gerais.

Para a produção de cachaça, estima-se que o Brasil possua uma capacidade instalada de aproximadamente 1,2 bilhão de litros anuais, embora se produza anualmente menos de 800 milhões de litros.

O setor é caracterizado pela diversidade na estrutura produtiva, coexistindo produtores de tamanhos, tecnologias e mercados muito diferentes. Ao mesmo tempo que certos produtores modernizaram os seus processos e distribuição, outros resistiram, o que resultou na heterogeneidade da produção e da comercialização. Segundo o Instituto Brasileiro da Cachaça (Ibrac), são quase 12 mil estabelecimentos produtores no país, havendo, entretanto, estimativas somadas pelas associações regionais de produtores que chegam a quase 15 mil estabelecimentos. Infelizmente, devidamente registrados no Ministério da Agricultura, Pecuária e Abastecimento (Mapa) e na Receita Federal são menos de 2 mil estabelecimentos, com 4 mil marcas, demonstrando que, embora 90% da produção seja legalizada, cerca de 8 mil produtores, na maioria micro e pequenos produtores, sejam informais.

Fig. 1: O mapa da cachaça.

Em 2016, a cachaça foi exportada para 54 países, por mais de 60 empresas exportadoras, gerando receita de US$ 13,94 milhões, um aumento de 4,62% em relação à 2015. Também houve um aumento de 7,87% no volume, sendo exportado um total de 8,38 milhões de litros. Os principais países de destino em valor são: Alemanha, Estados Unidos, Paraguai, Uruguai, França e Portugal. Os principais países de destino em volume são: Alemanha, Paraguai, Estados Unidos, Portugal, França e Espanha.

No Brasil, principalmente após o lançamento de vários programas de valorização da cachaça nas décadas de 1980 e 1990, culminando com o Programa Brasileiro de Desenvolvimento da Aguardente de Cana, Caninha ou Cachaça (PBDAC), em novembro de 1997, a produção tem sido levada a sério. A tradicional bebida brasileira também recebe apoio da Associação Brasileira da Indústria de Bebidas (Abrabe); do Programa Especial de Exportações (PEE); da Agência de Promoção das Exportações (Apex); da Federação das Associações de Produtores de Cachaça de Alambique (Fenaca) e do Programa de Novos Polos de Exportação (PNPE).

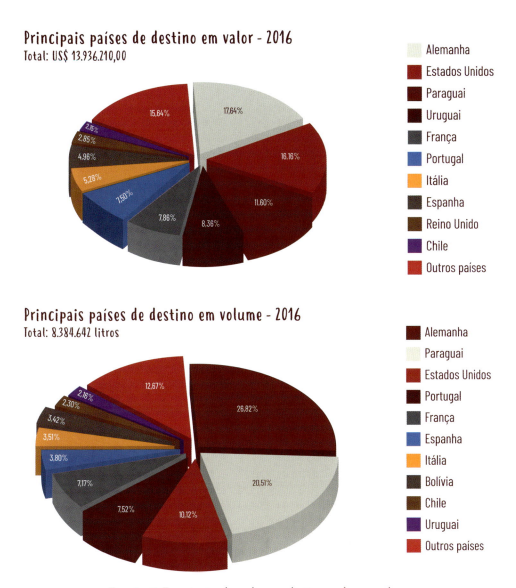

Figs. 2 e 3: Exportações de cachaça – destinos, valores e volumes.

Merecem destaque as iniciativas e mobilizações que surgiram nos diversos estados brasileiros, com intuito de organizar o setor, valorizar a imagem e dar suporte técnico-comercial à produção da cachaça. Seria injusto não mencionar que todo esse movimento foi impulsionado por Minas Gerais, em 1982, com a realização de vários estudos sobre o produto pelo Instituto de Desenvolvimento Industrial (Indi) de Minas Gerais. Em 1983, o Banco de Desenvolvimento de Minas Gerais (BDMG) teve uma participação bastante expressiva no processo de valorização da cachaça, financiando vários projetos de implantação de novos produtores. Após acompanhar de perto essa implantação por cinco anos, a Indi tomou a iniciativa de organizar a produção da cachaça no estado, começando o trabalho pela criação de uma associação de produtores. Nascia daí, em 1988, a Associação Mineira de Produtores de Aguardente de Qualidade (Ampaq) que, em 1990, lançou o Selo de Garantia de Qualidade - Ampaq e, em 1993, criou o Programa de Incentivo à Produção de Aguardente (Pro-Cachaça). Em resumo, em Minas Gerais nasceu o embrião de todas as associações de outros estados e também do PBDAC.

Um dos importantes avanços conseguidos pelos produtores de cachaça foi por meio dos decretos 3062/01 e 3072/02, assinados pelo então presidente Fernando Henrique Cardoso, nos quais o nome "cachaça" é reconhecido juridicamente como produto exclusivo do destilado feito a partir do suco da cana-de-açúcar dentro do território brasileiro. A lei visava, além de preservar o nome da bebida, distingui-la do rum, destilado que tem também a cana-de-açúcar como matéria-prima.

Desde então, as iniciativas para promover a cachaça como bebida genuinamente brasileira tomaram um caminho sem retorno. O Laboratório de Desenvolvimento de Química de Aguardente do Campus da Universidade de São Paulo (USP) de São Carlos promoveu um trabalho em um projeto que visava à tipificação da pinga produzida regionalmente. O objetivo era elaborar um método de certificação com base nas características de cada região, visando lançar no mercado uma Cachaça de Qualidade Produzida em Região Determinada (CQPRD). O Ministério do Desenvolvimento e o Ministério da Agricultura lançaram os programas Regulamento de Avaliação da Conformidade da Cachaça (RAC) e Padrão de Identidade e Qualidade da Cachaça (PIC) para padronizar e certificar a qualidade, melhorando, consequentemente, o acesso da bebida ao mercado externo.

Após todas essas iniciativas, algumas regiões produtoras já são reconhecidas pelo mercado interno como símbolos de qualidade. Devido ao fato de o Brasil ser o país de origem da cachaça, em todos os estados, praticamente, encontramos a sua produção, pelo menos em pequena escala. Entretanto, alguns merecem destaque no cenário nacional, não só pelo volume de produção, mas também, principalmente, pelas iniciativas de melhorar a qualidade e a apresentação dos produtos: Bahia, Ceará, Espírito Santo, Goiás, Minas Gerais, Paraíba, Paraná, Pernambuco, Rio de Janeiro, Rio Grande do Sul, Santa Catarina e São Paulo.

Cachaça e terroir

Nos últimos anos, com a perceptível evolução da qualidade e também da ascenção social da cachaça, tem-se falado muito sobre as diferenças regionais das cachaças, ou seja, a aplicação do conceito de terroir para a cachaça.

Terroir significa o conjunto de características que certa localização geográfica confere a um determinado produto, notadamente vinho e café. Tais elementos somam não somente a localização, mas também o clima, o tipo e a geologia do solo, altitude, insolação, as práticas de produção e beneficiamento do produto.

Assim, é sempre recorrente a pergunta se as melhores cachaças são as mineiras, especificamente as de Salinas, região considerada o "terroir da cachaça".

Com relação à qualidade das cachaças, não há dúvidas de que é possível se produzir excelentes cachaças em qualquer lugar, pois a qualidade de um destilado é mais dependente do processo e da mão do homem do que da própria natureza. O correto tratamento de cada processo – tendo-se especial atenção à higiene e ao atendimento à legislação vigente, como já visto anteriormente – é determinante para se produzir cachaça de qualidade, o que vai depender do profissional encarregado. Em suma, é possível se produzir cachaças de qualidade em qualquer região do Brasil, com exceção das regiões protegidas, os biomas Amazônia e Pantanal, que não devem ter vocação açucareira. Assim, não é por acaso que outros estados, além de Minas Gerais, como a Paraíba, Pernambuco, Alagoas, Bahia, Rio de Janeiro, São Paulo, Paraná, Santa Catarina e Rio Grande de Sul, têm se destacado na produção de cachaças de qualidade.

Com relação ao terroir, trata-se de um modismo trazido do vinho, com visíveis apelos de marketing, pois não é possível, por mais que tenhamos órgãos dos sentidos apurados, identificar-se a região de origem de uma cachaça apenas fazendo a sua degustação, ou mesmo por meio de análises físico-químicas. O que eventualmente distinguiria uma região de outra poderia ser a tradição de determinados processos locais, que caracterizariam uma indicação de procedência, que são os casos de Salinas e Paraty, e não o terroir. Aliás, como na produção de qualquer destilado, o processo é determinante, o conceito de terroir não se aplica a destilado algum, seja whisky, tequila, grappa, vodca ou pisco.

Assim, para desmistificar de uma vez por todas:
- É possível se produzir cachaça de qualidade em qualquer região;
- As melhores cachaças não são necessariamente as mineiras;
- A qualidade da cachaça depende do processo e do homem;
- O conceito de terroir não se aplica a destilados e, portanto, não se aplica à cachaça.

Regiões

Estima-se que todos os estados brasileiros produzam cachaça. São Paulo é responsável por 46% de toda a cachaça produzida. Pernambuco é o segundo com maior volume de produção, seguido do Ceará, Minas Gerais, Paraíba e Rio de Janeiro. Os principais estados consumidores são: São Paulo, Pernambuco, Rio de Janeiro, Ceará, Bahia e Minas Gerais.

A seguir, são apresentadas as informações principais, por região, referentes à produção da cachaça (VIEIRA; VIEIRA, 2016).

REGIÃO NORTE

Praticamente tomada pelo Bioma Amazônia, não é uma região apropriada e nem liberada para a plantação de cana-de-açúcar. Consequentemente, a produção de cachaça é ínfima, praticamente inexistente.

Clima

A maior parte da região apresenta clima equatorial. Caracteriza-se pelo clima quente, com temperaturas médias anuais variando entre 24 °C e 26 °C. Na foz do rio Amazonas, no litoral do Pará e no setor ocidental da região, o total pluviométrico anual geralmente excede os 3.000 mm. De Roraima até o leste do Pará, as chuvas ocorrem com menor frequência, ficando em torno de 1.500 mm a 1.700 mm anuais. O período chuvoso da região ocorre nos meses de verão/outono, com exceção de Roraima e parte do Amazonas, onde as chuvas ocorrem mais no inverno.

Solo

Predominantemente latossolos, podzólico e terra roxa sob floresta, com pequena parte constituída de areia quartzosa.

Estados

- Acre

    Produção de cachaça legal praticamente inexistente. Consumo mediano pelas classes menos favorecidas. Uso principalmente na elaboração de coquetéis.

- Amazonas

    Não dispõe de produção significativa, embora apresente um consumo razoável de caipirinha e coquetéis decorrente do alto fluxo internacional de turistas, que, além de apreciar, acabam comprando cachaças produzidas em outros estados para levar aos seus países de origem.

    De forma pioneira, o estado está desenvolvendo pesquisas para produzir a aguardente de frutas nativas, especialmente o cupuaçu. O estudo intitulado "Desenvolvimento e implantação da introdução pioneira da aguardente de cupuaçu", teve início em março de 2015, culminando com o lançamento do destilado em 2016.

- Amapá

    Com produção praticamente nula, apresenta baixo consumo de cachaça, quase que exclusivamente pelas classes menos favorecidas. Acaba sendo substituída pelo vinho da bacabeira, que é muito apreciado pelo amapaense.

- Pará

    Produção pouco significativa e consumo médio, principalmente no segmento de baixa renda, predominantemente durante as festas religiosas. Predomina o consumo, na forma pura, entre a população de baixa renda e, na forma de coquetéis, caipirinha e batidas, entre os jovens e turistas.

- Rondônia

    A iniciativa de consolidação da produção da cachaça no estado continua em ascensão. Pequenas propriedades agroindustriais vêm produzindo e comercializando cachaças de qualidade, seguindo padrões técnicos estabelecidos na legislação, bem como as boas práticas de controle da produção. Duas marcas têm se destacado: Sucuri, fabricada em Comodoro, e Lorenzon, em Cacoal.

- Roraima

    Produção legal praticamente nula, com exceção da Cachaça 86, produzida em Pernambuco, que é engarrafada e comercializada no estado e consumida por trabalhadores da região, na forma pura, ou como caipirinha e coquetéis, pelos estudantes e vendedores em trânsito pelo estado.

- Tocantins

    A situação da grande maioria dos pequenos produtores de cachaça do Tocantins ainda era similar à de muitos no Brasil, que mantêm uma pequena produção, especialmente consumida por turistas em trânsito pela localidade.

    Após organizarem a Cooperativa de Produtores de Cachaça da Região Sudeste do Tocantins (Coopercato), com 22 associados, os ventos começaram a soprar positivamente após diagnóstico de potencialidades realizado pelo Sebrae entre 2001 e 2002, quando foram localizados cerca de 200 alambiques na região, em situação irregular. Com a confirmação do potencial desse negócio, a entidade fez uma série de capacitações em associativismo, que deram origem à Cooperativa, e em seguida à elaboração do projeto da cachaça Dama dos Azuis, que, após dois anos de tentativas, conseguiu registro no Mapa e foi lançada no mercado nacional em 2011.

REGIÃO NORDESTE

Tendo sido a região que melhor representou a chamada Civilização do Açúcar, o Nordeste pode ser considerado uma região cachaceira por excelência. Praticamente se produz e se comercializa cachaça em todos os estados da Região Nordeste, embora em escalas bastante heterogêneas.

As associações estaduais de produtores buscam, de forma exemplar, estar alinhadas com relação às iniciativas para a melhoria da qualidade dos seus produtos. Informações são compartilhadas de forma a aproveitar as sinergias e as boas práticas. Merece destaque a iniciativa da Associação Pernambucana dos Produtores de Aguardente de Cana e Rapadura (Apar), pioneira, em nível nacional, no lançamento da primeira carta de cachaças de Pernambuco, edição trilíngue (português, espanhol e inglês), que compartilhou as informações e as artes finais para que os demais estados pudessem lançar as suas cartas.

Clima

É uma região de caracterização climática complexa. O clima equatorial úmido está presente em uma pequena parte do Maranhão, na divisa com o Pará; o clima litorâneo úmido ocorre no litoral da Bahia ao do Rio Grande do Norte; o clima tropical está presente na Bahia, no Ceará, no Maranhão e no Piauí; e o clima tropical semi-árido ocorre em todo o sertão nordestino. Quanto ao regime térmico, na região nordeste as temperaturas são elevadas, com médias anuais entre 20 °C e 28 °C, sendo que já foram registradas máximas em torno de 40 °C no Piauí e no sul do Maranhão. Os meses de inverno apresentam mínimas entre 12 °C e 16 °C no litoral, e inferiores nos planaltos, sendo que já foi registrado 1 °C na Chapada Diamantina. As chuvas são fonte de preocupação na região, variando de 2.000 mm até valores inferiores a 500 mm anuais. A precipitação média anual é inferior a 1.000 mm. Além disso, no sertão nordestino o período chuvoso normalmente dura apenas dois meses no ano, podendo eventualmente até não existir, causando as secas.

Solo

Areia quartzosa, latossolo vermelho-amarelado e latossolo amarelo (massapê), de textura areno-argilosa, no litoral, e bruno não cálcico no interior.

Estados

- Alagoas

    Sendo um estado canavieiro por excelência, com significativa contribuição à produção nacional de cana-de-açúcar, Alagoas não poderia ficar para trás na fabricação de cachaça. Embora ainda não estruturados em uma associação, os produtores têm procurado se organizar e trabalhar em conjunto pela melhoria da qualidade das cachaças do estado, incentivado pelo Serviço de Apoio às Micro e Pequenas Empresas (Sebrae). Algumas cachaças têm se destacado em nível nacional: Brejo dos Bois, Caraçuípe e Gogó da Ema.

- Bahia

    Em quase toda a Bahia se produz cachaça. A maior parte da produção aguardenteira é produzida em alambiques de cobre, em pequena e média escalas. Estima-se que existam aproximadamente 2.500 pequenos alambiques localizados em quatro regiões: Recôncavo Baiano; Região de Nazaré; extremo sul, onde se localizam os produtores de médio porte; e Chapada Diamantina, região tradicional na produção de cachaça desde o Brasil Colonial. A microrregião de Abaíra, localizada na Chapada Diamantina, é a mais conhecida, cuja atividade produtiva é a base da sua economia, que se encontra estruturada pela Associação dos Produtores de Aguardente de Qualidade de Abaíra (Apama). A instituição tem 86 associados, 4 engenhos comunitários destinados aos microprodutores de cana-de-açúcar, 1 engarrafadora e 1 marca coletiva - Abaíra. Segundo levantamento da Empresa Baiana de Desenvolvimento Agrário (Ebda), a microrregião produz mais de 10 milhões de litros de cachaça anualmente.

- Ceará

No Ceará, a produção é diversificada, coexistindo pequenos produtores e grandes marcas, como Ypióca, Colonial e Cedro do Líbano, que dominam o mercado local, sendo a Ypióca, hoje pertencente ao Grupo Diageo, comercializada em outros estados, bem como no exterior. As principais regiões produtoras são: Vale do Cariri, maior região produtora; Canapiapava; Caturité, onde se localizam várias engarrafadoras; e a Região Metropolitana de Fortaleza. Os produtores são organizados e associados ao Sindicato de Bebidas do Ceará.

No Ceará também encontra-se um completo museu histórico da cachaça, que exibe o maior tonel de madeira do mundo, registrado no Guiness Book, com capacidade de 374 mil litros. O segundo maior encontra-se em Heidelberg, na Alemanha, com capacidade de 234 mil litros.

O museu, inaugurado em 2000, está localizado na primeira unidade fabril da Cachaça Ypióca, no município de Maranguape, distante 25 km de Fortaleza, exatamente no mesmo local em que o seu fundador, Dario Telles de Menezes, imigrante português, instalou um pequeno alambique de cerâmica trazido de Portugal, em 1843.

- Maranhão

A herança indígena de produzir as suas bebidas fermentadas, à base de caju e mandioca, o cauim, foi sem dúvida o fator motivador para a destilação do fermentado da mandioca para a obtenção da Tiquira.

Sem grande tradição canavieira, a produção de cachaça é muito pequena, caracterizada por algumas poucas iniciativas. O Maranhão produz anualmente cerca de 5 milhões de litros de cachaça, sendo que metade da produção é oriunda da região do sertão. Atualmente, os municípios que mais produzem cachaça no sertão são Colinas, Pastos Bons, São Domingos do Azeitão, São João dos Patos, Sucupira do Norte e Sucupira do Riachão. De acordo com o Estudo de Mercado da Cachaça do Sertão Maranhense, que faz parte das ações do Projeto Alambiques do Sertão Maranhense, desenvolvido em 2007, pelo Sebrae-MA, o estado possui cerca de 450 alambiques. Apesar do otimismo dos números, o índice de informalidade no mercado da cachaça é preocupante. Segundo estudos recentes, cerca de 98% dos alambiques atuam na informalidade. O desenvolvimento, a elevação da qualidade da produção e a comercialização da cachaça produzida no Maranhão fazem parte da pauta da parceria que reúne gestores do Sebrae, Federação das Indústrias do Estado do Maranhão (Fiema), Banco do Nordeste e da Federação da Agricultura e Pecuária do Maranhão (Faema).

- Paraíba

A produção da cachaça está nas mãos de pequenos e médios produtores, localizados na Zona da Mata e na Região do Brejo. O Brejo Paraibano é o maior centro produtor de cachaça, existindo 54 pequenos engenhos distribuídos em 11 municípios, sendo o de Areia o mais tradicional, onde há 22 engenhos em operação, que dependem exclusivamente da cultura canavieira. Destacam-se também os municípios de Alagoa Nova e Alagoa Grande. As empresas de médio porte estão localizadas predominantemente na Zona da Mata Paraibana, nos municípios de Santa Rita, Cruz do Espírito Santo e Mamanguape.

No passado, duas associações, a Associação Paraibana dos Engenhos de Cana-de-açúcar (Aspeca) e a Associação Paraibana de Produtores de Cachaça e Rapadura de Qualidade (Asparq), foram responsáveis pelo lançamento do Programa Paraibano de Desenvolvimento da Cachaça. Hoje, como resultado dessa iniciativa, a Cachaça da Paraíba está entre as melhores do Brasil, sempre inovando em qualidade a apresentação, tendo lançado a carta de cachaças da Paraíba em 2017.

- Pernambuco

A cultura da cana-de-açúcar em Pernambuco teve início na Feitoria de Itamaracá, fundada por Christovão Jacques, em 1516. É lá que provavelmente tenha sido construído o primeiro engenho de açúcar do Brasil e, consequentemente, destilada a primeira cachaça, segundo a lógica do mestre Luis da Câmara Cascudo que afirmou "onde mói um engenho, destila um alambique" (CASCUDO, 1986, p. 25).

Também nos tempos das Capitanias Hereditárias, o donatário Duarte Coelho Pereira percebeu a vocação canavieira de Pernambuco, que chegou a ser o maior produtor do Brasil, devido às características do solo e do clima, típicas da Zona da Mata Pernambucana. Acompanhando a produção do açúcar, Pernambuco sempre manteve o seu nome associado à cachaça.

Com São Paulo e Ceará, Pernambuco responde por 80% da produção industrial brasileira e por 90% das exportações, tendo como polos as cidades de Vitória de Santo Antão e do Cabo de Santo Agostinho. Ultimamente, seguindo a tendência nacional, tem se preocupado com a qualidade da sua produção artesanal.

Pernambuco tem também o seu Museu da Cachaça, na cidade de Lagoa do Carro, distante 60 quilômetros do Recife. Fundado em 1998, conta com um acervo de mais de 7.000 marcas de cachaças, o que valeu o reconhecimento do Guiness Book, por duas vezes, em 2000 e em 2005, com recorde de maior colecionador de cachaça do mundo.

Foi em Pernambuco onde se produziu a primeira cachaça com características industriais, engarrafada e com rótulo, no Engenho Monjope hoje desativado.

Destaque deve se dar à atuação da Associação Pernambucana dos Produtores de Aguardente e Rapadura (Apar), que, além de estimular a evolução dos processos produtivos, tem investido na melhoria da qualidade dos produtos. A Apar destaca-se da maioria das associações brasileiras pelo fato de garantir a união de esforços entre produtores de pequeno, médio e grande portes, em uma convivência ganha-ganha. Não há dúvidas de que é um exemplo a ser seguido em todos os estados.

A primeira edição da carta de cachaças de Pernambuco foi publicada em 2013, em uma edição trilíngue (português, inglês e espanhol). A segunda edição atualizada teve sua publicação em 2014. Em parceria com o Sebrae, publicou ainda, em dezembro de 2014, o livro Caipirinha: espírito, sabor e cor do Brasil, em edição bilíngue - português e inglês.

- Piauí

Mesmo sem tradição canavieira, o estado do Piauí também faz suas incursões no cenário da produção da cachaça em pequena escala, com algumas marcas tradicionais, que já começam a sair dos limites do estado. Durante o ano são realizados alguns festivais promocionais. Por meio da Feira do Empreendedor, organizada pelo Sebrae, os produtores divulgam as suas marcas.

- Rio Grande do Norte

    Aproveitando o clima quente nordestino, o Rio Grande do Norte, berço do sociólogo e pesquisador Luis da Câmara Cascudo, autor de Prelúdio da cachaça, também tem se dedicado à produção, em pequena escala, de algumas cachaças. O Sebrae tem desempenhado papel importante, inclusive estimulando os produtores a se candidatarem ao Prêmio MPE Brasil, dedicado às micro e pequenas empresas. Um dos produtores chegou a ser ganhador em âmbito nacional.

- Sergipe

    A produção é pequena, porém já se preocupa em mostrar cachaça de qualidade e com boa apresentação. Algumas marcas começam a ser percebidas, principalmente pela população de turistas que chegam à capital durante o verão, bem como durante as tradicionais festas juninas.

REGIÃO CENTRO-OESTE

Clima

O clima da região é tropical semiúmido, com frequentes chuvas de verão. Nos extremos norte e sul da região, a temperatura média anual é de 22 °C e nas chapadas varia entre 20 °C e 22 °C. Na primavera/verão, são comuns temperaturas elevadas, sendo que a média do mês mais quente varia entre 24 °C e 26 °C. A média das máximas do mês mais quente oscila entre 30 °C e 36 °C. No inverno, em virtude da invasão polar, é comum a ocorrência de temperaturas mais baixas. No mês mais frio, a temperatura média oscila entre 15 °C e 24 °C, entretanto a média das mínimas fica entre 8 °C e 18 °C. A pluviosidade média é de 2.000 mm a 3.000 mm anuais ao norte de Mato Grosso, e no Pantanal mato-grossense é de 1.250 mm. Apesar disso, a região centro-oeste é bem provida de chuvas, das quais mais de 70% do total ocorrem de novembro a março, o que torna o inverno bastante seco.

Solo

Latossolo vermelho-escuro, vermelho-amarelado e areia quartzosa de textura média.

Estados

- Distrito Federal

   Sem praticamente economia agrícola, mas por abrigar a capital brasileira, Brasília, o Distrito Federal também produz alguma cachaça, embora boa parte da produção se encontre nos municípios vizinhos. Com relação ao consumo, o Distrito Federal destaca-se em nível nacional, por ter uma parte da população flutuante, que durante a semana frequenta restaurantes, bares e hotéis.

- Goiás

   Desde 2012, quando foi criado o programa Pró-Cachaça, é realizado um censo no estado com a finalidade de verificar o número de produtores e a qualidade da cachaça produzida. Atualmente, Goiás possui aproximadamente 1.000 produtores e responde por 2% da produção nacional de cachaça. As maiores regiões produtoras são o Entorno do Distrito Federal, sobretudo os municípios de Alexânia e de Formosa, e a região da Estrada de Ferro. A meta é elevar essa produção, por meio de incentivos fiscais e capacitação de produtores, para uma média que poderá chegar a 7 milhões de litros/ano, com selo de qualidade reconhecido internacionalmente. Também é meta trazer os produtores para a formalidade e, por meio do incentivo à produção, manter o homem no campo, incentivando a cultura e o folclore.

- Mato Grosso

   O Mato Grosso destaca-se no cenário nacional da produção de cana-de-açúcar, açúcar e etanol, porém, tem uma produção muito pequena de aguardente de cana e cachaça. A maioria não possui registro no Mapa e somente um produtor de grande porte é responsável por cerca de 90% da produção estadual.

   Foram identificados 21 produtores e 9 estandartizadores distribuídos em 22 municípios. A produção média está em torno de 4,4 milhões de litros/ano, da qual um único produtor industrial é responsável pelo volume de 4 milhões de litros anuais. O segundo maior produtor, também industrial, produz 300 mil litros. Identificou-se 25 marcas e 7 produtores e um estandartizador que vendem suas bebidas sem rótulos e sem marcas. Algumas marcas são disponíveis envelhecidas em barril de madeira e não envelhecidas. A grande maioria dos produtores trabalha na informalidade sem registro no Mapa, com pequena produção em alambiques de cobre, primando pela qualidade da bebida em detrimento da quantidade produzida. Foram, também, identificados vários alambiques desativados, devido às dificuldades financeiras de mantê-los, conforme alegaram seus responsáveis.

- Mato Grosso do Sul

  Sem tradição canavieira, porém já com algumas dezenas de produtores artesanais, o turismo rural, principalmente devido às pescarias, eleva o consumo de cachaça na região. Algumas marcas têm se destacado.

REGIÃO SUDESTE

Clima

A região caracteriza-se pela predominância do clima tropical. No litoral, predomina o clima tropical atlântico e, nos planaltos, o tropical de altitude, com geadas ocasionais. A temperatura apresenta grande diversificação: no limite de São Paulo e Paraná, a temperatura média anual situa-se entre 20 °C, no norte de Minas Gerais a média é 24 °C, e nas áreas mais elevadas das serras do Espinhaço, Mantiqueira e do Mar, a média é inferior a 18 °C, devido ao efeito conjugado da latitude com as correntes polares. No verão, são comuns médias das máximas de 30 °C a 32 °C. No inverno, a média das temperaturas mínimas varia de 6 °C a 20 °C, com mínimas absolutas de -4 °C a 8 °C. Em relação à pluviosidade, a altura anual da precipitação nessas áreas é superior a 1.500 mm, chegando a 2.340 mm no alto do Itatiaia e 3.600 mm na serra do Mar, em São Paulo. Os menores índices pluviométricos anuais são registrados nos vales dos rios Jequitinhonha e Doce, em torno de 900 mm.

Solo

Hidromórficos e aluviais, de textura média, com predominância de nitossolo, argissolo e latossolo vermelho, vermelho-amarelo, vermelho-escuro e roxo.

Estados

- Espírito Santo

  Dispostos a mostrar que o capixaba também sabe fazer uma boa cachaça, os produtores do Espírito Santo, a exemplo de Minas Gerais, organizaram-se para formar uma Cooperativa do Estado com o objetivo de produzir cachaça de qualidade, combater a produção ilegal e, assim, conquistar novos mercados. Está ganhando espaço como um dos grandes produtores de cachaça de alto nível, seguindo a legislação pertinente, com foco em processos e nas boas práticas de fabricação.

- Minas Gerais

Embora sem tradição no cultivo da cana-de-açúcar, Minas Gerais tem destaque pelas suas iniciativas em promover a produção da cachaça com qualidade. Hoje, esse estado tem a glória de ter a maior concentração de alambiques do país, dos quais 95% podem ser considerados artesanais, o que lhe confere a liderança na produção desse tipo de cachaça. Ostenta também o privilégio de ser o berço de todas as iniciativas brasileiras de promover a cachaça como bebida de todas as classes, ganhando espaços nas prateleiras dos botecos e nas cartas dos melhores restaurantes do país. É também o estado mais respeitado do Brasil e sempre lembrado pelos especialistas como padrão em termos de cachaça, seja com relação à diversidade seja pela qualidade.

O estado é, ainda, o que apresenta o maior nível de modernização do setor e o que tem o maior número de produtores de pequeno e médio portes registrados, embora ainda abrigue substancial quantidade de produtores não legalizados. O baluarte dessa organização setorial é a Associação Mineira de Produtores de Cachaça de Qualidade (Ampaq), apoiada por uma rede de associações regionais a ela filiadas. A Ampaq é a mais antiga entidade de representação dos produtores de cachaça de alambique, destacando-se nacionalmente pelo efeito de suas ações na modernização do setor e por sua capacidade de articulação.

A partir de 2005 abriga o primeiro curso superior para a formação de Tecnólogo em Cachaça, na cidade de Salinas, região tradicional na produção da bebida.

Para aqueles mais curiosos, Minas Gerais têm, na cidade de Caeté, um Museu da Cachaça, onde se pode conhecer um pouco da história e da evolução dessa principal bebida brasileira. Também em Vianópolis, na região metropolitana de Belo Horizonte, encontra-se o Museu da Cachaça Vale Verde.

- Rio de Janeiro

    O Rio de Janeiro também está bem representado no cenário brasileiro da cachaça como um dos importantes produtores da aguardente artesanal de qualidade. Além do mais, merece registro o fato de que, durante o chamado "Ciclo do Ouro", no período da proibição da venda de cachaça pela Coroa Portuguesa, a região em torno de Paraty chegou a contar com mais de 150 alambiques clandestinos.

    O estado tem, também, o seu Museu da Cachaça, em Paty do Alferes, na região serrana. Inaugurado em 14 de dezembro de 1991, o museu estruturou-se para apresentar ao público a história da cachaça por meio da reprodução de documentos históricos, coleção de crônicas e artigos, livros especializados, trovas populares e piadas sobre o tema.

    Merece destaque a atuação da Associação dos Produtores e Amigos da Cachaça do Estado do Rio de Janeiro (Apacerj - Cachaças do Rio), que congrega os produtores de cachaça do Rio de Janeiro, integrando todo o setor. Possui assento no Fórum da Agroindústria da Federação das Indústrias do Estado do Rio de Janeiro (Firjan), bem como na Câmara Setorial da Cachaça, do Mapa.

    Em março de 2014, foi publicada a primeira carta de cachaças do Rio de Janeiro, elaborada com muitos sentidos e intuitos: informar pessoas e apreciadores, contribuir com a formação de recursos profissionais e promover as cachaças do Rio. Como um dos públicos-alvo é o turista estrangeiro, a Carta foi publicada na versão trilíngue: português, inglês e francês.

- São Paulo

    A imagem de São Paulo, para muitos, está indissoluvelmente ligada à industrialização do Brasil. Embora sendo um dos primeiros produtores da cachaça de alambique - a Capitania de São Vicente -, o estado destaca-se mesmo pela produção industrial, que tem como polo a cidade de Pirassununga. Também devido à sua agricultura canavieira, São Paulo tem destaque na produção de cachaça de alambique, distribuída em quase toda a sua extensão, predominando o norte do estado e a região do Vale do Paraíba.

    São Paulo abriga um dos maiores colecionadores particulares de cachaça, Antônio Goulart, que, além de estar estruturando um museu, também é um dos grandes produtores de cachaça. Desde maio de 2004, no município de Tupã, a

Cachaçaria Água Doce inaugurou um museu dedicado à história da cachaça, com exibição de peças e garrafas antigas, que retratam a evolução da bebida no Brasil.

Os produtores de pequeno e médio portes estão organizados em uma associação, a Associação Paulista dos Produtores de Cachaça de Alambique (Appca), que busca ampliar o seu raio de atuação, de forma a abranger todo o estado de São Paulo.

Anualmente é realizado, no Mercado Municipal, o evento Expocachaça Dose Dupla, que, além de palestras técnicas e temáticas, oferece degustação ao público em geral.

REGIÃO SUL

Clima

Com exceção do norte do Paraná, onde predomina o clima tropical, nesta região o clima predominante é o subtropical, responsável pelas temperaturas mais baixas do Brasil. Na região central do Paraná e no planalto serrano de Santa Catarina e do Rio Grande do Sul, o inverno costuma registrar temperaturas abaixo de zero, com o surgimento de geada e até de neve em alguns municípios. A temperatura média anual situa-se entre 14 °C e 22 °C, sendo que nos locais com altitudes acima de 1.100 m, ela cai aproximadamente para 10 °C. A média das máximas mantém-se em torno de 24 °C a 27 °C nas superfícies mais elevadas do planalto e, nas áreas mais baixas, entre 30 °C e 32 °C. No inverno, a temperatura média oscila entre 10 °C e 15 °C na maior parte da região. A média das máximas também é baixa, em torno de 20 °C a 24 °C nos grandes vales e no litoral, e 16 °C a 20 °C no planalto. A média das mínimas varia de 6 °C a 12 °C, sendo comum o termômetro atingir temperaturas próximas de 0 °C até índices negativos, devido à invasão das massas polares. Em relação à pluviosidade, a média anual oscila entre 1.250 mm e 2.000 mm, exceto no litoral do Paraná e oeste de Santa Catarina, onde os valores são superiores a 2.000 mm, e no norte do Paraná, com valores inferiores a 1.250 mm.

Solo

Solos aluviais e hidromórficos e também latossolo e argissolo roxo estruturado.

Estados

- Paraná

    Até há pouco tempo se falava em cachaça no Paraná e imediatamente vinha o nome do município de Morretes. A cachaça da região ficou conhecida pelos turistas que, apreciando a exuberante natureza da Mata Atlântica, saboreava o "barreado", comida típica local, degustando uma boa dose de cachaça. Hoje se percebe um silencioso, porém organizado, movimento em outros municípios, buscando fortalecer a imagem do estado como produtor de cachaça artesanal de qualidade, inclusive fomentando o turismo rural e a exportação.

- Rio Grande do Sul

    Apesar de sua vocação vinícola, e talvez pelo seu histórico ideal nacionalista, o Rio Grande do Sul também tem despontado no cenário de produção de cachaça artesanal. A preocupação com o solo e com o processo de destilação é fator determinante para a elaboração de destilados de extrema qualidade. A associação de produtores, Aprodecana, está bastante atuante na união dos produtores, bem como no estímulo constante à melhoria do processo produtivo. Esforço especial tem sido conduzido no sentido de reduzir a informalidade do setor, que ainda é muito alta.

- Santa Catarina

    Poucos sabem, mas, no século XVIII, a cidade de Desterro, atual Florianópolis, capital catarinense, dividia com Paraty, no Rio de Janeiro, o posto de maiores distribuidores de cachaça do Brasil. Nenhum navio saía do porto sem aguardente, para proteger os marinheiros contra o resfriado, fortalecer os adoentados e esquentar as noites frias no convés da embarcação. Hoje, embora muito pouco dos mais de 130 alambiques ainda existam, alguns municípios de Santa Catarina continuam se destacando como produtor de cachaça de qualidade.

Não há dúvidas de que as iniciativas das associações estaduais de produtores é o caminho para a melhoria da qualidade da cachaça, atendendo aos aspectos legais, respeitando os limites da sustentabilidade e da responsabilidade social. É evidente que aqueles estados que têm uma associação estruturada e organizada, com produtores alinhados para o bem comum, têm sucesso. A organização em cooperativas também é uma excelente alternativa a ser seguida. A atuação do Ibrac, que congrega produtores de todo o Brasil, e a criação da Câmara Setorial da Cachaça, no âmbito do Ministério da Agricultura, Pecuária e Abastecimento têm dado um grande impulso nesse sentido, promovendo a cachaça no Brasil e no exterior.

No universo da cachaça, a passagem do tempo é medida em décadas ou mesmo séculos. O reconhecimento do Brasil como Indicação Geográfica (IG) ainda é recente e tem avançado. Entretanto pode-se dizer que amadureceu rapidamente nos últimos anos, mostrando um futuro promissor, que abre grandes oportunidades para os setores produtivos, do turismo e da gastronomia. Parcela significativa de consumidores de destilados tem migrado para a cachaça, como resultado dos investimentos em qualidade, processos e capacitação de profissionais. A história e a tradição, aliadas aos sabores e aromas das cachaças, têm atraído muitos apreciadores e turistas às regiões produtoras. O cachaçoturismo tem conquistado cada vez mais espaço. O olhar para o futuro, o aprendizado com o que se tem feito com outras bebidas e em outros países, bem como a manutenção do foco em processos, tecnologia, conhecimento e gestão serão imprescindíveis para a consolidação da cultura cachacista no Brasil.

Degustação e apreciação

Qualquer bebida existe para dar prazer e satisfação, mas quem a bebe só vai aproveitar as suas verdadeiras qualidades se o fizer de forma atenta, interpretando as sensações provocadas nos órgãos dos sentidos, especialmente na visão, no olfato e no paladar.

O ato de beber, analisando atentamente as características do que se ingere, interpretando todas essas sensações, é o que chamamos de "degustação" ou, tecnicamente de "análise sensorial". Quando o ato de beber é para dar prazer, só ou entre amigos, embora sempre lentamente e observando as características da bebida, porém de forma menos sistemática, chamamos de "apreciação".

Durante o processo produtivo da cachaça, o açúcar da cana é transformado, pelo processo de fermentação, em álcool etílico e em outras substâncias responsáveis pelas qualidades ou defeitos da bebida - os compostos secundários. Nos processos seguintes, ou seja, destilação, descanso, armazenamento e envelhecimento, surgem novos componentes. A aparência, o aroma e o sabor da cachaça são influenciados pelas quantidades desses componentes secundários, que são decisivos para a caracterização e a diferenciação do produto.

O ato de degustar nada mais é do que beber prestando atenção às características sensoriais importantes: aparência, aroma, sabor e impressão final. Esses conceitos também se aplicam à cachaça.

A primeira fase do ciclo da degustação é o exame visual, no qual, além de se verificar a procedência do produto no rótulo, são observados a cor, o brilho, a limpidez e a viscosidade da cachaça. A segunda fase do ciclo é o exame olfativo, em que são revelados os aromas que caracterizam a cachaça: o primário, que é o da cana-de-açúcar; o secundário, produzido pelos componentes secundários; e o terciário, que é transferido da madeira do recipiente no qual a cachaça é armazenada ou envelhecida. Na análise olfativa verificam-se as seguintes características: intensidade, fineza, natureza e persistência. A terceira fase refere-se ao exame gustativo. Quando se coloca a cachaça na boca, tem-se a última prova, que vai confirmar ou não as expectativas deixadas pelas fases anteriores. A análise gustativa está diretamente ligada à língua, que, por meio das papilas gustativas, é capaz de perceber, em tempos diferentes, os diferentes tipos de sabores. Nesse exame, as seguintes características são analisadas: estrutura, acidez, álcool e corpo. Finalmente, na quarta fase, chega-se ao momento decisivo para se emitir uma opinião.

Fig. 1: Atributos da degustação e da análise sensorial.

Degustação técnica e hedonística

Sendo a degustação ou a análise sensorial também utilizada de forma científica para avaliar a aceitabilidade e a qualidade de alimentos e bebidas, é preciso, desde logo, distinguir pelo menos dois tipos: uma técnica e outra hedonística.

Na degustação técnica da cachaça, normalmente feita por profissionais capacitados ou experientes, cachaçólogos e cachacistas, é realizada uma análise crítica, profunda e definitiva, utilizando-se dos órgãos dos sentidos com interesse e concentração, além da memória e de conhecimentos técnicos. Nela são analisadas todas as dimensões sensoriais, que levam a uma conclusão embasada por atributos técnicos e científicos.

Na degustação hedonística, o objetivo principal é a apreciação, procurando sentir prazer em cada gole, sem grandes preocupações analíticas, mas avaliando cada atributo sensorial, que, mesmo empiricamente, possa levar a uma conclusão sobre a qualidade da cachaça.

O processo ideal e mais justo na qualificação de uma cachaça é quando as duas opiniões são consideradas, uma técnica e outra prática, equilibrando os parâmetros físico-químicos e a aceitabilidade puramente prazerosa.

Os princípios da análise sensorial

A análise sensorial pode ser feita de diversas maneiras e com diferentes graus de profundidade, desde a análise mais superficial, preferida pelos cachaçófilos, para dizer se a cachaça é boa ou ruim, até chegar ao emprego de técnicas de degustação codificadas, com o uso de propriedades estatísticas, que levam a conclusões rigorosas e objetivas.

Na produção de cachaça, a prática da degustação técnica começa a ser difundida, tendendo a ser um procedimento essencial para orientar a elaboração de bons produtos. Com a evolução que essa bebida tem apresentado nos últimos tempos, deverão surgir degustadores profissionais - os cachaçólogos ou mestres cachaceiros - com profundo conhecimento das reações entre substâncias e das sensações resultantes, para aplicar correções ou procedimentos cachaçológicos e obter produtos finais mais elaborados.

Assim, as técnicas e os mecanismos da análise sensorial são diferentes quando empregados por profissionais ou consumidores, isto é, por cachaçólogos ou cachaçófilos, respectivamente. No entanto, em ambos os casos, o que se quer, de forma prática, é descomplicar essa tarefa, tornando-a simples, atraente e, principalmente, não esnobe, o que, às vezes, muitos não conseguem.

Aprendendo a conhecer as características de uma cachaça, o consumidor poderá avaliar suas qualidades e também seus eventuais defeitos, decidindo melhor o que comprar, em meio à profusão de marcas e preços oferecidos no mercado. Sabendo, de certa forma, analisar o que está no copo, o apreciador terá mais condições de orientar e apurar pouco a pouco o seu gosto, não sendo apenas um "bebedor do rótulo", pois, certamente, acabará por descobrir cachaças com boa relação qualidade/preço.

O aroma e o sabor da cachaça são influenciados pelas quantidades dos elementos secundários, formados na fermentação, que passam para o destilado:

- ésteres e aldeídos, que são compostos mais voláteis do que o álcool, estão presentes em grande quantidade na fração "cabeça", que deve ser eliminada;

- compostos fenólicos e ácidos orgânicos, que são compostos menos voláteis do que o álcool, são mais frequentes na fração "cauda", que também deve ser desprezada;

- álcoois amílico, butílico, propílico e outros, que são mais voláteis nas soluções alcoólicas de baixa concentração e menos voláteis nas soluções concentradas, podem aparecer nas duas frações e constituem um subproduto conhecido como óleo fúsel.

Além do prejuízo ao aroma e ao sabor, os produtos secundários, em grande quantidade, são tóxicos e responsáveis pela ressaca e pela dor de cabeça, que só são sentidos no dia seguinte - o conhecido "day after effect". Quantidade excessiva de metanol, embora aromático, presente na fração cabeça, pode afetar o sistema nervoso central e causar cegueira com o tempo.

Para se tirar um melhor proveito da degustação, avaliando as características organolépticas da cachaça com mais propriedade, recomenda-se que o líquido esteja na temperatura média de 20 ºC. Uma cachaça gelada, principalmente as armazenadas e as envelhecidas em madeiras, perde muito das suas características sensoriais, dificultando o correto julgamento.

Assim, o "ato" ou a "arte" de degustar nada mais é do que beber prestando atenção às suas características sensoriais importantes: aparência, cor, aroma e sabor. Contrariando os nossos tradicionais professores de filosofia, que nos ensinaram que "de gustibus non disputandum est", isto é, "gosto não se discute", e não se explica, em muitas situações, há a necessidade, sim, de se ensinar e se discutir. Há apreciadores que costumam ingerir a cachaça em um único gole, deixando, portanto, de apreciar as propriedades da bebida. Com base na experiência de vários degustadores, deve-se considerar um tempo de 20 a 30 min para se tomar um copinho de 50 ml da cachaça, quando todas as características podem ser percebidas e analisadas, além de manter a sobriedade do apreciador.

Longe de querer impor uma "solenidade sacerdotal", de preferência, a degustação, ou simplesmente a apreciação, deve ser feita em local limpo, arejado, com boa iluminação, utilizando-se copos ou taças próprias, de vidro branco e transparente, e, ainda, um copo para cada tipo. Cinco tipos de cachaça em cada série de degustação é o máximo que se recomenda. Um período de descanso de meia hora entre duas séries de cinco cachaças é o ideal. A presença de amigos interessados no assunto é também muito útil, principalmente para que se troquem informações e percepções sobre o produto degustado. A formação de um círculo de pessoas, que se reúnam, habitualmente, por prazer e não por obrigação, para degustar cachaças, variando os tipos e as origens, pode ser interessante. Com o copo ou a taça preenchidos - com no máximo um terço da sua capacidade -, a degustação é feita normalmente em três fases: visual, olfativa e gustativa. Após as três fases, com um generoso gole, faz-se o líquido passar por toda a boca para se obter o julgamento final. Embora as sensações não se apresentem de forma isolada, elas constituem uma sequência lógica e prática que se repete a cada novo gole experimentado, em um processo contínuo denominado ciclo da degustação.

O exame visual

A primeira fase do ciclo da degustação é o exame visual. O teste básico, difundido popularmente, é o "Teste do Rosário": ao se chacoalhar a garrafa, formam-se na superfície do líquido algumas bolhas, sugerindo uma espécie de rosário, que devem desaparecer rapidamente, em alguns segundos. Após isso, segurando o copo ou a taça pela base (nunca pelo corpo) podem-se observar os aspectos: limpidez, brilho, cor e viscosidade. A limpidez revela a qualidade e a higiene do processo produtivo da cachaça, que deve ser transparente e sem partículas em suspensão. Um líquido turvo revela que não está em boas condições. O brilho da cachaça bem produzida é vivo, não opaco, denotando o estado em que se encontra. A cor é o aspecto da cachaça aparentemente mais fácil de ser percebido, um importante atributo de qualidade da bebida. Normalmente indica armazenamento e envelhecimento do produto, visto que a cor da madeira do barril ou do tonel tem uma grande influência, podendo variar do amarelo-claro ao dourado, tendendo para marrom, dependendo da madeira e do tempo de armazenamento. O fato de uma cachaça ser Branca (crua) ou Amarela (envelhecida) não define se ela é melhor ou pior, pois esses fatores dependem da proposta da bebida, isto é, se foi engarrafada apenas descansada, armazenada ou envelhecida. Nesse quesito é importante lembrar que a legislação permite o uso de caramelo para correção e/ou padronização da cor. Há, entretanto, produtores inescrupulosos que usam calda caramelizada para colorir a cachaça, para vendê-la como produto envelhecido.

Para completar o exame visual, o copo deve ser rodado para que o líquido molhe suas paredes internas. O movimento descendente do líquido formará arcos e pernas, também chamados de "choro" ou "lágrimas" da cachaça. A consistência dos arcos e das lágrimas indicam a boa viscosidade da bebida, ou seja, a presença do etanol. Quanto mais lentamente caírem as lágrimas, maior é o teor alcoólico - fenômeno que se explica pela maior tensão superficial do álcool em relação à água existente na cachaça. Na prática, diz-se que "toda cachaça tem de chorar e que, se ela não chora, vai chorar depois quem a bebe".

O exame olfativo

A segunda fase do ciclo da degustação é o exame olfativo. Ao cheirar a cachaça, o degustador descobrirá os aromas que a caracterizam. Há, em princípio, três tipos de aromas: o primário, próprio de toda cachaça, que é o da cana-de-açúcar. O aroma secundário é aquele adquirido durante a fermentação e produzido pelas substâncias secundárias, principalmente ésteres, aldeídos e óleos fúseis. O aroma terciário é aquele transmitido pela madeira do recipiente no qual a cachaça foi armazenada ou envelhecida.

Na análise dos aromas, as seguintes características são consideradas: intensidade, fineza, natureza e persistência. A intensidade do aroma demonstra a força do líquido e pode variar de intensa, passando por sutil até imperceptível. A fineza denota a classe e a distinção da bebida, podendo variar de notável, passando por agradável até rude. A natureza da cachaça identifica ou reconhece os aromas, por meio de analogias com aromas conhecidos na natureza e, por isso, varia de pessoa para pessoa, já que são identificados por comparação com os cheiros guardados na memória de cada um. Os principais aromas detectados na cachaça são: alcoólico, frutal, amadeirado, adocicado e estranho. O aroma alcoólico não deve ser acentuado, de maneira a permitir a percepção dos demais aromas. As cachaças de qualidade apresentam o aroma frutal, que identifica a presença de ésteres, e as notas amadeiradas, oriundas das madeiras de armazenamento ou envelhecimento. O adocicado não deve se destacar. Os aromas estranhos alertam para a presença de substâncias indesejáveis na bebida. Por fim, a persistência reflete o tempo que a sensação do aroma permanece na nossa memória olfativa.

Para se fazer o exame olfativo completo, é importante seguir três estágios. No primeiro deve-se aproximar o nariz da borda do copo em repouso para se sentir a intensidade e a fineza da cachaça. No segundo estágio faz-se um ligeiro movimento circular com o copo para que aromas mais sutis, ainda não percebidos, sejam liberados. Aqui deve-se também identificar a natureza dos aromas, além de confirmar a intensidade e a fineza. O terceiro estágio é o da consolidação das impressões olfativas, para o qual se deve agitar vigorosamente o copo, aparecendo os aromas e os defeitos mais marcantes, bem como a persistência deles.

O exame gustativo

A terceira fase do ciclo da degustação é o exame gustativo. Finalmente, ao se colocar a cachaça na boca, tem-se a prova final, que poderá confirmar ou não as expectativas deixadas por meio do exame olfativo. Normalmente há uma tendência a se superestimar esta fase, entretanto ela é bem menos complexa do que a olfativa. Está diretamente ligada à língua, que, por meio das papilas, é capaz de perceber os quatro tipos de sabores: doce, salgado, amargo e ácido. Um erro que se propagou com o tempo e que ainda persiste em algumas publicações é que as sensações táteis da língua estão divididas em zonas: o doce está concentrado na ponta da língua; o salgado, no meio das laterais; o amargo, na parte posterior; e o ácido, nas bordas, mais na parte da frente. Na verdade, as papilas gustativas são capazes de identificar qualquer tipo de sabor, com tempos de resposta diferentes (SEVENICH, 2005). Além das sensações ligadas ao sabor, o *exame gustativo* compreende também as táteis e as térmicas, percebidas pela língua e pela boca. Por meio do *exame gustativo*, as seguintes características são analisadas: estrutura, acidez, álcool e corpo. A estrutura retrata a sua adstringência, isto é, uma boa cachaça é aveludada, não transmitindo travo ou amargor - aquela sensação de "amarrar a boca". A acidez é a mesma sensação que encontramos nas frutas cítricas, como o limão. A cachaça deve ser macia e redonda, ou seja, não deve ser picante ou arranhar na garganta. Devido ao alto teor alcoólico da cachaça, deve-se ter muito cuidado em avaliar o seu gosto, pois o álcool pode amortecer as papilas gustativas e, com isso, mascarar os demais sabores. Por meio de "microgoles" pode-se analisar a sensação da presença do álcool na cachaça, desde queimante até suave. Por fim, o corpo demonstra a sensação de presença deixada na boca, podendo variar de aguado até encorpado. O exame gustativo culmina com a percepção do equilíbrio da cachaça, quando há uma combinação correta da estrutura, da acidez, do álcool e do corpo.

O exame final

Finalmente chega-se ao momento decisivo para se poder emitir uma opinião. Uma cachaça é sempre mais do que a soma de todos os seus componentes, que devem ser agora analisados, em conjunto, para se ter a impressão final com respeito à qualidade, retrogosto, harmonia e personalidade.

Com um gole generoso, a cachaça passará por toda a boca, devendo-se atentar para todas as sensações provocadas. Depois, engolindo-se lentamente, deve-se observar a sua descida pela garganta. O julgamento da qualidade requer que o gosto predominante seja franco, direto e sem a presença de sabores estranhos. Aqui, a fineza e a agradabilidade dos sabores são percebidos. A sensação final, agradável ou não, pode ser duradoura ou fugidia, caracterizando a persistência do gosto, ou seja, o retrogosto. A harmonia da cachaça caracteriza a relação entre os componentes principais - álcool, açúcar, acidez, aroma e corpo –, definindo uma cachaça fraca ou intensa. Por fim, a cachaça deve ter caráter e carisma marcantes, retratando a sua personalidade.

As fichas de degustação

Quando se quer dar um caráter mais técnico à degustação ou ao processo de avaliação sensorial da cachaça, as informações resultantes dos exames podem ser registradas em uma ficha de degustação, na qual as principais características estão relacionadas. Além de evitar o natural esquecimento, as anotações são de grande utilidade para referências futuras, principalmente na hora de comprar.

Para degustações menos técnicas pode-se usar uma ficha mais simples, apenas para registrar se a cachaça é boa, média ou ruim, contendo um campo para anotações livres sobre a bebida e sobre a sensação causada. Uma contagem estatística entre os participantes ajuda a identificar a melhor cachaça.

As fichas de degustação técnica e Hedonística, para registro dos parâmetros de avaliação, são apresentadas no final do capítulo.

Na ficha de degustação técnica, a cada atributo avaliado é conferida uma nota ou uma pontuação de acordo com os conceitos apresentados para exame. A pontuação do atributo deve ser registrada nas colunas da direita para cada uma das cinco amostras degustadas. Ao terminar a avaliação dos dezesseis atributos, os pontos são somados verticalmente, resultando em uma avaliação numérica da cachaça. A soma máxima pode atingir o valor 100 e os valores obtidos servem de base comparativa, traduzindo a qualidade das cachaças degustadas de uma forma mais técnica e menos subjetiva. A tabela 1, serve para orientar a classificação final.

Pontuação	Classificação
<50	fraca
50 a 59	corriqueira
60 a 69	boa
70 a 79	muito boa
80 a 89	ótima
90 a 100	excelente

Tabela 1. Classificação das cachaças.

Após o ritual da degustação, o julgamento final deve levar em conta, seja por meio da subjetividade hedônica, seja por meio da análise organoléptica técnica, a proposta da cachaça que foi degustada. A proposta deve ser consubstanciada no tipo da cachaça, no seu tempo de descanso, armazenamento ou envelhecimento, na sua qualidade presumida e também na relação custo x benefício. Não importando a origem, uma cachaça é melhor ou pior dentro da sua proposta, da sua categoria e da sua faixa de preço. O importante é degustar, procurando novas experiências e, sempre que possível, memorizar as principais características, sejam elas positivas ou negativas, da cachaça em prova. Com o passar dos anos, a memória vai armazenando as informações e a metodologia, inicialmente complicada, vai se incorporando ao hábito do degustador.

Após a análise e a pontuação dos atributos visuais, olfativos, gustativos e finais, poderão ser registradas as características principais de uma determinada cachaça. Além de permitir uma padronização, bem como a memorização de uma terminologia própria, tais registros, denominados "características sensoriais", poderão ser úteis para a aquisição de novas cachaças, seja para consumo ou para a guarda, seja para a elaboração de cartas de cachaças para restaurantes, bares e cachaçarias. Um exemplo de preenchimento de um Registro de Características Sensoriais é apresentado no final do capítulo.

Alguns restaurantes e bares, assim como alambiques que dispõem de espaço para visitação, oferecem várias cachaças para degustação, permitindo ao apreciador comparar as características dos diversos tipos disponíveis: cor, graduação alcoólica, armazenamento ou envelhecimento, etc.

A conclusão de qualquer processo de degustação ou apreciação é sempre a mesma: "a melhor cachaça é aquela da qual temos boa lembrança e que certamente seria comprada e bebida novamente".

Cachaça - Ficha de degustação técnica

Degustador:
Local:
Data:

Exame organoléptico

Amostra
C = crua
E = envelhecida

						1	2	3	4	5
Visual	Limpidez	turva (0-1)	com suspensão (2)	clara (3)	límpida (4)					
	Brilho	opaca (0-1)	meio transparente (2)	meio brilhante (3)	brilhante (4)					
	Cor	anormal (0-1)	levemente anormal (2)	levemente correta (3)	correta (4)					
	Viscosidade	fraca (0-1)	fluida (2)	untuosa (3)	consistente (4)					
	Total visual (máximo = 16)									
Olfativo	Intensidade	imperceptível (0-1)	fraca (2)	média (3)	intensa (4)					
	Fineza	rude (0-1)	média (2)	fina (3)	notável (4)					
	Natureza	estranha (0-1)	adocicada (2)	alcoólica (3)	frutal (4)					
	Persistência	curta (0-1)	média (2)	longa (3)	muito longa (4)					
	Total olfativo (máximo = 18)									
Gustativo	Estrutura	áspera (0-1-2)	regular (3-4)	macia (5-6-7)	aveludada (8-9)					
	Acidez	picante (0-1-2)	perceptível (3-4)	leve (5-6-7)	redonda (8-9)					
	Álcool	queimante (0-1-2)	rude (3-4)	seca (5-6-7)	suave (8-9)					
	Corpo	aguada (0-1-2)	regular (3-4)	boa (5-6-7)	encorpada (8-9)					
	Total gustativo (máximo = 16)									
Final	Qualidade	ruim (0-1)	regular (2-3)	boa (4-5)	excelente (6-7-8)					
	Retrogosto	curto (0-1)	médio (2-3)	longo (4-5)	muito longo (6-7-8)					
	Harmonia	fraca (0-1)	discreta (2-3)	agradável (4-5)	intensa (6-7-8)					
	Personalidade	sem personalidade (0-1)	inferior (2-3)	comum (4-5)	típica (6-7-8)					
	Total final (máximo = 32)									
	Total geral (máximo = 100)									

Amostra	Nome da cachaça	Classificação	Anotações
1			
2			
3			
4			
5			

Fig. 2: Ficha de degustação técnica.

Cachaça - Ficha de degustação hedonística	
Desgustador	Local:
	Data:

Exame	Amostras				
	1	2	3	4	5
	☺ ☺ ☹	☺ ☺ ☹	☺ ☺ ☹	☺ ☺ ☹	☺ ☺ ☹
Visual					
Olfativo					
Gustativo					
Final					
Total					

Amostra	Nome da cachaça	Classificação	Anotações
1			
2			
3			
4			
5			

Fig. 3: Ficha de degustação hedonística.

Cachaça – Registro das características sensoriais			
Marca	Pé Pequeno	**Álcool**	42 °GL
Produtor	O Cachacista	**Município/Estado**	Recife/PE
Lote	012/04	**Preço**	R$ 21,00
Pontuação	85	**Classificação**	Ótima

☐ Industrial
☑ Artesanal

☐ Crua
☑ Envelhecida _2_ anos em _Amendoim_

Visual

Cor dourada correta e clara. Lágrimas intensas e corpo brilhante.

Olfativo

Aroma intenso de cana com notas de madeira. Natureza frutal e persistência longa.

Gustativo

Estrutura aveludada, redonda e suave. Bom corpo e sabor amadeirado.

Final

Boa qualidade, de sabor agradável e persistência longa. Fim-de-boca agradável e personalidade distinta.

Degustador: Jairo Martins da Silva   **Data:** 12/1/2005

Fig. 4: Ficha de registro das características sensoriais.

Mixologia

As bebidas misturadas, apesar de terem sido originadas na Europa por volta de 1850, só vieram a se consagrar nos Estados Unidos entre os anos 1920 e 1930, no período da lei seca americana. Foi durante a vigência dessa lei que o hábito de misturar bebidas teve a sua grande evolução. Por serem proibidas, as bebidas eram fabricadas de forma clandestina, sem controle de qualidade e de higiene, o que as tornavam intragáveis, se tomadas puras.

Para melhorar o péssimo sabor das bebidas, os amantes do álcool começaram a misturá-las, criando e padronizando receitas que logo se difundiram por toda a América e depois pelo mundo, batizadas mais tarde com o nome de cocktails.

A palavra cocktail, que em português quer dizer "rabo de galo", é originária dos Estados Unidos, provavelmente da época em que as brigas de galo, ou rinhas, eram muito difundidas na região do rio Mississipi. Conta-se que, após a disputa, penas do rabo do galo vencedor eram tiradas para mexer os drinques dos apostadores ganhadores, por ocasião da comemoração.

Na história da mixologia, o Brasil aparece representado pelas suas saborosas "batidas" – coquetéis com cachaça, e pela internacionalmente conhecida "caipirinha", autênticas representantes brasileiras no universo dos coquetéis e dos drinques, compondo o que se pode chamar de "drincologia brasileira" (NABUCO, 2002).

Drincologia brasileira

Como praticamente todos os destilados do mundo, de origem humilde, a cachaça, acompanhando os altos e baixos da construção sociocultural do país, experimentou certa evolução social.

Mestre no assunto, o ilustre sociólogo pernambucano Gilberto Freyre (1977) registra no seu excelente texto "Cachaça", para o Calendário Pirelli 77, que a batida – mistura da cachaça com exóticos sabores das frutas brasileiras – foi a grande responsável

Fig. 1: Batidas e coquetéis de cachaça.

pela ascensão social da cachaça, chamada por ele de "abrideira", devido à sua função de excitante do paladar. A trajetória evolutiva da cachaça, utilizando a batida de fruta para conquistar o seu prestígio social, é evidenciada, com grande gabarito, por Gilberto Freyre, em vários trechos do seu tratado, que aqui revela mais algumas das suas habilidades, não apenas de "cachaçófilo", mas também e principalmente de um "batidólogo" de muito respeito.

> A função exercida de modo eficiente, de abrideiras, começou a proporcionar a bebida de conotação, repita-se, tão plebéia, a sua ascensão social. Ascensão que se acentuaria em dias mais recentes, quando a cachaça como se enobrecia sob o aspecto de batida: denominação precedida pela menos elegante de bate-bate (FREYRE, 1977).

> Sob esse aspecto brasileiríssimo, não tardaria a conquistar o paladar de finos estrangeiros. De estrangeiros inclinados, nos trópicos, a se deseuropeizarem ou se desianquizarem nos seus gostos por aperitivos, preferindo aos clássicos os romanticamente avivados de sabores exóticos. Isto é, de sabores de frutas agrestemente tropicais acrescentadas ao veículo também tropical da cachaça: da boa, quando pura, aguardente de cana.

> [...]

> Não são raros, hoje, os brasileiros, dentre os que melhor sabem receber gente ilustre em suas casas, que preparam eles próprios batidas que oferecem aos visitantes; e dos quais alguns guardam em segredo pormenores da mágica ou da arte desse preparo. Hesito, talvez, por modéstia, em incluir entre essas batidas a que, em casa de velho subúrbio do Recife - outrora engenho de açúcar - sua gente vem oferecendo, há anos, a visitantes nacionais e estrangeiros, alguns dos quais se têm proclamado entusiastas do seu sabor. A fruta, companhia de tal cachaça, a pitanga: pitanga do sítio da própria casa que possui verdadeiro pitangal (FREYRE, 1977).

Aqui, o mestre Gilberto Freyre, no exercício da sua discrição, omite que o grande inventor da batida de pitanga - chamada por ele de "Conhaque de Pitanga" - é ele mesmo. Em uma delação justificada, em prol da ciência da "batidologia", Gilberto Freyre Neto revelou que o avô, quando recebia um visitante ilustre, no Solar de Apipucos, onde residia, fazia todo um mise en scène antes de servir o dito conhaque, ou seja, a dita "Batida de Pitanga".

Fig. 2: Gilberto Freyre, sociólogo pernambucano.

Com relação ao nome "batida", no meio de tantas teorias, supõe-se que esteja relacionado com o ato de beber uma bebida forte, que na linguagem popular se diz "tomar uma lapada". Outra teoria conta que, para se misturar a fruta com a cachaça, é preciso bater bastante para que o líquido final tenha consistência de uma bebida de textura homogênea, daí origina-se também a expressão "bate-bate", como atesta o conhecido dos pernambucanos "bate-bate de maracujá".

Teorias à parte, o fato é que as batidas brasileiras são nossa resposta criativa ao mundo dos coquetéis e dos drinques, com grande aceitação em todas as camadas da população e em todos os tipos de estabelecimentos. Pertencente ao mesmo segmento das batidas, não se pode esquecer da tradicional mistura, de caráter como que litúrgico, que é o "cachimbo". Mistura de cachaça com mel de abelha com a qual, em meios mais castiçamente brasileiros, do nordeste do Brasil, ainda se comemoram, em famílias mais conservadoras, nascimentos ou batizados.

Embora não seja apropriadamente uma batida, nas noites de inverno do sul do Brasil, é comum tomar "quentão" - mistura de cachaça, limão, cravo-da-índia, gengibre, canela e açúcar –, que, por ser servido quente, aquece peitos e mãos principalmente durante as festas juninas e quermesses.

Na região do Vale do Paraíba, no estado de São Paulo, mistura-se cachaça com groselha para se fazer a popular "temperada". Na sexta-feira santa, ensina ainda a crença popular que se deve ingerir "cachaça com alho" para fechar o corpo contra mau-olhado.

Caipirinha

No mundo da drincologia brasileira, a caipirinha é, sem sombra de dúvidas, a bebida nacional por excelência. Além de ter sido incluída, em 1998, pela Associação Internacional de Barmen, entre as "Sete Maravilhas da Coquetelaria Mundial", em 2000, a revista americana In Style a elegeu como a bebida mais quente do século. O fato é que a caipirinha, hoje classificada como requintada, já está associada à imagem do Brasil, retratando mundialmente a alegria e a espontaneidade do povo brasileiro.

Mas, como perguntaria o homem comum, brasileiro ou estrangeiro: "Afinal de contas o que é e como surgiu esta tal caipirinha que é, ao mesmo tempo, o néctar dos deuses e a invenção do capeta?".

Sendo uma bebida de origem popular, não se sabe ao certo como nasceu a caipirinha. Uns defendem a ideia de que a sua origem está associada ao nascimento das batidas, que se utilizavam da diversidade de frutas brasileiras. Conta-se que era comum, entre os marinheiros de navios estrangeiros que atracavam em Paraty, tomar cachaça misturada com suco de laranja ou de outras frutas, como o limão. Há ainda a versão de que tenha surgido durante o período em que a família real portuguesa permaneceu no Brasil, entre 1808 e 1821, uma vez que a rainha dona Carlota Joaquina, mulher de d. João VI, costumava beber cachaça misturada com frutas.

Outra versão, talvez a mais provável, prega que a caipirinha tenha nascido no interior do estado de São Paulo como remédio, durante a gripe espanhola, em 1918, sendo uma variação de uma receita popular à base de limão, alho e mel, à qual foi adicionada a cachaça para acelerar o efeito terapêutico. Com o passar do tempo, foram eliminados o alho e o mel, adicionando-se algumas colheres de açúcar, para cortar a acidez do limão, e gelo, devido ao clima quente do Brasil.

Uma história, pitoresca e criativa, sobre o surgimento da caipirinha nos conta Jô Soares (1995) no seu conhecido e surpreendente romance cômico-policial, O Xangô de Baker Street. Segundo ele, a caipirinha teve o seu berço em um botequim da rua Riachuelo, no Rio de Janeiro, concebida pelos personagens de ficção - Sherlock Holmes e dr. Watson -, que vieram ao Brasil para desvendar o desaparecimento de um violino Stradivarius.

Em um belo dia, para livrar o senhor Holmes de uma ressaca causada pelo abuso de cigarros de "ervas-índias" (o que poderia ter sido?), foi-lhe sugerida uma dose de cachaça. Por ser uma bebida forte, o dr. Watson propôs ao detetive tomá-la com um pouco de sumo de limão, adicionando açúcar e gelo, para neutralizar a queima produzida pelo álcool. Como os dois usavam roupas, chapéu e sandálias estranhas, além de falarem uma língua diferente, foram confundidos com caipiras nordestinos - o chamado "matuto". Como a receita foi inventada pelo caipira mais baixo - o dr. Watson, ou seja, pelo "caipirinha" -, ficou então assim batizada, para sempre, a nossa exótica bebida.

Histórias e versões à parte, independentemente de quem a tenha inventado, o fato é que, entre os anos 1930 e 1950, o uso da caipirinha espalhou-se pelo Brasil, tornando-se a bebida nacional por excelência, associada à identidade do país.

A receita clássica da caipirinha

Segundo o Decreto nº 4.851, de 2 de outubro de 2003, "Caipirinha é a bebida típica brasileira, com graduação alcoólica de quinze a trinta e seis por cento em volume, a vinte graus Celcius, obtida exclusivamente com cachaça, acrescida de limão e açúcar".

De forma errônea, tem-se propagado, mesmo em bares e restaurantes respeitados, a existência de caipirinhas de vários tipos de frutas, como, por exemplo, a caipirinha de morango, de kiwi, de uva, etc. Na realidade, pela legislação, esses drinques ou coquetéis não podem ser chamados de caipirinha, que denomina apenas a bebida feita de cachaça, limão, açúcar e gelo. Nos casos em que se utilizam outras frutas, em vez do limão, os coquetéis de cachaça são chamados de "batidas". Da mesma forma, coquetéis feitos com limão, açúcar, gelo e outros destilados, como vodca, ou fermentados, como o sakê, são às vezes chamados, equivocadamente, de caipirinha de vodca e caipirinha de sakê, respectivamente.

Segue a receita básica para o preparo de um copo de caipirinha.

Ingredientes:

- ½ limão taiti grande de casca verde e lisa ou 1 limão galego;
- 1 colher de sopa de açúcar branco refinado de cana;
- 1 dose de cachaça branca (50 ml);
- 3 a 5 cubos de gelo (não picado).

Os utensílios de bar utilizados são:

- 1 copo de vidro liso e grosso;
- 1 bastão de madeira ou acrílico;
- 1 mexedor.

Fig. 3: A caipirinha.

Preparo:

Sobre uma tábua, cortar o limão ao meio no sentido longitudinal, não transversal. Retirar as partes brancas do centro e das pontas, desprezando-as, pois podem transferir amargor à bebida. Cortar as metades do limão em fatias finas, colocando-as no copo e adicionar o açúcar. Amassar tudo levemente, com o bastão, até soltar o suco do limão. Acrescentar a cachaça e mexer até o açúcar se dissolver. Colocar os cubos de gelo e mexer novamente. Servir com um mexedor.

Para que se tenha maior qualidade e prazer na apreciação da caipirinha, algumas recomendações devem ser feitas:

- evitar amassar a casca do limão, para não liberar o óleo, que é amargo;
- na dúvida, usar menos açúcar, para que o sabor doce não prevaleça;
- evitar usar gelo picado, pois derrete fácil e deixa o drinque aguado;
- não usar coqueteleira no preparo;
- não beber com canudo, que tende a sugar primeiramente o açúcar.

É importante observar que a caipirinha é uma bebida personalizada e que, portanto, deve ser preparada na hora de servir e diretamente no copo, o que lhe confere um sabor bastante dependente das mãos e do momento de quem a faz. O componente pessoal, acrescido de criatividade, é o diferencial que torna cada caipirinha diferente e dotada de um charme especial. Além do mais, permite que o apreciador participe da sua feitura, ou seja, indicando se deseja com um pouco de água, com mais ou menos gelo, com açúcar ou adoçante.

O importante é usar ingredientes de qualidade: uma boa cachaça, limão fresco, açúcar branco refinado de cana e gelo, de água mineral ou filtrada, em cubos. No exterior é comum se usar açúcar mascavo, gelo picado e servir com canudo, o que prejudica o autêntico sabor da caipirinha. Outro detalhe importante é servir a caipirinha com os pedaços do limão, com casca, e não coada.

As cachaças mais indicadas para o preparo da caipirinha são as brancas, produzidas em alambique ou coluna, uma vez que a tanicidade das cachaças armazenadas ou envelhecidas, oriunda da madeira, não compatibiliza com a acidez do limão. Mas tudo é uma questão de gosto.

Fig. 4: Caipirinha passo a passo.

Em resumo, os "dez mandamentos" para se preparar uma boa caipirinha são:

1. Copo de vidro transparente e liso.
2. Limão taiti ou galego com casca e sem as partes brancas.
3. Açúcar branco refinado de cana.
4. Bastão para amassar o limão.
5. Pressionar levemente o limão.
6. Ingredientes de qualidade e boa procedência.
7. Cubos de gelo de água mineral ou filtrada.
8. Cachaça, preferencialmente, branca.
9. Sequência dos ingredientes: limão, açúcar, cachaça e gelo.
10. Beber lentamente, saboreando a qualidade e nunca a quantidade.

Após o ritual da preparação, a caipirinha - "rainha da drincologia brasileira" - está pronta para ser degustada, com moderação é claro, respeitando-se os limites da responsabilidade e da saúde, para evitar que um agradável momento se transforme em pesadelo. E, se for beber, não dirija!

Rabo de galo

Sem ter uma conotação internacional como a caipirinha, o "rabo de galo", tradução literal de "cocktail", é o drinque mais popular do Brasil, sendo o mais solicitado nos nossos botecos. Se a caipirinha é a "rainha da drincologia brasileira", o rabo de galo pode ser considerado o "príncipe". Devido a sua popularidade, ele desempenha, ao lado da "purinha", o papel de um dos responsáveis pelo consumo nacional de mais de 1 bilhão de litros de cachaça por ano.

Ingredientes:

- 1 dose de cachaça;
- 1 dose de vermute tinto.

Preparo:

Em um copo típico de balcão, como o "martelinho" ou algumas de suas variações, coloque os ingredientes em qualquer ordem. Servir à temperatura ambiente.

Receitas de batidas e drinques

A partir da receita clássica da caipirinha, a criatividade brasileira, com a exuberância das frutas do Brasil, oferece uma rica diversidade de batidas e drinques tendo como base a cachaça.

Batida de coco

Ingredientes

- 1 vidro pequeno de leite de coco;
- 1 lata de leite condensado;
- água na medida do vidro de leite;
- cachaça na mesma medida da água.

Modo de preparo

Bata tudo no liquidificador e sirva bem gelada.

Batida com licor de cacau

Ingredientes

- 2 medidas de cachaça;
- 1 medida de licor de cacau;
- 1/8 de colher de chá de cravo em pó;
- ½ colher de chá de canela em pó;
- 2 cubos de gelo.

Modo de preparo

Misture todos os ingredientes e sirva.

Batida de abacaxi

Ingredientes

- 1 medida de suco de abacaxi;
- 1 colher de chá de açúcar;
- gelo picado;
- suco de ½ limão.

Modo de preparo

Coloque em uma coqueteleira e agite bem antes de servir.

Batida de abacaxi e limão

Ingredientes

- 1 xícara de cachaça;
- 4 fatias de abacaxi em calda;
- 2 limões cortados sem casca;
- ½ xícara de suco de caju;
- Açúcar e gelo a gosto.

Modo de preparo

Bater todos os ingredientes no liquidificador e coar antes de servir.

Batida de água de coco

Ingredientes

- água de 1 coco;
- 1 medida de cachaça;
- 2 cubos de gelo picados.

Modo de preparo

Bata tudo no liquidificador e sirva em casca de coco verde.

Batida de banana

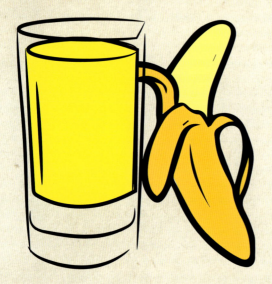

Ingredientes

- 2 ou 3 cubos de gelo;
- 1 medida de leite;
- 1 medida de leite de coco;
- 1 medida de cachaça;
- ½ banana.

Modo de preparo

Bata bem o leite, a banana, o leite de coco e a cachaça no liquidificador. Junte os cubos de gelo antes de servir.

Batida de café

Ingredientes

- 2 ou 3 cubos de gelo;
- 1 medida de cachaça;
- 1 medida de café forte;
- açúcar a gosto;
- 1 clara.

Modo de preparo

Coloque tudo em uma coqueteleira e agite bem antes de servir.

Batida de caju

Ingredientes

- 1 medida de cachaça;
- 1 medida de suco de limão;
- 1 medida de suco de caju;
- açúcar a gosto;
- 2 cubos de gelo picados.

Modo de preparo

Bata todos os ingredientes no liquidificador e sirva.

Batida de coco e limão

Ingredientes

- suco de 6 limões;
- 1 garrafa de cachaça;
- 1 vidro de leite de coco;
- gengibre ralado a gosto;
- açúcar a gosto.

Modo de preparo

Bata todos os ingredientes no liquidificador e sirva com um cubo de gelo.

Batida de limão

Ingredientes

- suco de 6 limões;
- 1 ½ colher de sopa de mel;
- ½ xícara de açúcar ou a gosto;
- ½ litro de cachaça;
- ½ litro de água.

Modo de preparo

Bata todos os ingredientes no liquidificador e sirva gelada.

Batida de maracujá

Ingredientes

- 6 maracujás;
- 2 colheres de sopa de leite condensado;
- 2 copos de cachaça;
- açúcar a gosto.

Modo de preparo

Retire o miolo do maracujá e junte aos demais ingredientes. Bata tudo no liquidificador e depois passe pela peneira. Sirva com gelo.

Batida de morango

Ingredientes

- 1 xícara de polpa de morango;
- 3 colheres de sopa de leite condensado;
- 1 colher de chá de suco de limão;
- 1 xícara de cachaça.

Modo de preparo

Bata todos os ingredientes no liquidificador e sirva gelada.

Batida de pêssego

Ingredientes

- 1 lata grande de pêssegos em calda;
- 1 garrafa de cachaça;
- ½ colher de sopa de essência de baunilha.

Modo de preparo

Bata todos os ingredientes no liquidificador e sirva gelada.

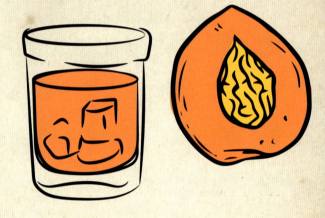

Batida de pitanga

Ingredientes

- 3 xícaras de suco de pitanga;
- 1 xícara de cachaça;
- açúcar a gosto.

Modo de preparo

Misture todos os ingredientes e sirva gelada.

Batida de tomate

Ingredientes

- 2 ou 3 cubos de gelo;
- 2 medidas de suco de tomate;
- 1 medida de cachaça;
- algumas gotas de suco de limão;
- algumas gotas de molho inglês;
- sal e pimenta a gosto.

Modo de preparo

Coloque todos os ingredientes em uma coqueteleira. Agite bem e sirva.

Batida de umbu

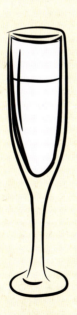

Ingredientes

- 2 xícaras de suco de umbu;
- ½ xícara de cachaça;
- açúcar a gosto;
- 4 cubos de gelo.

Modo de preparo

Bata todos os ingredientes no liquidificador e sirva.

Batida de capim-limão

Ingredientes

- ½ xícara de capim-limão fresco cortado (3 cm);
- 1 xícara de água;
- 1 xícara de cachaça;
- açúcar a gosto.

Modo de preparo

Bata o capim-limão no liquidificador com água, coe e misture esse suco concentrado com a cachaça, adoçando a gosto. Sirva com gelo.

Batida de hortelã

Ingredientes

- 6 a 8 folhas de hortelã;
- 1 colher de chá de açúcar;
- ½ xícara de cachaça.

Modo de preparo

Pique as folhas de hortelã e coloque-as em um copo alto. Acrescente o açúcar e 1 colher de chá de água. Esmague as folhas de hortelã até dissolver o açúcar. Encha o copo com gelo picado e derrame a cachaça sobre o gelo. Leve o copo para o congelador de 15 a 20 minutos e sirva.

Batida de chocolate

Ingredientes

- 1 xícara de cachaça;
- ½ xícara de creme de leite;
- 2 colheres de sopa de chocolate em pó;
- 4 colheres de sopa de açúcar;
- cubos de gelo a gosto.

Modo de preparo

Bata todos os ingredientes em uma coqueteleira e sirva.

A titular

Ingredientes

- 1 fatia do abacaxi;
- 1 fatia de goiaba;
- 1 cálice de suco de manga;
- 1 colher de sopa de açúcar;
- 2 cálices de cachaça;
- 1 cálice de leite moça;
- gelo picado.

Modo de preparo

Bata todos os ingredientes no liquidificador e sirva.

Mixologia

Amor de minha vida

Ingredientes

- 1 copo de cachaça;
- 1 dose de rum;
- ½ copo de doce de leite em creme;
- 1 colher de sopa de licor de cacau;
- açúcar a gosto;
- gelo picado.

Modo de preparo

Bata todos os ingredientes no liquidificador e sirva.

Maçã do amor

Ingredientes

- ½ lata de leite condensado;
- 1 xícara de café de açúcar;
- ½ xícara de licor de cacau;
- 4 maçãs;
- ½ litro de cachaça.

Modo de preparo

Bata todos os ingredientes no liquidificador. Sirva gelado.

Chiquita Bacana

Ingredientes

- 1 copo de suco de maracujá;
- ½ copo de suco de abacaxi;
- 6 morangos;
- ½ colher de sopa de creme de leite;
- ½ colher de sopa de mel;
- 4 colheres de sopa de açúcar;
- 1 colher de suco de pitanga;
- gelo a gosto.

Modo de preparo

Bata todos os ingredientes no liquidificador e sirva.

Guindaste de velho

Ingredientes

- 1 dose de cachaça;
- 2 doses de rum;
- 1 cálice de gim;
- 3 ovos de codorna;
- 1 colher de sopa de amendoim;
- 1 colher de sopa de leite condensado;
- açúcar a gosto.

Modo de preparo

Bata todos os ingredientes no liquidificador com gelo e sirva.

Néctar dos deuses

Ingredientes

- 2 fatias de abacaxi;
- 3/4 de copo de vinho;
- 1/4 de copo de cachaça;
- 2 colheres de sopa de leite condensado;
- açúcar a gosto;
- gelo a gosto.

Modo de preparo

Bata todos os ingredientes no liquidificador e sirva.

Cana caiana

Ingredientes

- 1 dose de cachaça;
- suco de ½ limão;
- 150 ml de caldo de cana;
- 40 ml de suco de abacaxi;
- gelo à vontade.

Modo de preparo

Misture tudo e sirva.

Gabriela

Ingredientes

- ¼ de suco de um limão;
- casca de canela;
- 1 dose de cachaça;
- refrigerante cola a gosto;
- gelo a gosto.

Modo de preparo

Misture tudo e sirva.

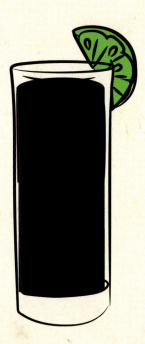

Quentão

Ingredientes

- 1 litro de água fervente;
- ½ litro de cachaça;
- 6 cravos-da-índia;
- 1 pedaço de gengibre fresco;
- 1 pacotinho de canela em rama;
- ½ xícara de açúcar.

Modo de preparo

Quando a água estiver em ebulição, junte os ingredientes, sem a cachaça, e deixe ferver bem. Junte a cachaça com cuidado para não incendiar, deixando no fogo por 3 min. Desligue o fogo. Tampe e deixe descansar um pouco. Sirva bem quente.

Batida de kiwi

Ingredientes

- 1 kiwi;
- 1 colher de sopa de açúcar;
- 2 doses de cachaça;
- 1 colher de chá de suco de limão.

Modo de preparo

Amasse o kiwi com o açúcar, adicione a cachaça e, em seguida, o suco de limão. Junte 3 cubos de gelo, mexa e sirva.

Samba

Ingredientes

- 1 dose de cachaça;
- refrigerante cola a gosto;
- gelo a gosto;
- 1 rodela de limão.

Modo de preparo

Misture tudo e sirva.

Não há dúvidas de que a cachaça é a figura principal da autêntica "drincologia brasileira", que deu origem não só à caipirinha, mas também às exóticas batidas, companheiras ideais para qualquer tipo de clima, em qualquer situação, dentro ou fora do Brasil. Apesar da grande difusão da cachaça, há ainda um longo caminho a percorrer, principalmente para que o hábito de se tomar cachaça pura, de qualidade, seja incorporado definitivamente à nossa gastronomia: esse será o passo decisivo para a consolidação da cachaça no Brasil e no mundo.

Fig. 5: "Drincologia brasileira".

Cachaçogastronomia

Uma boa cachaça é saborosa por si só, mas, para potencializar o momento e aproveitá-lo ao máximo, é sempre interessante que haja uma harmonia perfeita com a companhia, com o ambiente, com a comida e com o clima do momento. No entanto, nos dias atuais, as ocasiões de prazer total são tão raras, que regras muito rígidas não podem, e não devem, impedir de usufruí-las. Apesar da subjetividade que cerca a harmonização perfeita, pois gosto e prazer dependem de cada um, alguns estudos e recomendações já demonstram que pequenas normas possibilitam um melhor aproveitamento da ocasião.

A cachaça afeta o sabor da comida e a comida afeta o sabor da cachaça. Entretanto, quando as características fundamentais dos dois estão em harmonia, os sabores de ambos serão realçados. Devido ao teor alcoólico da cachaça, a maioria das combinações é perfeitamente agradável, algumas poucas são excepcionalmente boas, mas uma incompatibilidade pode tirar a graça tanto da cachaça quanto da comida. A primeira regra de ouro para se dar bem com a cachaça é tomá-la sempre com alguma comida, para evitar reações hipoglicêmicas, e sempre acompanhada de água, para compensar o poder desidratante do álcool etílico.

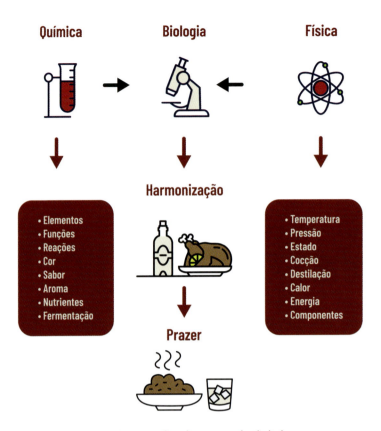

Fig. 1: A ciência dos alimentos e das bebidas.

Alguns princípios e regras

Embora o tema "harmonização cachaça e comida", ou seja, a "cachaçogastronomia", ainda seja praticamente desconhecido, "cachacistas" (sommeliers da cachaça) e chefs têm obtido excelentes resultados com riquíssimas e inesquecíveis experiências "cachaçogastronômicas".

É visível como, nos últimos cinco anos, o interesse pela apreciação da cachaça, na sua forma pura, vem crescendo entre os brasileiros e também no exterior. Tem sido cada vez mais comum encontrar, em restaurantes, bares e cachaçarias, elaboradas cartas de cachaças que, além de apresentar uma variada oferta, dentre as cerca de 4.000 marcas ativas e disponíveis, ainda procura descrever os principais atributos de cada cachaça.

No entanto, a cozinha brasileira, que é o resultado de miscigenações das culturas indígena, africana e portuguesa, acrescidas, ao longo do tempo, de influências europeias, latinas e asiáticas, vem apresentando constante inovação, sendo uma das mais ricas e apreciadas do mundo.

Diante desses dois universos, de elevada complexidade de cores, sabores e aromas, a tarefa de harmonizar cachaça e comida não é nada trivial. Embora se saiba que não há casamento perfeito, combinação única ou mesmo regras fixas, é importante observar as características de uma cachaça e os ingredientes de um prato, para que a comida enalteça as qualidades da bebida, que por sua vez deixa o prato mais saboroso.

O objetivo da "cachaçogastronomia" não é estabelecer regras e diretrizes inflexíveis e cartesianas, mas sim definir alguns princípios de combinações de sabores e atributos para que sejam exploradas, ao máximo, as possibilidades de apreciação da bebida e das iguarias, potencializando os valores de cada um. No final, o que se busca é que o par cachaça-comida, por meio de equilíbrio, harmonia e realce, proporcione, antes de tudo, prazer. O equilíbrio refere-se ao peso da comida versus o corpo da bebida, a harmonia trata das sensações na comida versus as sensações na bebida e o realce está relacionado com a melhoria simultânea do gosto da comida e da bebida.

Antes de se estabelecer algumas regras, é importante notar que cada prato e cada cachaça se destaca por seus sabores básicos, seus componentes e suas texturas, que são percebidos e identificados pela língua, faringe e palato, e que a harmonização pode se dar pela semelhança de atributos, por contrastes ou ainda por certas afinidades tradicionais já consagradas.

As comidas são encontradas, na prática, sob a forma de produtos alimentícios. Devidamente preparados, eles formam pratos, que devem ser apetitosos, digeríveis, nutritivos e capazes de saciar a fome. Com relação ao seu peso, os pratos podem ser leves, de médio peso ou pesados. As sensações despertadas pelos pratos estão relacionadas ao sabor, à condimentação, à gordurosidade, à suculência e à untuosidade.

As cachaças, por sua vez, são uma solução de álcool etílico em água, contendo outras substâncias, como ácidos, ésteres, taninos e outros congêneres, que lhes dão cor, aroma, gostos e sensações táteis. Com relação ao peso, as cachaças podem ser leves, de bom corpo ou encorpadas. As sensações percebidas nas cachaças, que estão relacionadas com o processo produtivo, de envelhecimento e do serviço, são: a intensidade olfativa, a maciez, a calidez, a acidez, a adstringência e a temperatura.

Fig. 2: Harmonização com cachaça: objetivos e princípios.

Conhecendo-se, assim, os atributos da comida e da cachaça, pretende-se atingir uma situação de harmonia quando as estruturas se equilibram, as sensações se ajustam e os dois se realçam mutuamente: o prato enriquece a cachaça, potencializando aromas e sabores, e os atributos sensoriais da cachaça exaltam as qualidades da comida. Quando esta situação se concretiza, o prazer gustativo será máximo, caracterizando que o conjunto cachaça-comida está harmonizado.

Em meio de tantas variáveis, pode-se arriscar a estabelecer algumas poucas regras que garantam que a cachaça e a comida tenham as suas virtudes mutuamente realçadas. Antes, porém, de descrever as regras, é importante quebrar o paradigma de que a cachaça só deve ser tomada como aperitivo, para abrir o apetite: "a cachaça, apesar de ter teor alcoólico que varia entre 38% e 48% vol., pode acompanhar todo o curso de uma refeição, desde o aperitivo, passando pelas entradas, primeiro prato, prato principal e sobremesa, até o digestivo, com café ou chás" (MANFROI, 2004).

A primeira regra refere-se ao equilíbrio, ou seja, "peso da comida" versus "corpo da bebida": uma comida leve pede uma cachaça leve, com baixo teor alcoólico, e uma comida pesada exige uma cachaça encorpada, de elevado teor alcoólico. O serviço será sempre do prato mais leve para o pesado e da cachaça mais leve para a mais encorpada.

A segunda regra trata da harmonia, ou seja, da afinidade das sensações: os níveis de sabor da comida harmonizam com a maciez e doçura da cachaça; comidas condimentadas requerem cachaças aromáticas; pratos gordurosos exigem cachaças mais ácidas; comidas suculentas pedem cachaças adstringentes, com perceptíveis notas de madeira; pratos untuosos requerem cachaças encorpadas.

A terceira regra refere-se ao realce, ou seja, às sinergias das sensações que respeitam combinações conceituais, clássicas, naturais, regionais, sazonais e experimentais. Vale a pena salientar que as harmonizações clássicas e regionais, frutos de anos de experimentações, são combinações consagradas que não podem ser desprezadas.

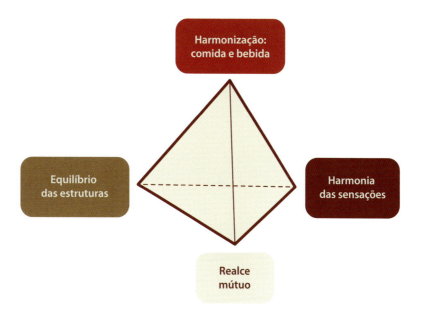

Fig. 3: A pirâmide da harmonização.

Abrideira, companheira e saideira

Embora seja comum tomar cachaça como aperitivo, acompanhada de tira-gostos (ou "bota-gostos", como também se diz), antes da refeição principal, ou seja, como "abrideira", a cachaça pode também ser tomada como "companheira", durante as refeições, ou como "saideira", após as refeições, devido ao seu efeito digestivo.

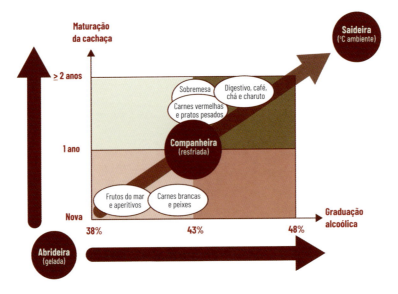

Fig. 4: A relação cachaça × comida.

Como "abrideira", acompanhando entradas ou aperitivos, o mais recomendado é começar com cachaças de teor alcoólico mais baixo, entre 38° vol. e 40° vol. Entradas frias, como coquetel de camarões, carpaccio, caviar, ostras e torradas com patês adquirem sabor especial quando acompanhadas com cachaça bem gelada. É também muito comum no nordeste do Brasil se saborear cachaça com frutas, preferencialmente ácidas, como: cajá, caju, umbu e seriguela, que podem ser fatiadas ou simplesmente chupadas. Outra tradição, que está se tornando uma paixão nacional, é a dupla cachaça e caldinho: feijão, mocotó, peixe, mariscos, etc. Ainda com a abrideira são apreciadas as porções de linguiça, torresmo, mandioca ou macaxeira frita, miúdos em geral, iscas de peixe frito, costelinhas, queijo, carne seca, etc.

Outra regra básica é beber cachaças mais fortes e encorpadas com o prato principal, especialmente com comidas fortes e até picantes. A culinária brasileira já dispõe de alguns casamentos cachaça-comida consagrados: feijoada, virado à paulista, sarapatel, buchada de bode, tutu à mineira, mocotó e rabada. Além das combinações tradicionais, o ecletismo da cachaça e a riqueza da cozinha brasileira permitem inumeráveis composições, de tal forma que a cachaça pode ser considerada uma "companheira" bastante flexível com relação aos "parceiros" da nossa pantagruélica gastronomia.

Onde quer que estejamos no Brasil, em toda sua extensão territorial, sempre encontraremos uma comida típica que pode e deve ser acompanhada pela cachaça: o tambaqui na brasa, pato no tucupi, arroz de cuxá, baião de dois, lagosta à moda cearense, carne de sol de Natal, bode guisado, feijoada pernambucana, sururu com leite de coco, ensopado de camarão, moqueca de siri mole, moqueca capixaba, galinhada, picadinho de carne à carioca, vaca atolada, peixe na telha, carne de porco à pururuca, barreado, tainha recheada, churrasco à gaúcha, etc. Apesar da sua flexibilidade, e embora gosto não se discuta, seria um grande pecado beber cachaça com pratos italianos, como: macarronada, lasanha e pizzas, que pedem vinho por natureza. Mesmo sendo a cachaça uma bebida genuinamente brasileira, não há dúvidas de que ela sempre encontrará uma companheira adequada em qualquer país do mundo: o cozido português, o cassoulet francês, o Eisbein alemão, a botchada caboverdeana, a parrilla argentina, etc. Uma combinação que está se tornando um sucesso é beber cachaça gelada, preferencialmente as brancas, com pratos japoneses, como sushi e sashimi, embora se saiba que a cachaça perde muito das suas características organolépticas quando muito gelada.

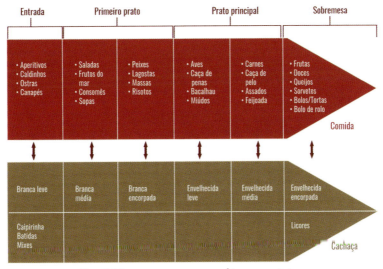

Fig. 5: Harmonização: um cardápio orientativo.

Uma das formas principais de se beber a cachaça seria após as refeições, o que chamamos na cultura brasileira de "saideira", já que é a última bebida de um determinado evento. Assim, tem se tornado bastante comum incluir a cachaça e o recém-criado licor de cachaça entre os digestivos que são servidos, após as sobremesas, com o café ou o chá. Ainda como saideira, para quem aprecia, as cachaças envelhecidas têm sido oferecidas com o serviço de charutos, embora tenha havido substancial redução de fumantes. É o final feliz!

Um cardápio harmonizado

Em resumo, aplicando-se os princípios e as regras descritas anteriormente, pode-se estabelecer, para o curso de uma refeição completa, a seguinte sequência orientativa na elaboração de um cardápio harmonizado:

a. Aperitivos:

Caldinhos, ostras ao limão, canapés de salmão e torresmo frito harmonizam com cachaça branca, leve, ligeiramente ácida e resfriada. Caipirinha ou batidas de frutas poderão ser servidas nessa fase da refeição.

b. Entradas:

Saladas, vinagrete de frutos do mar, consomês e sopas combinam com cachaças brancas, de médio corpo e com média acidez, levemente resfriadas.

c. Primeiro prato:

Peixe, camarão, lagostas, risotos, bacalhau e aves harmonizam com cachaças brancas mais encorpadas e de baixa acidez, servidas à temperatura ambiente.

d. Prato principal:

Carnes vermelhas, caças de pena, caças de pelo, assados, caldeiradas, cozido e feijoada combinam com cachaças envelhecidas, aromáticas, tânicas e de corpo leve, servidas à temperatura ambiente.

e. Sobremesas:

Doces, bolos, bolo de rolo, tortas, sorvetes, salada de frutas, queijos e frutas harmonizam com cachaças envelhecidas, frutadas e de médio corpo, servidas à temperatura ambiente.

f. Digestivos:

Café, chás e charutos combinam com cachaças encorpadas, envelhecidas pelo menos três anos em madeira que lhes confere fortes notas de especiarias e riqueza de aromas. Licores de cachaça poderão ser servidos.

Assim, servir cachaças adequadas em um cardápio faz parte da arte da mesa, não sendo algo meramente intuitivo. A técnica da harmonização consiste, portanto, no estabelecimento de uma sequência criteriosa, dentro de um processo dinâmico, em que cada dupla cachaça-comida é influenciada pela anterior e influencia a seguinte, de tal forma que estejam sempre em harmonia, para que o ritual à mesa proporcione prazer "infinito enquanto dure".

Assim, pode-se concluir que a maioria dos pratos principais permite que se façam múltiplas escolhas de cachaça e, quando a combinação não se faz possível com cachaça pura, ainda se tem a caipirinha como recurso.

Cachaça e harmonização social

Hoje em dia pode-se tomar cachaça em vários lugares e em vários tipos de eventos. A bebida simples e discriminada de antes passou a frequentar todos os tipos de ambientes, desde os mais descontraídos até os mais sofisticados: biroscas, botecos, bares, restaurantes e cachaçarias. Empresas aéreas passaram a oferecer cachaças e caipirinha aos passageiros da classe executiva e da primeira classe. Em eventos privados ou empresariais, cachaças são oferecidas entre os aperitivos e entre os digestivos.

Como qualquer outra bebida, alcoólica ou não, a cachaça aproxima pessoas e faz amigos, se apreciada com moderação. Assim, não se pode negar o poder social dessa bebida genuinamente brasileira, que estabelece ligações, duradouras ou não, facilitando a comunicação e o diálogo entre pessoas. Beber cachaça entre amigos, desfrutando os prazeres de uma boa conversa é também uma questão de harmonização, devendo-se sempre seguir uma importantíssima regra de ouro: "beba pelo prazer, privilegiando a qualidade e nunca a quantidade". A dois, em um momento íntimo, independente da combinação de sexo, em uma conversa compenetrada ou em um encontro de amor, a cachaça pode ser saboreada produzindo agradáveis momentos. Atuando como cúmplice e como catalizadora, estimula a fluência da conversa ou dá coragem aos mais tímidos, desde que seja bebida com moderação, caso contrário pode atuar como "inibidora" de um final feliz pretendido. Não se deve esquecer de que "o álcool estimula o desejo, mas prejudica a ação".

Há momentos, embora raros, em que a cachaça pode ser bebida quando se está só. Não sendo por motivos terapêuticos ou profissionais, há apenas um estado de espírito para se beber sozinho: um estado de espírito terno e solitariamente prazeroso, que não tem nada a ver com tristeza, com infelicidade ou fracasso, mas que cada um pode identificar por ser exclusivamente seu. É preciso, entretanto, maturidade para isso.

Merece comentário especial a discriminação, até há pouco tempo reinante, de que cachaça é bebida de homem. Não é pecado algum, uma mulher, só ou acompanhada, pedir uma dose de cachaça pura ou uma caipirinha em qualquer que seja o ambiente. O importante é que haja o estado de espírito e a vontade para isso, buscando o prazer, sem qualquer intenção de exibicionismo, demonstração de independência ou arrogância, pois a mulher que tem convicção do que quer não precisa desses artifícios para ser percebida.

Harmonização da cachaça, portanto, não diz respeito apenas quando se busca combiná-la com alimentos, mas também com um contexto ou um ambiente. As circunstâncias influem decisivamente na apreciação de uma boa cachaça: estado de espírito, companhia, temperatura, música, iluminação, decoração, paisagem, estação do ano e local.

A classe da cachaça está, portanto, na sensibilidade de quem a aprecia, aproveitando o melhor dos elementos que compõem o contexto ou a ambience e que penetram no corpo através da garganta, purificando a cabeça e sensibilizando o coração. É, entretanto, uma bebida para pessoas de vontade forte, que sabem o que querem. Os que dela abusam sem cuidado, ela os transforma em escravos e, em muitos casos, para o resto da vida.

Beber cachaça com elegância é, portanto, a arte de não se fazer notar, aliada ao cuidado sutil de se deixar distinguir.

Serviço

Como qualquer tipo de bebida alcoólica - fermentada ou destilada -, a cachaça requer cuidados, além de certo ritual e, sobretudo, respeito. O serviço da cachaça tem o seu início com a aquisição, passando pelo acondicionamento, pelo manuseio da garrafa até o ato de servir, para que ela seja apreciada ou degustada.

O correto serviço da cachaça, com habilidade e elegância, faz com que ela adquira um sabor todo especial. Em casa, em um bar, em um restaurante, em uma cachaçaria, em um boteco, jantar, almoço, bate-papo ou happy hour, fazer um bom serviço é um item importante para mostrar hospitalidade, carinho e atenção para com os convidados, amigos ou clientes (PACHECO, 2002).

A compra

Há vários lugares para se comprar cachaça: nos alambiques ou nas adegas dos produtores, nas lojas especializadas, nos supermercados, nos armazéns, nos depósitos ou distribuidores de bebidas, nos empórios, nas mercearias, nas vendas, nas cachaçarias, nas bodegas e em vários outros lugares. A oferta é muito grande.

Comprar uma garrafa de cachaça para apreciar, presentear ou colecionar, ao contrário do que possa parecer, não é tarefa simples, porém não é complicada também. Como há diferentes tipos de cachaça, com variados parâmetros, tipos e estilos, nova, armazenada ou envelhecida, branca ou amarela, pura ou misturada, adoçada ou estandardizada, para se fazer uma boa escolha é preciso possuir alguns conhecimentos básicos. Não possuindo essas noções, é aconselhável recorrer a alguém experiente - prático ou profissional - para algumas orientações, pois saber comprar é tão importante como saber apreciar.

Como há cachaças de diferentes origens e qualidade, é indispensável primeiramente observar os elementos que compõem a sua apresentação: a garrafa, a tampa e o rótulo.

Há garrafas de vários tipos, formatos, volumes e materiais que, devido à diversidade, não definem a qualidade da cachaça. Para observar melhor o líquido, as garrafas de vidro claro, liso e transparente são as mais indicadas, embora haja excelentes cachaças acondicionadas em recipientes escuros ou mesmo cobertos de palha. É importante verificar a limpidez da cachaça, se contém partículas em suspensão, substâncias decantadas no fundo da garrafa, até mesmo insetos, que caracterizam problemas de higiene do processo produtivo.

Um teste importante é o "teste do rosário", que consiste em sacudir a garrafa e verificar a argola de bolhas que se forma sobre o líquido. As bolhas não devem se assemelhar à espuma de sabão e devem se desfazer com certa rapidez (em aproximadamente 15 a 20 segundos), demonstrando qualidade, pureza e higiene da produção. No interior do líquido também se formarão pequenas bolhas, que deverão desaparecer nesse mesmo tempo, indicando boa graduação alcoólica e um bom processo de destilação. Infusões ou misturas, bem como adição de substâncias para alterar cor, aroma e sabor, ao serem chacoalhadas podem apresentar o rosário persistente com característica espumosa.

Além do vidro, muitos produtores apresentam seus produtos em garrafas de cerâmica, de louça, de plástico (PET), PVC ou polipropileno (PP), em latas ou em barriletes. Embora não haja estudos conclusivos sobre os efeitos desses materiais nas características organolépticas (sensações visuais, olfativas e gustativas) da cachaça, é recomendável observar muito bem a vedação dos recipientes, verificando se estão adulterados ou se são falsificados.

Quanto à tampa das garrafas, é comum a utilização de rolhas, chapinhas de metal, tampas de alumínio rosqueadas e conta-gotas. Como a finalidade das tampas é proteger o líquido, elas devem garantir que os recipientes estejam hermeticamente fechados, para evitar a evaporação ou contato do líquido com o ambiente. No caso de acondicionamento em barriletes, deve-se atentar para o fato de que a porosidade da madeira facilita o processo de evaporação com perda de líquido e alteração da graduação alcoólica, dependendo das condições de temperatura e umidade do ambiente.

Para a compra de cachaças não tão comuns, principalmente as de valor qualitativo e econômico mais elevado, é indispensável a leitura das informações trazidas no rótulo. Embora apenas há alguns anos tenha sido publicada uma regulamentação sobre o tema no Brasil, nos rótulos devem, pelo menos, estar evidentes as seguintes informações:

- nome empresarial e endereço do produtor ou fabricante, do padronizador, do envasilhador ou engarrafador;
- nome da Unidade da Federação ou região onde o produto foi elaborado, associados ao nome do produto;
- número do registro do produto no Ministério da Agricultura, Pecuária e Abastecimento (Mapa);
- denominação do produto;
- marca comercial;
- ingredientes;
- expressão "indústria brasileira";
- conteúdo;
- graduação alcoólica, em % de volume;
- identificação do lote ou partida;
- prazo de validade;
- de acordo com a legislação, poderão aparecer as seguintes expressões: "Premium", "Extra Premium", "Reserva Especial", "Armazenada em ... (nome da madeira)", "Prata" e "Ouro"; "Cachaça adoçada", quando contiver açúcares em quantidade superior a 6 g/l e inferior a 30 g/l, expressos em sacarose.

Pela legislação brasileira, para bebidas alcoólicas, o rótulo deve conter um aviso de que "o álcool pode causar dependência" e que "deve ser consumido moderadamente", "por ser prejudicial à saúde".

A rotulagem de um recipiente de cachaça pode ser composta de até três partes: rótulo de corpo, contrarrótulo e colarinho. Muitas cachaças reúnem todas as informações apenas no rótulo principal. A parte do rótulo conhecida como colarinho tem sido pouco usada. As informações descritas devem estar distribuídas nesses elementos.

Fig. 1: O rótulo da cachaça.

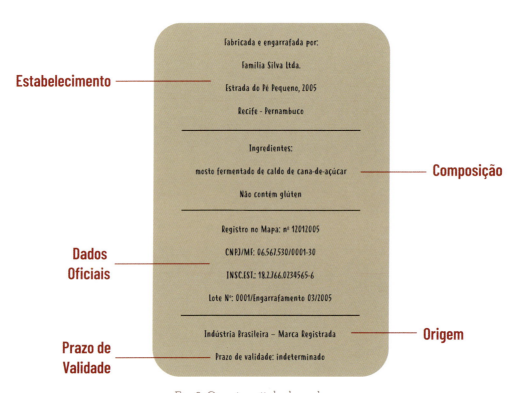

Fig. 2: O contrarrótulo da cachaça.

Com relação ao local da compra, mercados e supermercados não deixam de ser boas opções hoje em dia, pois oferecem as principais marcas a preços razoáveis. Porém, para se comprar de forma mais orientada, o ideal é visitar uma casa especializada - adegas, empórios ou cachaçarias - que dispõem de melhores acomodações, boa conservação das bebidas e temperatura ambiente adequada, além de pessoas entendidas no tema para orientar o comprador, se necessário.

Preço

Pelo fato de ainda se encontrar em fase de consolidação no mercado, há cachaças de diferentes faixas de preço, variando de poucas unidades a várias centenas de reais, ou mesmo de dólares ou euros, por garrafa. Hoje são oferecidas cachaças com preços elevados que variam de R$ 500,00 a mais de R$ 1.500,00. Não há dúvidas de que a inexistência de regulamentações, até há pouco tempo, culminou com a aliatoriedade atual dos preços. Tanto os produtores quanto os distribuidores e proprietários de restaurantes, bares, hotéis e cachaçarias devem ter a preocupação de não permitir a continuidade da distorção abusiva atual dos preços. Inacreditavelmente se tem encontrado estabelecimentos que cobram acima de R$ 30,00, ou US$ 10,00 ou € 8,00, a dose de cachaça, o que, independentemente da marca, mais prejudica o consumo do que beneficia o posicionamento do produto no mercado. A título orientativo, cobrar, no Brasil, entre R$ 4,00 e R$ 12,00, pela dose e entre R$ 10,00 e R$ 300,00, pela garrafa, já está de bom tamanho para aqueles que vivem da produção e do comércio da bebida. Logicamente, nos exemplos de preços sugeridos por garrafa aqui, não estão considerados os custos da embalagem ou de outros componentes de marketing e posicionamento. Exemplares de colecionadores têm outros critérios para atribuição de preços, podendo ultrapassar os valores citados. Os preços de exportação devem considerar, além do custo, os impostos, as taxas e o posicionamento estratégico da bebida no mercado exterior.

Devido a isso, mesmo sendo uma difícil tarefa, é importante observar muito bem se o valor que vai se pagar corresponde ao real valor do produto, que deve refletir a qualidade do processo de produção, desde o plantio da cana até o engarrafamento da cachaça. Cuidado especial deve ser dispensado à veracidade dos apelos de marketing, das informações constantes dos rótulos e da apresentação dos produtos, o que se não observada pode levar o consumidor a pagar caro por uma qualidade que não existe.

Guarda e conservação

Uma vez adquiridas, as garrafas devem ser acomodadas para que as cachaças, muitas vezes com alto custo, não evaporem ou tenham suas características alteradas antes do tempo.

Chegando das compras, as garrafas devem ser guardadas em pé, em lugar fresco e coberto, com temperatura média constante entre 15 °C e 20 °C, evitando-se variações bruscas e exposição ao sol. Embora o lugar ideal para a guarda das cachaças seja uma adega climatizada, o que nem sempre se dispõe em um estabelecimento, casa ou apartamento, as cachaças podem ser acondicionadas em armários ou mesmo em prateleiras. Deve ser evitada a acomodação próxima a fogões e em despensas de mantimentos ou materiais de limpeza, cujos odores podem afetar o sabor e o cheiro do líquido.

Devido ao seu teor alcoólico, a cachaça é uma bebida estável, não perecível, portanto com prazo de validade indeterminado, e que não sofre alterações após o engarrafamento, desde que não submetida a variações ambientais bruscas e que o recipiente, de vidro, cerâmica ou madeira, esteja vedado, para evitar evaporação. Quando acondicionada em latinha de alumínio deve-se atentar para a data máxima de consumo, constante na embalagem.

Normalmente, a não ser nos casos em que uma grande quantidade de convidados ou clientes beba cachaça, não se consome toda a garrafa depois de aberta. Nesse caso, após servir, a garrafa deve ser arrolhada, para evitar evaporação, e devolvida ao armário ou prateleira. Deve-se, entretanto, ter o cuidado de utilizar rolha não perfurada, em bom estado de conservação e sem odores estranhos. Abrir, consumir e voltar a fechar a garrafa de cachaça não causa alterações perceptíveis no líquido, além de ser um procedimento correto e válido.

Quando se dispõe de algumas dezenas de garrafas, caso haja interesse específico, é recomendável manter um registro, em papel ou em computador, contendo os principais dados de cada cachaça, bem como o preço, data da compra e da abertura da garrafa e outras informações que possam ser relevantes.

As pessoas: profissionais e apreciadores

Apesar de ainda não haver uma regulamentação oficial sobre as profissões relacionadas com a produção e o serviço da cachaça, nem expressões que caracterizem os amantes e apreciadores, além dos termos coloquiais, é importante fixar algumas definições.

Mesmo bem-intencionados, alguns autores têm procurado importar para a cachaça expressões utilizadas para outras bebidas de origem estrangeira, principalmente do vinho e da língua francesa. Sendo a cachaça uma autêntica bebida brasileira, que pouco a pouco vem ganhando a sua identidade, faz-se necessário adotar termos mais apropriados à sua origem.

Na produção, o prático ou o profissional encarregado de definir e acompanhar todo processo é conhecido como "alambiqueiro", "mestre-cachaceiro" ou, de forma mais moderna, "cachaçólogo". É o profissional que, desde o plantio da cana, passando pelo corte, transporte, moagem, fermentação, destilação e descanso, até o envelhecimento, toma decisões sobre os diversos processos. Mesmo tendo formação prática, sem cursos regulares de formação, o cachaçólogo deve ter um sólido conhecimento dos processos de fermentação, destilação, envelhecimento e, principalmente, de zelo pela qualidade do produto final. A partir de agosto de 2005, em uma iniciativa louvável, a cidade de Salinas, em Minas Gerais, deu início ao primeiro curso de nível superior voltado para a produção de cachaça. Por meio da Portaria nº 4.243, de 21 de dezembro de 2004, o Ministério da Educação autorizou a implantação do primeiro curso superior de tecnologia em produção de cachaça na Escola Agrotécnica Federal de Salinas (EAF). A duração do curso é de três anos e os formandos receberão o título de tecnólogo em cachaça. O curso tem 32 disciplinas e prepara alunos para atuar em todos os setores da cadeia produtiva da cachaça, desde o plantio da cana-de-açúcar, produção, passando pela análise físico-química e sensorial para o controle de qualidade, engarrafamento, técnicas mercadológicas, segurança do trabalho, até a gestão agroindustrial e meio ambiente. Também a Universidade Federal de Lavras (Ufla), em Minas Gerais, oferece um curso de pós-graduação a distância, de 420 horas, sobre tecnologia da cachaça.

Para o serviço das bebidas, seja em estabelecimentos ou em restaurantes, o profissional que aconselha a clientela na escolha e garante o seu correto serviço é o sommelier, cujo principal objetivo é garantir a satisfação do cliente. O termo origina-se de "somme" ou "sommier", que no passado, na França, era o responsável pelos animais de carga que puxavam os carros usados no transporte de comida e bebida. Com o tempo, o termo passou a ser usado para denominar o criado que preparava a mesa e servia a comida e a bebida. A profissão de sommelier, com seu atual significado, surgiu apenas no século XIX com a criação de restaurantes mais finos e clientela mais exigente.

Com a difusão da cachaça, em bares e restaurantes menos populares, surgiu a necessidade de profissionais especializados com capacidade de perceber sutilezas organolépticas e, a partir daí, sugerir a melhor cachaça para o melhor prato e para a melhor ocasião. Embora ainda não haja uma designação específica para esse profissional da cachaça, a palavra, na língua portuguesa, que melhor caracteriza a função é "cachacista", ou seja, "sommelier de cachaças". Têm sido bastante utilizadas as denominações "cachacier" e "cachacière", de certa forma modificadas e importadas da cultura enológica, porém não adequadas à origem brasileira da cachaça. De um modo geral, o sommelier deveria entender de todos os tipos de bebidas, para que oriente os clientes nas escolhas.

A atividade do sommelier de cachaças tem se tornado cada vez mais importante, não só pelos conhecimentos mais profundos e diversificados sobre a cachaça e pela habilidade de servi-la com perfeição, mas também pela capacidade de elaborar uma carta de cachaças, fazer aquisições e administrar bem uma adega, quantitativa e financeiramente. Além das atividades descritas, o sommelier de cachaças, ou cachacista, também pode conduzir degustações, ministrar palestras sobre o tema e prover treinamento para o barman, para o maître e para os garçons dos restaurantes, dos bares e dos hotéis.

De forma inovadora, o Senac São Paulo, em parceria com o Instituto Brasileiro da Cachaça (Ibrac), ofereceu o primeiro curso de Formação de sommelier de cachaças, em 2013. Com uma carga horária de cem horas, o programa do curso abordou:

- História, geografia e sociologia da cachaça;
- Estudo de mercados e das estratégias de marketing e vendas;
- Processos produtivos e tipos;
- Regiões produtoras e suas características;
- Técnicas de degustação e harmonização culinária;
- Gestão de fornecedores, compras e estoques;
- Elaboração e atualização de cartas de cachaças;
- Legislação, boas práticas e qualidade dos serviços;
- Gestão, capacitação e orientação do pessoal de serviço;
- Saúde, ética, responsabilidade e sustentabilidade.

Dando continuidade à formação de profissionais para o segmento, em 2014, o Senac São Paulo ofereceu o curso "Cachaças e madeiras: inovação e oportunidades", com carga horária de 32 horas.

Devido ao fato de se tratar de uma bebida intrinsecamente ligada à sociologia brasileira, há vários sinônimos para os seus amantes, ou seja, para o "cachaçófilo": cachaceiro, pinguço, pau d'água, biriteiro, etc. Embora uma boa parte dessas denominações tenha uma conotação pejorativa, por ter sido a cachaça, no passado, uma bebida humilde, já é tempo de utilizar o nome de cachaçófilo para os apreciadores da bebida.

Em resumo: o cachaçólogo produz a cachaça, o cachaçófilo aprecia e o cachacista estabelece a conexão entre os dois, facilitando a compreensão entre os dois mundos, ou seja, o técnico e o prático.

O instrumental

Para se servir a cachaça, não são necessários utensílios especiais, além do abridor de garrafas ou do saca-rolhas, conforme o caso, e dos copos.

Fig. 3: O instrumental do serviço da cachaça.

Um bom abridor e um bom saca-rolhas são instrumentos de grande utilidade para que o cachacista e o cachaçólogo possam abrir as garrafas sem traumas e sem surpresas. No caso de garrafas com conta-gotas, pode haver um lacre, normalmente de plástico transparente, que deve ser retirado com uma faca ou um canivete. Há vários tipos de abridores, porém o mais completo é o modelo profissional, em geral chamado de "abridor com alavanca", que contém uma espiral metálica; uma alavanca que se apóia na boca da garrafa para retirar a rolha, e que serve também para remover as tampinhas metálicas; e um canivete, usado para remover a cápsula que envolve o gargalo. O bom manuseio do abridor pode evitar que a boca da garrafa seja quebrada ou a rolha seja perfurada, para que nenhum fragmento de vidro ou cortiça caia dentro do líquido e para que a a garrafa e a rolha sejam reutilizadas, quando a cachaça não for consumida totalmente, como normalmente acontece.

Outro instrumento importante para o serviço da cachaça é o copo. A escolha do tipo do copo correto faz realçar o aroma e o gosto de qualquer bebida. Devido à origem simples da cachaça, vários tipos de recipientes, no decorrer do tempo, têm sido usados para saboreá-la. Desde pequenas canecas de barro ou cabacinhas cortadas ao meio, passando pelos copos de bambu, canequinhas de ágata, cálices de estanho, copinhos de fundo grosso – conhecidos como "martelinho" –, até os cálices para destilados, os recipientes para se beber cachaça têm apresentado grande evolução. O importante é que o copo seja pequeno e de preferência liso e transparente, sem cor, para que as características possam ser observadas e sentidas em pequenos goles, saboreados lentamente e prazeirosamente de forma espaçada.

Fig. 4: Copos tradicionais de cachaça.

Com a evolução do status de qualidade e apresentação, independentemente de ser uma investida de marketing ou não, foi lançada recentemente uma taça especial para se degustar a cachaça. A taça é de cristal ou vidro, de 70 ml e 13 cm de altura, tem um pequeno bojo sobre a base que se abre de baixo para cima e se afunila no topo. Com esse design, o aroma não se esvai facilmente do recipiente e as características organolépticas da bebida, como textura, limpidez e brilho, poderão ser mais facilmente analisadas.

O fato de se regulamentar um tipo de taça para a degustação e análise sensorial da cachaça não vai, de forma alguma, modificar o hábito de quase quinhentos anos do bebedor brasileiro, de utilizar os mais variados recipientes, principalmente o copinho de vidro de fundo de "lente de supermíope", como também é popularmente conhecido o martelinho.

Para o preparo de coquetéis à base de cachaça, também fazem parte do instrumental facas, colheres, dosímetros, mexedores, coqueteleiras, açucareiros, além do conhecido "socador" ou "mão de pilão", para a elaboração da caipirinha.

Embora não seja um instrumento, na verdadeira acepção da palavra, a carta de cachaças está sendo cada vez mais utilizada nos estabelecimentos de venda e consumo da bebida. Por ser uma espécie de cartão de visitas, ela deve ter uma apresentação impecável, ser clara e tecnicamente bem elaborada, para que o cliente possa escolher a cachaça com base nas informações apresentadas: Estado, Nome, Classificação, Crua, Armazenada ou Envelhecida e Preço. Merece observação o fato que se repete em muitos estabelecimentos: a carta que promete, mas não cumpre, isto é, a bebida só existe na carta, porém está em falta na adega. É um acontecimento imperdoável, além de decepcionante.

O ritual do serviço

Toda bebida deve ser servida com cuidados e procedimentos básicos, para que se possa aproveitar, da melhor forma, as suas características sensoriais. Seguir algum ritual - o que não deve ser confundido com pedantismo - serve para revelar polidez e elegância que o momento, a bebida e os apreciadores merecem, assim como os cuidados requeridos por uma boa gastronomia.

O serviço da cachaça é sobretudo um ato de respeito com todos aqueles que participaram de seu fazimento. É o momento em que são honrados o trabalho da cultura canavieira, do alambiqueiro e o de todos quantos se dedicam à cana-de-açúcar e à cachaça. Em casa ou em um restaurante, o ato de servir de forma adequada contribui muito para a preparação do ambiente e para a apresentação da cachaça, que são componentes importantes para caracterizar uma boa gastronomia. Serviço correto não significa sofisticação e nem esnobismo. Não é necessário um ritual litúrgico, bastam apenas precisão e naturalidade para manusear corretamente a cachaça.

Fig. 5: O ritual do serviço da cachaça.

O profissional do estabelecimento (cachacista sommelier, maître ou garçon) deve atender o cliente apresentando a carta de cachaças e, caso esse deseje algum aconselhamento, o profissional deve procurar oferecer o produto de melhor custo x benefício possível. Normalmente são os clientes que compram os produtos mais caros, que raramente são vendidos pelos profissionais.

Mesmo em casa, quando a cachaça já foi adquirida, faz parte do ritual a apresentação das garrafas aos convidados, informando-os o que será servido. Quando o anfitrião dispõe de uma boa adega, os convidados conhecedores podem participar da escolha.

A cachaça pode ser apreciada em vários momentos – daí o fato de ser considerada uma bebida eclética. Como "abrideira", para começar, acompanhada de petiscos para abrir o apetite. Como "companheira", para acompanhar refeições, principalmente aquelas mais pesadas e de temperos fortes. Como "saideira", como digestivo, para encerrar um almoço ou um jantar. Em todos os casos, ela deve ser acompanhada de água, para compensar o efeito desidratante do álcool etílico.

Com relação à temperatura, o melhor aproveitamento das características químico-sensoriais da cachaça é conseguido na temperatura média de 20 ºC. Embora perca-se muito das suas propriedades organolépticas, há apreciadores que gostam da cachaça gelada, o que é recomendada no acompanhamento de certos alimentos, como frutos do mar, principalmente ostras, e pratos da culinária japonesa à base de peixes crus.

Após escolhida a cachaça a ser bebida, a garrafa deve ser trazida, limpa e sem poeira, apresentada a quem vai apreciá-la, mostrando o rótulo para confirmar o que foi solicitado ou oferecido. Mesmo que a garrafa já esteja aberta, ela deve ser sempre transportada até a mesa para que o cliente possa conferir a legitimidade do seu pedido. Se a garrafa estiver fechada, ela deve ser aberta diante do cliente utilizando o abridor profissional que dispõe de todos os elementos para abrir, ou seja, para a remoção da cápsula, da tampa ou da rolha, que devem ser colocados em um pires.

Como trata-se de um destilado, que não sofre alterações na garrafa, não deve se pedir para que o cliente o prove. A cachaça deve ser servida segundo a ordem de prioridade: damas e cavalheiros convidados, ficando o anfitrião sempre em último lugar.

No momento de servir, o cachacista, o sommelier, o barman ou o garçom devem sustentar a garrafa pela base. Os copos ou as taças, também devem ser segurados pela base, tendo-se o cuidado de não tocar na borda. Ao se encher o recipiente, a bebida não deverá ultrapassar mais de dois terços (2/3) da sua capacidade, porém em bares e cachaçarias, onde a bebida é vendida em doses, o recipiente deve ser cheio, já que o cliente paga pela medida. O cliente deve ser servido pelo seu lado direito, segurando o copo ou o cálice pela base e, após servir todos os clientes, pedir licença e retirar-se. Em suma, o ato de servir deve ser um ritual de simplicidade e respeito, devendo causar boa impressão àqueles que vão apreciar a bebida e satisfação a quem está servindo, pois, "conhecer é cultura, servir é arte e apreciar é prazer!".

Marco legal

Após quase 500 anos de altos e baixos, participando ativamente dos eventos históricos, sociais e econômicos do Brasil, a nossa cachaça, além de se consolidar como a bebida de todas as classes, deixando a fama de bebida pouco nobre, vem cada vez mais ganhando espaço no exigente mercado internacional. Ao servir de base para a caipirinha – a rainha da drincologia brasileira –, traduzindo a criatividade, o sabor, as cores e o espírito nacionais, ganhou status de produto de exportação e tornou-se mais um ícone do Brasil para o mundo, com o carnaval e a bossa-nova.

Como já explorado nos capítulos anteriores, pela sua origem simples, a cachaça, desde o período colonial até o início dos anos 1970, era quase que consumida no meio rural pelos produtores, trabalhadores e habitantes do campo. No ambiente urbano, devido aos grandes preconceitos ainda existentes, o consumo era bem menor e limitado à população de baixa renda.

Por esse motivo, uma boa parte do mercado de aguardente de cana se desenvolveu dentro da informalidade, sem controle, sem legislação e sem regulamentação, pois o consumidor não estava preocupado com a qualidade – bebia qualquer produto, desde que fosse barato.

Com a migração da população rural para as áreas urbanas, na década de 1970, o hábito de beber cachaça chegou até as cidades. Progressivamente, com a ascensão social de alguns imigrantes de origem rural, a cachaça começou a surgir em bares e restaurantes, aparecendo às vezes em cardápios de alguns estabelecimentos, na forma pura ou de drinques como a caipirinha, as batidas e o rabo de galo.

Iniciativas para a qualidade

Com o aumento das exigências do consumidor, que passou a valorizar mais a qualidade em vez da quantidade, algumas mobilizações foram iniciadas, a partir dos anos 1980, principalmente em Minas Gerais, com o intuito de organizar o setor e, portanto, valorizar a bebida.

Em decorrência do processo de globalização da economia, desencadeado no final da década de 1980, a cachaça começou a ganhar espaço no exterior. Vislumbrando as grandes oportunidades no mercado internacional e as perspectivas de crescimento do mercado interno, foi lançado, em 1997, o Programa Brasileiro de Desenvolvimento da Cachaça (PBDAC), a partir do qual várias iniciativas de melhoria de qualidade, padronização e apresentação começaram a surgir. Diante da nova realidade e das crescentes exigências dos consumidores dos mercados nacional e internacional, a consolidação da bebida não aconteceria sem o cumprimento de padrões de identidade e de qualidade de abrangência mundial.

Assim, vários foram os decretos, leis, portarias e instruções normativas publicados a partir do início dos anos 1990 com o objetivo de regulamentar o registro, a padronização, as características e a qualidade da cachaça, bem como a legalização dos estabelecimentos produtores e comerciais.

Em 21 de dezembro de 2001, por meio de Decreto Federal nº 4.062, foram definidas as expressões protegidas "cachaça", "Brasil" e "cachaça do Brasil", constituindo, para efeitos de comércio internacional, o Brasil como Indicação Geográfica da Cachaça (IG).

Após diversas ações, finalmente, com a publicação do Decreto nº 4.851, de 2 de outubro de 2003, a cachaça ficou definida da seguinte forma:

> Cachaça é a denominação típica e exclusiva da aguardente de cana produzida no Brasil, com graduação alcoólica de trinta e oito a quarenta e oito por cento em volume, a vinte graus Celsius, obtida da destilação do mosto fermentado de cana-de-açúcar, com características sensoriais peculiares, podendo ser adicionada de açúcares até seis gramas por litro, expressos em sacarose.

Importante avanço na promoção da cachaça foi a instalação, em 16 de setembro de 2004, da Câmara Setorial da Cachaça, no âmbito do Mapa, com o objetivo de atuar como foro consultivo na identificação de oportunidades de desenvolvimento e articulação das partes interessadas da cadeia produtiva da cachaça.

A criação do Instituto Brasileiro da Cachaça (Ibrac), em 2006, foi também um grande passo para o setor, pois foi o primeiro esforço setorial, envolvendo micro, pequenas, médias e grandes empresas, além de entidades de classe do segmento, na construção de um organismo nacional para dar corpo à defesa da cachaça, em âmbito nacional e internacional.

Por meio da Instrução Normativa nº 13, datada de 29 de junho de 2005, que pode ser considerada um importante marco institucional para a cachaça, foi publicado o regulamento técnico para a fixação dos padrões de identidade e qualidade para a aguardente de cana e para as cachaças que se comercializam em todo o território nacional e as destinadas à exportação.

Como resultado do trabalho coletivo do conjunto das entidades representantes do setor privado em seus diversos elos da cadeia produtiva da cachaça e representantes do governo, que compõem a câmara setorial da cadeia produtiva da cachaça, iniciado em 2009, foi publicada em 2011 a "Agenda Estratégica da Cachaça 2010-2015". A estruturação de uma agenda de trabalho da cadeia produtiva da cachaça teve o objetivo de ampliar as discussões além das questões pontuais do dia a dia da cadeia, as chamadas questões conjunturais, como permitir pensar no futuro, construir planos e projetos de médio e longo prazo que permitam o desenvolvimento da cadeia como um todo, com competitividade e sustentabilidade, ou seja, abranger também as chamadas questões estruturais. O conteúdo da agenda foi distribuído em 9 temas, 19 itens e 95 diretrizes.

Mapa: Agenda Estratégica da Cachaça	
Nº	Tema
1	Estatísticas
2	PD&I (Pesquisa, Desenvolvimento e Inovação)
3	Capacitação, Difusão e Extensão
4	Defesa Agropecuária
5	Marketing e Promoção
6	Gestão da Qualidade
7	Governança da Cadeia
8	Legislação
9	Negociações Internacionais
Temas: 9	Itens: 19 Diretrizes: 95

Fig. 1: "Agenda Estratégica da Cachaça 2010-2015". Ministério da Agricultura, Pecuária e Abastecimento (Mapa). Secretaria Executiva. Brasília: Mapa/ACS, 2011.

No âmbito internacional, em atendimento à petição feita pelo governo brasileiro, em processo iniciado em 9 de abril de 2011, quando da visita da presidente Dilma Rousseff ao presidente Barack Obama, em abril de 2012, os Estados Unidos reconheceram a cachaça como produto exclusivo do Brasil, conforme a lei brasileira, que a estabelece como produto exclusivo e genuinamente brasileiro, oficializado por meio do documento nº TTB-2012-0002, publicado em 25 de fevereiro de 2013 pelo "Alcohol and Tobacco Tax and Trade Bureau" (TTB). Antes dos Estados Unidos, a Colômbia procedeu ao reconhecimento da cachaça como produto exclusivamente do Brasil, encontrando-se em curso o processo de reconhecimento da cachaça como produto brasileiro pela União Europeia. Em 26 de maio de 2015, em visita oficial ao México, a presidente Dilma Rousseff e o presidente Enrique Peña Nieto assinaram uma declaração para o reconhecimento da tequila e da cachaça como produtos distintos do México e do Brasil e também os reconhecimentos mútuos como Denominações de Origem.

Assim, a cachaça – bebida exclusiva brasileira e patrimônio histórico da civilização do açúcar – é hoje uma Indicação Geográfica do Brasil.

Indicação Geográfica e Indicações de Procedência

Produtos que apresentam qualidade única – tendo em vista suas características naturais, como mesoclima da região de origem, humanas, como processos específicos para a sua obtenção, reconhecida proveniência e que, normalmente, estão protegidos por um certificado de qualidade que atesta e garante o controle rígido dessas características exclusivas – são designados juridicamente por uma Indicação Geográfica (IG).

Conforme regulamentada na Lei de Propriedade Industrial nº 9.279/96, a Indicação Geográfica constitui um instrumento jurídico atribuído à proteção de produtos que são originários de uma determinada área geográfica (país, cidade, região ou localidade de seu território), que se tenham tornado conhecidos por possuírem qualidades ou reputação relacionadas à sua forma de extração, produção ou fabricação. Há dois tipos de Indicação Geográfica: Indicação de Procedência (IP) e Denominação de Origem (DO).

Considera-se IP o nome geográfico de país, cidade, região ou localidade de seu território que se tenha tornado conhecido como centro de extração, produção ou fabricação de determinado produto ou de prestação de determinado serviço, mas que não apresenta características específicas naturais (clima, geografia, etc.) ou humanas envolvidas na obtenção do produto.

Considera-se DO, o nome geográfico de país, cidade, região ou localidade de seu território que designe produto ou serviço cujas qualidades ou características se devam exclusiva e essencialmente ao meio geográfico, incluídos fatores naturais e humanos.

No caso da IP, é necessária a apresentação de documentos que comprovem que o nome geográfico seja conhecido como centro de extração, produção ou fabricação do produto ou prestação do serviço. Para a DO, deverá ser apresentada também a descrição das qualidades e as características do produto ou serviço que se destacam, exclusiva ou essencialmente, por causa do meio geográfico, ou devido aos fatores naturais e humanos.

O Instituto Nacional de Propriedade Industrial (Inpi) é a instituição que concede o registro e emite o certificado.

De acordo com o Decreto Lei nº 4.062, de 21 de dezembro de 2001, assinado pelo presidente Fernando Henrique Cardoso, as expressões "cachaça", "cachaça do Brasil" e "Brasil" foram definidas como Indicação Geográfica brasileira (IG). Os principais tópicos do decreto são listados a seguir:

> Artigo 1º - O nome "cachaça", vocábulo de origem e uso exclusivamente brasileiros, constitui indicação geográfica para os efeitos, no comércio internacional, do art. 22 do Acordo sobre Aspectos dos Direitos de Propriedade Intelectual relacionados ao Comércio, aprovado, como parte integrante do Acordo de Marraqueche, pelo Decreto Legislativo nº 30, de 15 de dezembro de 1994, e promulgado pelo Decreto nº 1.355, de 30 de dezembro de 1994.
>
> Artigo 2º - O nome geográfico "Brasil" constitui indicação geográfica para cachaça, para os efeitos da Lei nº 9.279, de 14 de maio de 1996, e para os efeitos, no comércio internacional, do art. 22 do Acordo a que se refere o art. 1º.
>
> Parágrafo único - O nome geográfico "Brasil" poderá se constituir em indicação geográfica para outros produtos e serviços a serem definidos em ato do Poder Executivo.

Artigo 3º - As expressões protegidas "cachaça", "Brasil" e "cachaça do Brasil" somente poderão ser usadas para indicar o produto que atenda às regras gerais estabelecidas na Lei nº 8.981, de 14 de julho de 1994, e no Decreto nº 2.314, de 4 de setembro de 1997, e das demais normas específicas aplicáveis.

Parágrafo 1º - O uso das expressões protegidas "cachaça", "Brasil" e "cachaça do Brasil" é restrito aos produtores estabelecidos no País.

Parágrafo 2º - O produtor de cachaça que, por qualquer meio, usar as expressões protegidas por este Decreto em desacordo com este artigo perderá o direito de usá-la em seus produtos e em quaisquer meios de divulgação.

Com a vigência desse decreto, instituindo a IG da Cachaça, até o presente momento foram registradas três IPs: a Indicação de Procedência da Cachaça de Paraty, do Rio de Janeiro, em 2007; a Indicação de Procedência da Cachaça de Salinas, de Minas Gerais, em 2012; e a Indicação de Procedência da Cachaça da Microrregião de Abaíra, da Bahia, em 2014.

Dessa forma, as cachaças de Paraty, Salinas e Abaíra se distinguem das demais por terem uma identidade especial, que proclama as suas origens e o lugar onde são produzidas. A elas é conferido um diferencial de mercado, em função das características e da cultura próprias dos seus locais de origem.

Fig. 2: Indicação Geográfica (IG) e Indicações de Procedência (IP).

Legislação

Pela própria origem da cachaça, a maior parte da produção, principalmente da artesanal, até há pouco tempo, era feita na clandestinidade, sem registro oficial e sem observar qualquer tipo de legislação ou regulamentação que, inclusive, não existia. A falta de normas fazia com que o produtor destilasse bebidas de diferentes tipos e qualidade a cada alambicada, ou a cada lote, sem poder oferecer nem manter um padrão diferenciado para o seu produto, além de não atender aos critérios estabelecidos pelo Ministério da Saúde.

Como o mercado consumidor internacional é extremamente exigente e fechado, não é qualquer produtor de cachaça que consegue colocar a sua marca nos pontos de venda fora do Brasil. Para exportar é imperativo, além de oferecer um produto de qualidade, obter volumes significativos, que atendam e mantenham padrões definidos.

Embora desde o final da década de 1980 Minas Gerais tenha se preocupado em definir padrões de qualidade para tornar a sua produção de cachaça mais valorizada, somente a partir de agosto de 1992 foi oficializada, por meio de decreto estadual, a criação do Programa Mineiro de Incentivo à Produção de Aguardentes.

A partir da iniciativa mineira, vários movimentos isolados surgiram em outros estados, porém todo esse trabalho só ganhou força nacional em 1997, com o lançamento do Programa Brasileiro para o Desenvolvimento da Cachaça (PBDAC), que reuniu produtores que queriam mudar a imagem da cachaça no Brasil, já vislumbrando uma ação efetiva para a sua exportação. Depois do decreto assinado, em 2001, pelo então presidente Fernando Henrique Cardoso, em outubro de 2003, o presidente Lula assinou outro decreto com definições mais detalhadas sobre a cachaça, a caipirinha, o rum e os diferentes tipos de aguardentes.

Atualmente, o Brasil trabalha para que a cachaça seja reconhecida pela Organização Mundial de Aduanas (OMA) e pela Organização Mundial do Comércio (OMC) como destilado exclusivo do Brasil, da mesma forma como é o conhaque e o champanhe na França. A denominação geográfica de origem impede que outros países possam fabricar a aguardente de cana e comercializá-la sob o nome "cachaça", que só poderá ser usado para as bebidas oriundas do Brasil.

Diante da necessidade de adaptar as normas de produção interna às exigências do mercado internacional, o Instituto Nacional de Metrologia (Inmetro) foi encarregado de elaborar um programa de certificação de qualidade para a cadeia produtiva da cachaça. A medida, embora de adesão voluntária, visava garantir a qualidade da bebida, adaptar a legislação nacional à dos países importadores e eliminar eventuais barreiras no processo de exportação.

Adicionalmente às ações citadas para a melhoria da qualidade da produção da cachaça, o Laboratório de Desenvolvimento de Química de Aguardente da Universidade de São Paulo, do Campus de São Carlos, tem dado apoio aos produtores para a tipificação da aguardente produzida regionalmente. O grande objetivo é elaborar um método de certificação, com base nas características de cada região, e lançar no mercado uma Cachaça de Qualidade Produzida em Região Determinada (CQPRD).

A criação do primeiro curso superior para a formação de tecnólogos em cachaça e do primeiro curso de pós-graduação em tecnologia da cachaça, ambos em Minas Gerais, contribuíram de forma decisiva para a profissionalização regulamentada do setor.

Outras iniciativas de capacitação tecnológica e educacional do setor vêm sendo implantadas. Além da estruturação de laboratórios de análises geograficamente distribuídos no País, para dar suporte ao produtor no acompanhamento da evolução da qualidade dos seus produtos, têm surgido diversos cursos para a capacitação do pessoal técnico, com ênfase na produção, bem como do pessoal de serviço e hospitalidade.

Não há dúvidas de que a afirmação da cachaça, nos mercados nacional e internacional, não acontece sem capacitação de pessoal e sem a definição e o cumprimento de padrões de identidade e de qualidade. A certificação de origem e de qualidade, baseada em normas, padrões e especificações técnicas, é de importância fundamental para a tipificação do produto.

Avanços nesse sentido são atestados pelas publicações de portarias, decretos e instruções normativas emitidas pelo governo federal:

> Lei nº 8918 de 14 de julho de 1994
>
> Dispõe sobre a padronização, a classificação, o registro, a inspeção, a produção e a fiscalização de bebidas, autoriza a criação da Comissão Intersetorial de Bebidas e dá outras providências.
>
> Regulamento da Lei nº 8918, de 14 de julho de 1994
>
> Estabelecem normas gerais sobre registro, padronização, classificação, inspeção e fiscalização da produção e do comércio de bebidas.
>
> Lei nº 8936, de 24 de novembro de 1994
>
> Altera dispositivos dos artigos 9º e 10º da Lei nº 8.918, de 14 de julho de 1994.
>
> Decreto nº 2314, de 4 de setembro de 1997
>
> Regulamenta a Lei nº 8918 de 14 de julho de 1994.

Portaria nº 283, de junho de 1998

Aprova as normas de requisitos, critérios e procedimentos para o registro de estabelecimentos, bebidas e vinagres, inclusive vinhos e derivados da uva e do vinho e a expedição dos respectivos certificados.

Instrução Normativa nº 5, de 31 de março de 2000

Aprova o regulamento técnico para a fabricação de cachaça e vinagres, inclusive vinhos e derivados de uva e do vinho, dirigido aos estabelecimentos que especifica.

Decreto nº 4062 de 21 de dezembro de 2001

Define as expressões "cachaça", "Brasil" e "cachaça do Brasil" como indicações geográficas e dá outras providências.

Instrução Normativa nº 55, de 18 de outubro de 2002

Aprova o regulamento técnico para a fixação de critérios para a indicação da denominação do produto na rotulagem de bebidas, vinhos, derivados da uva e do vinho e vinagres.

Instrução Normativa nº 56, de 30 de outubro de 2002

Aprova as normas relativas aos requisitos e procedimentos para registro de estabelecimentos produtores de cachaça, organizados em associações ou cooperativas legalmente constituídas.

Decreto nº 4851, de 2 de outubro de 2003

Altera dispositivos do regulamento aprovado pelo decreto nº 2314, de 4 de setembro de 1997, que dispõe sobre a padronização, a classificação, o registro, a inspeção, a produção e a fiscalização de bebidas. Revoga o decreto nº 4.072, de 3 de janeiro de 2002.

Instrução Normativa nº 13, de 29 de junho de 2005

Aprova o Regulamento Técnico para fixação dos padrões de identidade e qualidade para Aguardente de Cana e para a Cachaça.

Instrução Normativa nº 24, de 8 de setembro de 2005

Aprova o Manual Operacional de Bebidas e Vinagres.

Instrução Normativa nº 20, de 25 de outubro de 2005

Aprova, na forma do Anexo à presente Instrução Normativa, as normas relativas aos requisitos e procedimentos para o registro de estabelecimentos produtores de aguardente de cana e cachaça, organizados em Sociedade cooperativa e os respectivos produtos elaborados.

Instrução Normativa nº 58, de 19 de dezembro de 2007

Os itens 4 e 9 do Anexo da IN nº 13, de 29 de junho de 2005, passam a vigorar com alterações referentes a:

Item 4. Aditivos, coadjuvantes e fabricação, outras substâncias e recipientes.

Item 9. Declarações no rótulo: expressões e caracteres.

Instrução Normativa nº 27, de 15 de maio de 2008

Altera o item 9.4 da Instrução Normativa nº 13, de 29 de junho de 2005, referente à inscrição no rótulo sobre Indicação Geográfica.

Decreto nº 6871, de 4 junho de 2009

Regulamenta a Lei nº 8.918, de 14 de junho de 1994, que dispõe sobre a padronização, a classificação, o registro, a inspeção, a produção e a fiscalização de bebidas.

Instrução Normativa nº 28, de 8 de agosto de 2014

Altera o subitem 5.1.2 do Anexo da Instrução Normativa nº 13, de 29 de junho de 2005, fixando o Carbamato de Etila em quantidade não superior a 210 microgramas por litro.

Ainda, no início de 2005, foram lançados os programas Regulamento de Avaliação da Conformidade da Cachaça (RAC) e Padrão de Identidade e Qualidade da Cachaça (PIC) com o objetivo de padronizar e certificar a qualidade da cachaça e, portanto, melhorar as condições de exportação.

Hoje, beneficiando-se dos avanços tecnológicos, das pressões decorrentes da globalização da economia e da evolução dos meios de comunicação, a elaboração da cachaça experimenta progressos significativos em qualidade e apresentação. São incontáveis as destilarias, de todos os portes, espalhadas por todo o Brasil, que perseguem o mesmo alvo: aprimorar a qualidade do produto, dentro das normas técnicas, legais, trabalhistas, de meio ambiente, tratamento de resíduos, responsabilidade social, saúde ocupacional, higiene e segurança alimentar.

Mercado

A cachaça é a segunda bebida alcoólica de maior consumo no Brasil, ficando atrás apenas da cerveja. Entre os destilados, é o terceiro mais consumido no mundo, perdendo apenas para a vodka e para a soju, bebida coreana à base de batata-doce, arroz e cevada, de grande consumo em toda a Ásia.

A capacidade instalada para produção de cachaça é estimada em 1 bilhão e 200 milhões de litros por ano. A produção média anual é de 800 milhões de litros. Segundo dados da Associação Brasileira de Bebidas (Abrabe), o mercado de cachaça gera uma receita de US$ 500 milhões por ano, 450 mil empregos diretos e 1 milhão de empregos indiretos. Do total de litros produzidos, cerca de 320 milhões de litros, ou seja, cerca de 40%, são de origem artesanal, dos alambiques, cuja liderança está em Minas Gerais, seguido de Bahia, Paraíba, Espírito Santo, Rio de Janeiro e Rio Grande do Sul. Os demais 480 milhões, que correspondem a aproximadamente 60% do total, ficam sob a responsabilidade da indústria concentrada em São Paulo, Pernambuco e Ceará. Da produção total de cachaça, o estado de São Paulo é o maior produtor, sendo responsável por 46%, seguido de Pernambuco e Ceará (ambos 12%) e Rio de Janeiro, Minas Gerais e Goiás (8% cada).

No país há cerca de 30.000 produtores de cachaça, entre legalizados e clandestinos, dos quais a maioria comercializando os seus produtos, em pequenos volumes, em torno da região onde estão localizados. Estima-se que existam mais de 4 mil marcas de cachaças em comercialização no Brasil, em um total de quase 8 mil marcas entre extintas e em produção.

No Brasil são consumidos atualmente mais de 1 bilhão de litros anuais de cachaça. Segundo dados da Abrabe, em 1970, a média anual de consumo da cachaça por habitante era de 4,42 litros. Em 1985, já eram consumidos, em média, 8,87 litros. Atualmente cada brasileiro bebe 11 litros/ano de cachaça, superando a média dos países tradicionais consumidores de destilados (entre 9 e 10 litros/ano): Alemanha, Hungria e Polônia. Divulga-se que no Brasil 100 milhões de copos de cachaça são tomados diariamente, entre 18 e 21 horas, pelo povo trabalhador aproveitando-se do poder relaxante, após um dia extenuante de trabalho.

No mercado internacional, a cachaça vem adquirindo cada vez mais espaço e já é consumida em mais de 50 países, com destaque para Alemanha, Portugal, Estados Unidos, Itália, Paraguai, Argentina, Espanha, Holanda, Uruguai e Reino Unido. Segundo a Agência de Promoção das Exportações (Apex), do total da cachaça produzida no Brasil, um pouco mais de 1% vai para o exterior.

No ranking dos maiores exportadores, em primeiro lugar está o estado de São Paulo e em segundo o estado de Pernambuco, ambos nos segmentos das grandes marcas, cujos processos de produção são do tipo industrial. O sucesso do aumento das exportações está intrinsecamente ligado à aparência e à qualidade do produto. Exigente, o consumidor internacional quer um produto que tenha cara bonita, portanto, investimentos em comunicação e no "design" da embalagem e do rótulo devem ser também focos de quem se lança no mercado externo, cujos tempos de maturação podem demorar de 3 a 5 anos. O atendimento a certos parâmetros do processo produtivo, como níveis de carbamato de etila, metanol e cobre, é condição sine-qua-non de qualidade para a entrada nos mercados internacionais.

Não há dúvidas de que foi graças à caipirinha que a cachaça ingressou no mercado externo. Identificada como uma das maravilhas da coquetelaria mundial, a caipirinha abriu as fronteiras do mundo para a cachaça. O próximo passo é estimular o apreciador internacional a beber cachaça sem misturas, pura ou envelhecida, pelo menos como digestivo, em uma primeira fase. Essa fatia do mercado de bebidas é perfeitamente acessível aos produtores de cachaça artesanal, que pouco a pouco investem na qualidade do processo produtivo e na profissionalização dos trabalhadores.

Atualmente, beneficiando-se dos avanços tecnológicos, das pressões decorrentes da globalização da economia e da evolução dos meios de comunicação, a elaboração da cachaça experimenta progressos significativos em qualidade e apresentação. São incontáveis as destilarias, de todos os portes, espalhadas por todo o Brasil, que perseguem o mesmo alvo: aprimorar a qualidade do produto, dentro das normas técnicas, legais e ambientais, de forma a abrir fronteiras rumo ao mercado externo, contribuindo para divulgar a nossa cultura nos quatro cantos do planeta.

Parte II
O turismo da cachaça

Cachaça e turismo: cachaçoturismo

O turismo vem despontando atualmente como uma das mais importantes atividades econômicas em todo o mundo, promovendo a distribuição de uma massa incalculável de capital, gerando milhares de empregos, diretos e indiretos, bem como transformando e melhorando o padrão de vida e de educação das comunidades nele envolvidas.

O Brasil, por sua vez, como já é um destino turístico preferido pelos estrangeiros, possui um potencial bastante diversificado devido à sua extensão territorial. Como um dos maiores países do mundo, ele dispõe de área com diferentes culturas, climas e infraestruturas que possibilitam a prática de diversos tipos de atividades turísticas.

Dentre as diversas tipologias de turismo que podem ser praticadas no Brasil, o Turismo Cultural, forjado por mais de 500 anos, oferece um conjunto de elementos significativos do patrimônio histórico e cultural brasileiro.

Testemunha ocular das várias transformações socioeconômicas vivenciadas pelo Brasil, desde os tempos da Colônia até os dias de hoje, a cachaça, fortemente atrelada à identidade brasileira pode, sem dúvida, ser um veículo de desenvolvimento por meio de atividades turísticas de diversos tipos: cultural, gastronômico, urbano, rural, recreativo e histórico, além do segmento de eventos, constituindo, de forma coletiva, uma nova modalidade de turismo exclusiva do Brasil - o cachaçoturismo.

Embora várias iniciativas nesse sentido já se espalhem pelo Brasil, na forma de roteiros turísticos, museus, coleções de cachaça, festivais, feiras e eventos de degustação, se bem organizadas e distribuídas no tempo e geograficamente, abrem um leque de oportunidades de negócios sustentáveis, nas dimensões econômicas, ambientais e sociais.

Percorrer o Brasil de norte a sul e de leste a oeste, apreciando a diversidade das paisagens e sentindo as diversas manifestações culturais, oriundas da "civilização do açúcar", é uma experiência incomparável. Seguir os rastros da história, nas visitações aos antigos engenhos e aos novos alambiques e destilarias, acompanhando o processo produtivo e degustando diversos tipos e estilos de cachaça, harmonizados com as ofertas gastronômicas regionais, não deixa de ser uma fonte viva de conhecimento da história real do Brasil.

No ambiente urbano, hotéis, pousadas, bares e restaurantes podem oferecer sessões de degustação e harmonização, além de oficinas de batidas e caipirinha, para os públicos nacional e estrangeiro.

No segmento de eventos culturais e corporativos surgem várias opções em torno da cachaça, com palestras culturais e recreativas para a disseminação da cultura e integração de pessoas. Espaços temáticos, explorando a importância da cultura canavieira na formação econômica e social do Brasil, podem ser um veículo de difusão da história do Brasil para escolas e universidades.

No âmbito do comércio surgem diversas oportunidades de vendas de cachaças e kits para caipirinha por meio de empórios, lojas de artesanato e souvenirs.

Nesse sentido, pela sua importância socioeconômica e histórico-cultural, a cachaça pode ser uma grande impulsionadora do desenvolvimento do turismo no Brasil, não como um destilado em si, mas como incentivo à compreensão das manifestações culturais, como os costumes, o folclore, a cultura, a música, a arte, a religião e as tradições regionais.

O estímulo ao turismo em torno da cachaça, se bem planejado, pode proporcionar melhoria substancial na infraestrutura de estradas, acomodações e instalações em geral, promovendo o desenvolvimento sustentável em todo o país. Exemplos disso, encontram-se na França (cognac), Itália (grappa) e Escócia (whisky) e no México (tequila). Ou seja, não é necessário reinventar a roda, pois há muitos exemplos de sucesso. Com um bom planejamento e capacitação de pessoal é possível promover e desenvolver um novo segmento do turismo brasileiro - o cachaçoturismo.

O mapa turístico da cachaça

Acompanhando a expansão da cultura canavieira, que no Brasil encontrou solo e clima propícios, e a produção de açúcar no Brasil, a destilação da cachaça desenvolveu-se inicialmente por, praticamente, toda a costa brasileira, do nordeste ao sudeste. Como afirmou Luis da Câmara Cascudo, "onde mói um engenho, destila um alambique" (1986, p. 25), atestando que a cachaça surgiu com a construção dos primeiros engenhos de açúcar no Brasil Colonial.

Inicialmente em Pernambuco, nas Feitorias de Itamaracá e Santa Cruz, depois em São Paulo e na Bahia, e, durante o Ciclo do Ouro, no Rio de Janeiro e em Minas Gerais, o mapa brasileiro da cachaça foi se delineando e hoje abrange os estados do Piauí, Ceará, Rio Grande do Norte, Paraíba, Pernambuco, Alagoas, Bahia, Espírito Santo, Minas Gerais, Rio de Janeiro, São Paulo, Paraná, Santa Catarina, Rio Grande do Sul, Goiás e Mato Grosso do Sul.

Não há escala significativa de produção nos estados de Roraima, Amapá, Amazonas, Pará, Tocantins, Rondônia, Acre, Mato Grosso e Sergipe, como também no Distrito Federal, por se tratarem de regiões não tradicionais da cultura canavieira e de biomas protegidos, como a floresta amazônica e o pantanal.

Iniciativas estimuladas pelo Ibrac e associações estaduais – em um esforço comum e apoiadas pela Câmara Setorial da Cachaça, coordenada pelo Mapa – têm se consolidado pouco a pouco no sentido de organizar, profissionalizar e preparar o setor para o mercado internacional e, consequentemente, para o segmento de turismo.

A elaboração, da Agenda estratégica da cachaça 2010-2015 (BRASIL, 2011) foi um passo decisivo nesse sentido, abrindo espaço para ampliar as discussões, além do dia a dia da cadeia produtiva da cachaça, para se pensar e planejar o futuro, construindo planos e projetos de médio e longo prazos que permitam o desenvolvimento do setor, aumentando a produtividade e a competitividade, respeitando os limites da ética e da sustentabilidade, em alinhamento com as tendências globais pela busca da excelência.

Algumas associações estaduais de produtores têm organizado suas "cartas de cachaças" com o objetivo de divulgar os seus produtos, orientar os apreciadores e capacitar profissionais de bares, restaurantes, hotéis e pousadas. Secretarias de turismo organizaram, documentaram e operam circuitos e roteiros turísticos da cachaça em vários estados.

Atendendo ao propósito do livro, com base no critério previamente estabelecido de disseminação da cultura cachacista, da cachaçogastronomia e do cachaçoturismo, são apresentadas a seguir, por região geográfica, as destilarias que dispõem de instalações adequadas ao turismo receptivo.

Caraçuípe

Razão social:
RC Indústria e Comércio Ltda.

Proprietária:
Família Coutinho

Endereço:
Sítio Escorrega, Rodovia BR 101, km 159, Luziápolis, Campo Alegre/AL

Site: www.caracuipe.com.br

Telefone: (82) 3275-9294

Visitação: Engenho Caraçuípe

HISTÓRICO

Passado, tradição e respeito são ingredientes indispensáveis quando se busca produzir uma bebida que resgata a história de uma família. Foi com essa determinação que Renato Coutinho mergulhou no sonho do seu avô Antonio e de seu tio Benedito que, em 1933, adquiriram o Engenho Caraçuípe. Já naquela época, os dois irmãos mantinham um rico diálogo sobre vida e trabalho, e conseguiram realizar uma sequência de experiências bem-sucedidas em empreendimentos açucareiros. Nesse percurso, buscaram com êxito soluções para a melhoria da terra, da cana e dos seus derivados: o mel e a cachaça destilada em seus alambiques.

Em 2009, após alguns anos desativado, com a família focada na produção de açúcar, o Engenho Caraçuípe renasce com a mesma paixão pela cachaça e com uma estrutura moderna, tecnológica, mas sem perder a tradição da produção em alambiques de cobre, e seu processo 100% natural.

Com uma trajetória de sucesso, a marca Caraçuípe vem se destacando na conquista de prêmios, como na Expocachaça de 2014, pela revista Sexy, e no Concurso Mundial de Bruxelas, nas edições 2015 e 2016, nessa última edição com a conquista de duas medalhas de ouro.

VISITAÇÃO

O Engenho Caraçuípe está aberto para visitação de segunda a sexta-feira, das 8h às 18h, e aos sábados e domingos, das 8h às 16h.

A visitação aberta conta com exposição de vídeo, que ilustra o processo produtivo, do alambique e dos barris de maturação.

É oferecida ainda uma visitação guiada, com a apresentação e explicação conduzidas pelo próprio gerente de produção, desde o plantio da cana até a obtenção do produto final.

Além da produção, o engenho conta com uma loja de produtos próprios e produtos personalizados, artesanato e um café para que os visitantes possam desfrutar por mais tempo de toda a estrutura e da visitação.

LINHA DE PRODUTOS

Cachaça Caraçuípe - Extra Premium

- Graduação alcoólica: 40% vol.
- Armazenamento: carvalho francês, 3 anos e meio.
- Cor: amarelo-ouro, brilhante e límpida.
- Aroma: notas amadeiras de baunilha, chocolate amargo e tabaco.
- Sabor: notas de nozes, baunilha, amadeirado e equilibrado.
- Harmonização: carnes vermelhas, pratos condimentados, caças de pelo e caças de pena.

Cachaça Caraçuípe - Ouro

- Graduação alcoólica: 40% vol.
- Armazenamento: carvalho francês, 18 meses.
- Cor: amarelo-ouro, brilho intenso.
- Aroma: cacau, café, açúcar demerara, especiarias, amêndoas e avelãs.
- Sabor: café, chocolate meio amargo e notas de canela.
- Harmonização: carnes vermelhas, pratos condimentados, cozidos e feijoada.

Caraçuípe - Prata

- Graduação alcoólica: 40% vol.
- Armazenamento: jequitibá-rosa (madeira neutra), 6 meses.
- Cor: cristal, limpa e transparente.
- Aroma: original do campo, notas perfumadas de frutas cítricas.
- Sabor: leve, acidez equilibrada e muito fino.
- Harmonização: petiscos leves, queijos, carnes brancas, peixes, frutos do mar e perfeita para drinks com frutas cítricas.

Gogó da Ema

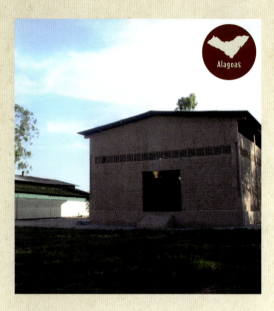

Razão social:
S.K.L. Medeiros Ferreira – ME

Proprietário:
Henrique Medeiros Tenório Ferreira

Endereço:
Fazenda Recanto, s/nº,
Sítio Tapera, São Sebastião/AL

Site: www.cachacagogodaema.com.br

Telefones: (82) 3241-4237 e (82) 9935-9065

Visitação: (82) 3241-4237 e (82) 9935-9065, com agendamento

HISTÓRICO

A Cachaça Gogó da Ema é produzida e envasada na Fazenda Recanto, no município de São Sebastião, região agreste do estado de Alagoas. Localizada em uma planície, a uma altitude de cerca de 200 metros, a região tem características de solo, clima e microclima ideais para o cultivo da cana-de-açúcar e para a produção da cachaça de qualidade.

Com uma tradição familiar de mais de 50 anos no cultivo da cana-de-açúcar, o Alambique Gogó da Ema foi fundado em 2004.

Em meados de 2002, o engenheiro civil Waldir Tenório Ferreira despertou o interesse de fazer algo diferente do seu cotidiano, e logo resolveu montar algo que pudesse tornar a sua fazenda autossustentável. Foi quando surgiu a ideia de produzir cachaça da melhor qualidade. Tenório logo passou a buscar informações sobre o assunto, visitando vários alambiques no estado de Minas Gerais, quando ingressou e concluiu o curso de especialização em tecnologia da cachaça, na Universidade Federal de Lavras (Ufla).

Começou a produzir em 2004 e, em 2006, deu andamento ao projeto, estudando embalagens, rótulo e marca. Poucos meses depois, definiu o nome Cachaça Gogó da Ema, que tem como símbolo cultural e turístico de Alagoas o coqueiro histórico denominado gogó-da-ema. Passado todo o processo de formalização, só em 2009 deu início à distribuição e comercialização dos produtos do Alambique Gogó da Ema, que desde 2008 é administrado por seu filho Henrique Tenório.

Como reconhecimento da sua capacidade de inovação, que preserva técnicas tradicionais de produção artesanal, aliada à utilização dos modernos equipamentos tecnológicos disponíveis no mercado e respeitando as práticas ambientais de produção, a empresa tem conquistado vários prêmios: a Gogó da Ema Tradicional ganhou Medalha de Ouro no Concurso Mundial de Bruxelas 2013, de Bronze na Expocachaça São Paulo 2013 e, o mais recente, a Medalha de Prata no San Francisco World Spirits Competition 2015. E a Gogó da Ema Reserva Especial obteve Medalha de Prata na Expocachaça Belo Horizonte 2014.

VISITAÇÃO

A partir de 2010, quando foram concluídas reformas estruturais, o Alambique Gogó da Ema começou a receber os turistas e visitantes de várias regiões do país, principalmente aqueles que passam na rodovia BR 101.

As visitas são guiadas, iniciando com uma explanação sobre a história do alambique e da cachaça. Logo após, o visitante acompanha todo o processo de produção, desde o corte da cana-de-açúcar até a destilação. Na sequência, o visitante tem a oportunidade de aprender a avaliar e identificar uma cachaça de qualidade, desde a leitura do rótulo, passando pelos exames visual, olfativo e gustativo. É oferecida a degustação de quatro tipos de cachaça, que é acompanhada por meio do preenchimento de uma ficha que permite ao visitante comparar as diversas características sensoriais.

Em 2015, iniciou-se o projeto "Rota da Cachaça: workshop da cachaça alagoana", organizado para grupos maiores, geralmente estudantes, que não só acompanham, mas também participam do processo produtivo. O participante controla a fermentação, medindo o Brix (teor de açúcar), e a destilação, medindo o teor alcoólico. Logo depois, na sala de envase, engarrafa a cachaça e coloca o rótulo e o lacre. Após essa etapa, o grupo poderá identificar e avaliar uma cachaça de qualidade por meio da análise sensorial. No final do workshop, todos recebem o certificado de participação além da cachaça engarrafada por eles. Esse projeto só é realizado no período de safra, que ocorre entre os meses de novembro e março.

LINHA DE PRODUTOS

Cachaça Gogó da Ema – Tradicional

- Graduação alcoólica: 40% vol.
- Armazenamento: bálsamo, 2 anos.
- Cor: amarelo-ouro.
- Aroma: fino e intenso, com leves notas de canela.
- Sabor: encorpado, acidez equilibrada e persistente.
- Harmonização: acompanha petiscos, caldinhos e frutos do mar.

Cachaça Gogó da Ema – Mix

- Graduação alcoólica: 40% vol.
- Armazenamento: jequitibá-rosa, 4 anos.
- Cor: levemente rosada.
- Aroma: frutado.
- Sabor: macio e fino, com notas de especiarias.
- Harmonização: acompanha pratos leves; especial para o preparo de coquetéis.

Cachaça Gogó da Ema – Nox

- Graduação alcoólica: 40% vol.
- Armazenamento: aço inoxidável, 2 anos.
- Cor: branca, límpida e transparente.
- Aroma: muito fino e frutado.
- Sabor: leve, cana-de-açúcar, com notas adocicadas.
- Harmonização: acompanha petiscos, como torresmo, iscas de peixe e linguiças.

Cachaça Gogó da Ema – Reserva Especial

- Graduação alcoólica: 40% vol.
- Armazenamento: jequitibá-rosa e bálsamo, 5 anos.
- Cor: verde-claro.
- Aroma: muito fino, bom equilíbrio, com notas de frutas e especiarias.
- Sabor: leve, macio, com notas adocicadas.
- Harmonização: acompanha bem frutos do mar e petiscos leves.

Cachaça Gogó da Ema – Beach

- Graduação alcoólica: 40% vol.
- Armazenamento: aço inoxidável, 1 ano.
- Cor: branca, límpida e transparente.
- Aroma: marcante da cana-de-açúcar.
- Sabor: leve, redondo, com notas adocicadas.
- Harmonização: acompanha frutas e caldinho de feijão.

Cachaça 1000 Montes

Razão social:
Destom Indústria e Comércio Ltda.

Proprietários:
Pablo Melgaço e Sandro de Moraes

Endereço:
Fazenda Cristal, Caminho da Luz, s/nº, Faria Lemos, Zona da Mata/MG

Site: www.cachacacaribe.com.br

Telefone: (31) 99538-2350

Visitação: Fazenda Cristal, (31) 99538-2350

HISTÓRICO

A destilaria está localizada na pequena cidade de Faria Lemos, na Zona da Mata de Minas Gerais, tendo iniciado a produção em 2014, aliando a antiga receita mineira com avançados processos de destilação e pós-destilação. Do criterioso processo produtivo resulta um destilado da mais alta qualidade.

A destilaria é um modelo de sustentabilidade, com reutilização dos resíduos da moagem da cana para a produção de ração para o gado, no período da seca, que coincide com o período da produção da cachaça. Os resíduos da destilação são utilizados como fertilizante com a água do sistema de irrigação do canavial.

VISITAÇÃO

A destilaria da Cachaça 1000 Montes, instalada na Fazenda Cristal, está localizada no Caminho da Luz, que é uma rota de peregrinação situada no leste do estado de Minas Gerais.

As visitações podem ser feitas diariamente, das 8h às 17h, podendo ser acompanhado todo o processo produtivo, desde o canavial até o engarrafamento. Após a visita, são oferecidas degustações dos produtos, bem como a possibilidade de aquisição.

LINHA DE PRODUTOS

Cachaça Spiral Drinkmaker

- Graduação alcoólica: 40% vol.
- Armazenamento: aço inoxidável.
- Cor: incolor e límpida.
- Aroma: frutado e elegante.
- Sabor: notas discretas adocicadas de cana e acidez equilibrada.
- Harmonização: apropriada para o preparo de drinks.

Cachaça 1000 Montes Bruta

- Graduação alcoólica: 48% vol.
- Armazenamento: aço inoxidável.
- Cor: incolor e límpida.
- Aroma: frutado e potente.
- Sabor: potente, com notas adocicadas de cana e acidez equilibrada.
- Harmonização: acompanha torresmo e caldinhos mais gordurosos; levemente resfriada, pode acompanhar peixes e frutos do mar.

Cachaça 1000 Montes - Amendoim

- Graduação alcoólica: 40% vol.
- Armazenamento: amendoim, 6 anos.
- Cor: levemente esverdeada, brilhante e límpida.
- Aroma: frutado e elegante, com discreta madeira.
- Sabor: elegante, acidez equilibrada e notas frutadas, com leve madeira.
- Harmonização: apropriada para acompanhar pratos mais leves, com média condimentação.

Cachaça 1000 Montes - Carvalho

- Graduação alcoólica: 40% vol.
- Armazenamento: carvalho francês, 7 anos.
- Cor: levemente dourada, brilhante e límpida.
- Aroma: especiado de baunilha, com perceptível elegância.
- Sabor: notas discretas adocicadas de baunilha e amêndoas, com acidez equilibrada.
- Harmonização: acompanha pratos suculentos e condimentados; pode ser apreciada, on the rocks ou como digestivo, acompanhando café.

Cachaça Barreiras

Razão social:
Cachaça Barreiras Ltda.

Proprietários:
Antonio Augusto de Lima Barbosa Mello e Ramiro Dias Toledo

Endereço:
Estrada Penha de Franças, km 02, Zona Rural, Senador Modestino Gonçalves/MG

Site: www.cachacabarreiras.com

Telefones: (38) 3525-1212, (31) 3261-6802 e (31) 9982-0087

Visitação: Fazenda Barreiras

HISTÓRICO

A Cachaça Barreiras é produzida com base em métodos utilizados há mais de 300 anos pelos produtores de cachaça da região, preservando toda a cultura e tradição do Alto Jequitinhonha, região da cidade histórica de Diamantina.

Há 18 anos, o mestre-cachaceiro Fernando Sinhoroto iniciou a produção de cachaça artesanal, aplicando todo o conhecimento passado de geração em geração, que recebeu como herança da família de sua esposa, produtores de cachaça há mais de 150 anos.

A cachaça era produzida em pequenas quantidades e comercializada na comunidade e região, inicialmente, com o nome de Caiana e depois Quilombo.

A qualidade do produto e as características únicas de sabor destacaram-se entre os bons apreciadores de cachaça, levando Fernando Sinhoroto a pensar em estratégias para expandir a produção. Seu objetivo era resgatar a tradição das boas cachaças da região e, para isso, uniu-se aos amigos e empresários do Grupo Mineração Pedra Menina, Guto Barbosa Mello e Ramiro Toledo, para iniciar o processo de expansão da cachaça.

O alambique foi, então, transferido para a Fazenda Barreiras, em 2007, e a cachaça foi rebatizada com o nome da fazenda - Cachaça Barreiras.

A Cachaça Barreiras utiliza cana própria, cultivada com dois níveis de maturação: precoce e tardia. Emprega o processo artesanal de destilação em alambique de cobre. Quando armazenada, a cachaça permanece em barris de carvalho por um período mínimo de dois anos.

Em 2007, a Fazenda Barreiras passou por um grande processo de adaptação estrutural na área do canavial, nas instalações e no armazenamento, o que proporcionou a ampliação da capacidade produtiva para 100 mil litros anuais.

VISITAÇÃO

A Fazenda Barreiras oferece a possibilidade de visita às instalações de produção da cachaça, onde são mostradas todas as fases do processo, desde o plantio da matéria-prima, passando pela fermentação e destilação, até o envelhecimento, armazenamento e engarrafamento. As visitas devem ser agendadas com 10 dias de antecedência, com capacidade de receber 10 pessoas/dia, das 8h às 16h. Há possibilidades de pousadas tanto em Senador Modestino, a 10 km do alambique, quanto em Diamantina, a 70 km.

O visitante tem também a oportunidade de degustar e adquirir os diferentes tipos e estilos das cachaças produzidas na fazenda.

LINHA DE PRODUTOS

Cachaça Barreiras - Prata

- Graduação alcoólica: 42% vol.
- Armazenamento: aço inoxidável.
- Cor: branca (incolor), límpida e brilhante.
- Aroma: fino, intenso com notas frutadas de cana.
- Sabor: leve, acidez equilibrada e notas adocicadas.
- Harmonização: acompanha petiscos, como queijos e torresmo, caldinhos e frutos do mar; indicada para caipirinha e batidas.

Cachaça Barreiras - Ouro

- Graduação alcoólica: 42% vol.
- Armazenamento: carvalho, 2 anos.
- Cor: amarelo-dourada e límpida.
- Aroma: leve e fino, com notas de especiarias e madeira.
- Sabor: macio, redondo e fino, com notas frutadas e levemente especiadas.
- Harmonização: acompanha pratos condimentados e suculentos.

Cachaça Barreiras - Reserva Especial

- Graduação alcoólica: 42% vol.
- Armazenamento: carvalho, 3 a 5 anos.
- Cor: amarelo-ouro, densa e límpida.
- Aroma: muito fino, intenso e persistente, com notas especiadas e leve fruta.
- Sabor: médio corpo, redondo e com perceptíveis notas de especiarias e leve fruta.
- Harmonização: como aperitivo ou digestivo, ideal para consumir com gelo, nos dias quentes, ou acompanhando um cafezinho no final das refeições.

Cachaça Batista

Razão social:
Cachaça Batista Ltda.

Proprietário:
Marco Antônio Afonso da Mota

Endereço:
Fazenda Boa Sorte, Rodovia MG 428, km 101, Sacramento/MG

Site: www.cachacabatista.com.br

Telefone: (34) 3351-2337 e 0800-033-2337 (SAC)

Visitação:
Fazenda Boa Sorte, (34) 3351-2337

HISTÓRICO

A Cachaça Batista foi fundada por José Batista de Oliveira em 1943, em Sacramento, cidade situada no Triângulo Mineiro, fazendo divisa com o Parque Nacional da Serra da Canastra. Na época, em plena Segunda Guerra Mundial, o Brasil passava por uma forte crise na produção de açúcar e José Batista passou a cultivar cana-de-açúcar para fabricar rapaduras, a fim de suprir a demanda do produto. Foi então que teve a ideia de fermentar e destilar o caldo feito das rapaduras, iniciando assim a produção da bebida que se tornaria uma lenda na região. Em 1958, produzida pela Batista e Cia. Ltda., a marca, na época nomeada Caninha Batista, ganhou a conhecida logomarca da "estrela" – remetendo ao slogan "A Estrela das Gerais", encantando paladares até 1974, quando teve as suas atividades paralisadas. Hoje, pouquíssimas garrafas da época, guardadas como joias raras, enriquecem as coleções de alguns colecionadores privilegiados.

Ao completar 90 anos, o sr. Zé Batista confessou ao genro o desejo de retomar as atividades. Marco Antônio Afonso Mota aceitou o desafio e realizou o sonho do sogro, de quem herdou os segredos e as técnicas de como se faz uma boa cachaça – a Cachaça Batista.

Em 2008, com entusiasmo e um aguçado espírito empreendedor, Marco Antônio e seu filho Marco Elísio construíram na Fazenda Boa Sorte a nova fábrica da Cachaça Batista, revivendo assim a tradição regional de mais de 70 anos.

Em 2014 iniciou uma nova era, com parceria, e também concretizou sua primeira exportação. Assim, a Cachaça Batista contribui para que a excelente cachaça de alambique, um destilado nobre e riquíssimo em aromas, chegasse ao conhecimento de outras partes do mundo.

A Fazenda Boa Sorte, localizada em uma região de grande diversidade em fauna e flora, constitui um cenário acolhedor para se elaborar uma cachaça de alto nível. Um dos diferenciais de qualidade da Cachaça Batista está nas condições de solo e clima da região, propícias ao cultivo da cana e à fermentação natural, tradicionalmente mantida com fermento selvagem ou caipira.

A capacidade produtiva instalada atualmente é de 100 mil litros/ano, planejada para o dobro em 2018. A Cachaça Batista adota rigoroso controle de qualidade em cada etapa da produção, que possui certificação pelo Inmetro. Práticas ambientalmente corretas, instalações e equipamentos de alta tecnologia e colaboradores especializados completam a excelência da produção. Embora a fazenda seja autossuficiente em água, desde 2012, a Cachaça Batista reduziu em 65% o consumo de água, com a instalação de um sistema de resfriamento e reuso no processo de destilação.

Tradicionalmente, a destilação é feita em alambique de cobre e, para o armazenamento, são utilizados barris de carvalho de primeiro uso, abrindo novos horizontes de pesquisas e opções sensoriais.

VISITAÇÃO

A Cachaça Batista dispõe de estrutura para a recepção de turistas, bem como profissionais de gastronomia e hospitalidade, que têm a oportunidade de conhecer todo o processo produtivo.

As visitas iniciam com a apresentação de um vídeo institucional, em português e em inglês, e são acompanhadas pelo técnico responsável. Visitas para profissionais do setor, focando os aspectos sensoriais, podem ser agendadas.

Além de apresentar o processo de produção da Cachaça Batista, a fazenda dispõe de outros atrativos, como uma capela de estilo colonial e uma "trapizonga" - réplica de um monjolo que dá várias batidas em sequência.

Por ser uma região turística, nas proximidades da fazenda, em Sacramento/MG e Rifaina/SP, há diversos hotéis e pousadas.

Durante a visitação são permitidas degustações de cachaça, desde que o interessado não esteja dirigindo.

LINHA DE PRODUTOS

Cachaça Batista - Prata

- Graduação alcoólica: 40% vol.
- Armazenamento: aço inoxidável.
- Cor: branca, límpida e transparente, de média oleosidade.
- Aroma: intenso, com notas de frutas cítricas.
- Sabor: leve, com acidez e álcool equilibrados e notas adocicadas.
- Harmonização: acompanha petiscos, como queijo minas e canastra, caldinhos e frutos do mar. Indicada para caipirinha e batidas em geral.

Cachaça Batista - Ouro

- Graduação alcoólica: 40% vol.
- Armazenamento: carvalho francês, de tostas variadas, 3 anos; e jequitibá, 1 ano.
- Cor: amarelo-dourada e límpida.
- Aroma: notas leves amadeiradas de baunilha e leve cacau.
- Sabor: macia, acidez baixa, com notas malteadas.
- Harmonização: acompanha pratos condimentados e suculentos.

Cachaça Batista - Ouro - Comemorativa de 70 anos

- Graduação alcoólica: 40% vol.
- Armazenamento: carvalho francês com tosta leve de 1º uso, 2 anos.
- Cor: amarelo-clara, brilhante e límpida.
- Aroma: certa complexidade com notas marcantes de amêndoas, baunilha e frutas cítricas.
- Sabor: marcante e diferenciado, com média acidez.
- Harmonização: queijos fortes e carnes nobres, com boa condimentação.

Cachaças Santa Romana e Bem me Quer

Razão social:
Alambique Santíssima

Proprietário:
Luiz Otávio de Carvalho Lopes

Endereço:
Rodovia BR 352, km 478, Pitangui/MG

Site: www.cachacabemmequer.com.br

Telefone: (31) 8482-0376

Visitação: Fazenda Santo Antônio das Pitangueiras, (31) 8482-0376

HISTÓRICO

A Fazenda Santo Antônio das Pitangueiras data da nucleação da Vila Pitangui, do século XVIII, em 1715. A sede é um casarão inteiramente restaurado pelo casal: o médico José Otávio de Carvalho Lopes e a bailarina clássica Rosana Romano.

A produção de cachaça começou há mais de 30 anos, quando, no espaço de lazer da fazenda, um pequeno alambique, que hoje é a mascote da fábrica, era utilizado para fazer a Cachaça Romana. Nas comemorações da família eram alambicados 6 litros de cachaça de cada vez, o que foi se tornando tradição. Os amigos e parentes gostavam e, assim, pediam cada vez mais, motivando a construção do Alambique Santíssima.

Atualmente, são produzidas duas marcas: a Cachaça Romana e a Cachaça Bem me Quer, destinadas ao mercado externo. A Cachaça Bem me Quer está sendo lançada no mercado nacional e há planos de se fazer o mesmo com a Cachaça Romana. Pela altíssima qualidade, as duas têm sido alvo de procura pelos degustadores e consumidores.

VISITAÇÃO

O Alambique Santíssima oferece visitação orientada às suas instalações de produção, onde poderá ser acompanhado sobre todo o processo.

No final, o visitante poderá degustar as cachaças ali produzidas, bem como adquirir os produtos comercializados no local.

LINHA DE PRODUTOS

Cachaça Bem me Quer

- Graduação alcoólica: 39% vol.
- Armazenamento: bálsamo e carvalho francês, 2 anos.
- Cor: amarelo-clara, límpida e brilhante.
- Aroma: frutado com notas amadeiradas, lembrando baunilha e leve coco.
- Sabor: redonda e fina, com notas sutis especiadas e levemente adocicadas.
- Harmonização: acompanha pratos leves à base de carnes brancas e peixes.

Cachaça Santa Romana

- Graduação alcoólica: 41% vol.
- Armazenamento: carvalho americano, carvalho francês e bálsamo, 2 anos.
- Cor: amarelo-ouro, densa e límpida.
- Aroma: certa complexidade com notas perceptíveis florais, de especiarias, coco e caramelo.
- Sabor: médio corpo, macia, fina e persistente.
- Harmonização: ideal para acompanhar pratos mais complexos, condimentados e suculentos.

Cachaça Meia Lua

Razão social:
AGR Meia Lua Ind. Com. Imp. e Exp. de Cachaça Ltda. - ME

Proprietários:
Ailton Fernandes Alves e
Guilherme de Alcântara Oliveira

Endereço:
Fazenda Meia Lua, Zona Rural, Salinas/MG

Site: www.cachacameialua.com.br

Telefones: (38) 3841-1344,
(11) 2218-0835 e (11) 2872-7181

Visitação: Fazenda Meia Lua,
(38) 3841-1344

HISTÓRICO

Em 1988, foi fundada a empresa Meia Lua em Salinas, considerada a Capital Mundial da Cachaça. Situada no norte de Minas Gerais, a região tem clima semiárido e o cerrado como vegetação predominante. A região é conhecida pela grande presença de sais na terra devido às antigas jazidas que foram exploradas antes mesmo de o município nascer. Essas características favorecem a plantação de cana-de-açúcar.

O salinense Ailton Fernandes Alves, descendente de família tradicional na produção de cachaça artesanal, aprendeu em casa como fazer uma boa cachaça. Em 1988, ele foi o empreendedor que deu início à produção da cachaça Meia Lua. Primeiramente foi produzida a Meia Lua Prata e, em 2006, a Beleza de Minas. Hoje, Ailton trabalha em sociedade com Guilherme de Alcântara e, juntos, eles transformaram a cachaça Meia Lua em um produto com reconhecimento internacional, tendo sido a primeira cachaça mineira a ser exportada para os Estados Unidos.

A Meia Lua tem distribuidores em todo o território brasileiro, que levam aos apreciadores uma legítima cachaça artesanal de primeira linha, em requinte e tradição.

Ela segue a legislação vigente e as normas do Programa de Qualidade para a Cachaça de Minas Gerais, que estabelece como "cachaça artesanal" aquela cuja produção limita-se a 3.000 litros/dia por alambique e 2.000 litros de caldo de cana fermentado.

Garantir produtos saborosos, do campo ao copo do consumidor, com qualidade e complexidade sensorial é a missão que norteia a produção da cachaça Meia Lua, que zela por manter a qualidade típica de Salinas, reconhecida internacionalmente. Todas as qualidades presentes na Cachaça Meia Lua garantiram o selo de produto original "Região de Salinas - Indicação de Procedência".

No Festival Mundial da Cachaça de Salinas, organizado anualmente pela Associação dos Produtores Artesanais de Cachaça de Salinas (Apacs), a Cachaça Meia Lua foi premiada nos anos de 2008 e 2010.

VISITAÇÃO

A sede da empresa, a Fazenda Meia Lua, situada a 20 minutos de Salinas, mantém um espaço para visitação, durante todo o ano. O visitante tem a oportunidade de conhecer o canavial, a seção de moagem, a sala de fermentação e o alambique. No final da visita, na sala de degustação, poderão ser apreciadas e adquiridas as Cachaças Meia Lua.

LINHA DE PRODUTOS

Cachaça Meia Lua - Prata

- Graduação alcoólica: 41% vol.
- Armazenamento: amendoim, 1 ano.
- Cor: branca, levemente esverdeada, brilhante e límpida.
- Aroma: frutado com quase imperceptíveis traços de madeira.
- Sabor: leve e macio, com acidez discreta.
- Harmonização: acompanha petiscos, caldinhos e pratos à base de frutos do mar.

Cachaça Meia Lua - Bálsamo

- Graduação alcoólica: 40% vol.
- Armazenamento: bálsamo, 2 anos.
- Cor: amarelo-palha, brilhante e límpida.
- Aroma: forte, lembrando erva-doce.
- Sabor: especiado e harmônico.
- Harmonização: acompanha pratos suculentos, mais pesados e condimentados.

Cachaça Lua Azul - Umburana

- Graduação alcoólica: 40% vol.
- Armazenamento: umburana, 2 anos.
- Cor: amarelo-ouro clara, límpida e brilhante.
- Aroma: elegante e persistente, com notas especiadas de canela.
- Sabor: notas discretas adocicadas de canela e baunilha.
- Harmonização: sobremesas, salada de frutas e sorvetes, especialmente com a tradicional goiabada com queijo.

Cachaça Prosa Mineira

Razão social:
Engenho Sul Mineiro Ltda.

Proprietário:
Rodrigo Lopes

Endereço:
Rodovia BR-459, km 47,5, Gineta I,
Santa Rita de Caldas/MG

Site: www.cachacaprosamineira.com.br

Telefones: (35) 3734-1099,
(35) 99133-2097 e (35) 99835-7186

Visitação: Cachaçaria e Empório
Prosa Mineira, (35) 3734-1099

HISTÓRICO

A Cachaça Prosa Mineira tem sua origem na cidade de Santa Rita de Caldas, região sul de Minas Gerais, a 456 km de Belo Horizonte e a 1.162 metros de altitude. Com um sabor irresistível, atendendo aos mais exigentes paladares, sempre foi à bebida preferida da região. Essa escolha remete aos tempos da colonização, quando os agricultores e tropeiros, depois da lida diária ou para rebater o frio rigoroso do inverno na região, usavam a cachaça para aquecer e relaxar em uma animada roda de viola com os amigos. Deixando de lado a bebida popular e forte, a Prosa Mineira apresenta um novo conceito aos apreciadores da bebida. É uma cachaça refinada, produzida com matéria-prima selecionada, voltada para ocasiões especiais. O sonho de uma cachaça sofisticada era antigo, pois a região necessitava de um produto de qualidade e bom gosto. Por meio de pesquisas em publicações especializadas no assunto, a cachaça foi tomando forma até que em 2010, após uma criteriosa seleção das matérias-primas e processos de produção, nasce a Prosa Mineira, uma bebida dentro dos mais rigorosos padrões de qualidade, porém, sem perder suas raízes, preservando as antigas tradições. Com ampla aceitação no mercado e expandindo largamente suas fronteiras pelo sul de Minas Gerais e pelo interior do estado de São Paulo, os produtos da Cachaça Prosa Mineira atendem amplamente as exigências de seu mercado consumidor.

VISITAÇÃO

A Cachaçaria e Empório Prosa Mineira é aberta diariamente para visitações, individuais ou em grupo. O horário de funcionamento é de segunda-feira a sábado, das 8h às 17h, e aos domingos e feriados, das 9h às 16h.

Além de acompanhar todas as etapas do processo de produção artesanal, o visitante tem a oportunidade de participar de uma análise sensorial dos produtos Prosa Mineira, na qual também se encontram doces, queijos, cafés, conservas, cachaças, licores, vinhos e vários outros produtos da região.

LINHA DE PRODUTOS

Cachaça Prosa Mineira - Carvalho

- Graduação alcoólica: 39% vol.
- Armazenamento: barril de carvalho, 4 anos.
- Cor: amarelo-ouro, brilhante e límpida.
- Aroma: intenso amadeirado com traços de baunilha, castanhas, caramelo.
- Sabor: intenso e suave, com notas muito complexas.
- Harmonização: servida pura ou como acompanhamento de petiscos, caldos e outros.

Cachaça Prosa Mineira - Ouro (Amburana)

- Graduação alcoólica: 39% vol.
- Armazenamento: tonéis de amburana, 2 anos.
- Cor: amarelo-ouro, brilhante e límpida.
- Aroma: notas amadeiradas, levemente adocicadas com diversas especiarias.
- Sabor: levemente adocicado e amadeirado com sensação de muitas especiarias.
- Harmonização: pura ou acompanhada; bebida versátil para todos os momentos.

Cachaça Prosa Mineira - Clássica (Jequitibá)

- Graduação alcoólica: 39% vol.
- Armazenamento: tonéis de jequitibá, 2 anos.
- Cor: branca, ligeiramente amarelada, límpida e brilhante.
- Aroma: frutado, com notas de cana e levemente amadeirado.
- Sabor: notas discretas de madeira, levemente alcoólico com lembranças de cana.
- Harmonização: pura ou acompanhada; ótima para elaboração de coquetéis.

Cachaça Prosa Mineira – Tradicional

- Graduação alcoólica: 39% vol.
- Armazenamento: dornas de aço inoxidável, mínimo 6 meses.
- Cor: branca, clara, límpida e brilhante.
- Aroma: notas de cana, levemente alcoólicas.
- Sabor: notas adocicadas de cana, com leve sensação alcoólica.
- Harmonização: pura ou acompanhada; ótima para elaboração de coquetéis.

Cachaça Saliníssima

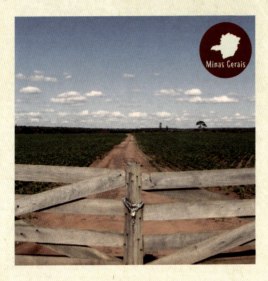

Razão social:
Rdbras Ind. e Com. de Cachaças Ltda.

Proprietária:
Família Mendes

Endereço:
Fazenda Matrona, Rodovia Salinas Taiobeiras, km 34, Salinas/MG

Site: www.salinissima.com.br

Telefone: 0800-55-8018

Visitação: (38) 3845-1191

HISTÓRICO

Inicialmente, a fazenda foi adquirida por Olímpio Mendes, em 1955, que se dedicou ao plantio de cana-de-açúcar usada para a produção de cachaças e rapaduras. As cachaças eram engarrafadas à mão e vendidas em sua própria casa, para funcionários da fazenda, vizinhos e amigos. Já as rapaduras, eram comercializadas na cidade aos sábados, após percorrerem um longo trajeto em carro de boi.

No processo de produção das cachaças, Alfredo Mendes de Oliveira, filho de Olímpio, era responsável pela moagem e transporte com carros de bois, enquanto o pai se dedicava à fermentação e alambicagem, realizada no engenho com dornas (recipientes no qual ocorre a fermentação) de madeira.

Em 1996, Olímpio se muda para cidade por questões de saúde, e seu filho Alfredo Mendes assume a produção das cachaças. Com a morte de Olímpio, seu filho, Alfredo, e seu neto, Lucas Mendes, assumem a fazenda inteiramente, dando continuidade à tradição da produção artesanal tanto das cachaças quanto das rapaduras. Em 2003, inicia-se a construção do novo engenho, com uma estrutura melhor e com novos equipamentos, mas sem perder a essência artesanal no processo de produção das cachaças. Atualmente, seguindo na família de Olímpio, a Fazenda Matrona continua sendo uma das importantes produtoras de cachaças da região de Salinas.

VISITAÇÃO

O engenho é aberto para visitação de segunda a sexta-feira, das 7h às 17h. No período de safra é possível acompanhar todas as etapas do processo produtivo. O visitante também pode conhecer o local de armazenamento das cachaças, degustar e adquirir as cachaças produzidas no engenho.

LINHA DE PRODUTOS

Cachaça Saliníssima

- Graduação alcoólica: 42% vol.
- Armazenamento: bálsamo, de 1 a 3 anos.
- Cor: amarelada, brilhante e límpida.
- Aroma: ressalta a delicada presença do bálsamo, madeira usada tradicionalmente para o envelhecimento da cachaça na região de Salinas.
- Sabor: toque amadeirado e macio.
- Harmonização: Saliníssima vai bem de qualquer forma, podendo ser apreciada na tradicional dose, ressaltando seu toque amadeirado e macio, ou ser componente principal para várias receitas, cujos ingredientes vão desde tipos variados de limões até rapadura.

Cachaça Santo Grau Coronel Xavier Chaves

Razão social:
Rubens Resende Chaves - ME

Proprietária:
Família Chaves

Endereço:
Sítio Boa Vista, Coronel Xavier, Chaves/MG

Site: www.santograu.com.br

Telefone: (32) 0800-55-8018

Visitação: (32) 99830-8042, Nando Chaves

HISTÓRICO

A cachaça Santo Grau Coronel Xavier Chaves, que recebe o nome do município onde é produzida, simboliza a tradição da cachaça mineira de qualidade. É elaborada no engenho mais antigo do Brasil ainda em funcionamento, segundo a Embratur, que data de 1755 e que pertenceu ao irmão mais velho de Tiradentes, o padre Domingos da Silva Xavier. Hoje o engenho está sob o comando de Fernando Chaves, que mantém o lema de que "seus segredos estão guardados a sete Chaves", em uma referência às sete gerações responsáveis por sua produção ininterrupta desde o século XVIII. Resultado de um terroir privilegiado, essa cachaça não passa por madeira, mas descansa durante 6 meses em dornas de aço inoxidável em uma adega de pedra centenária e climatizada naturalmente, o que preserva sua transparência, sua riqueza aromática e seu sabor, que começa vigoroso, tornando-se doce e agradável, preenchendo toda a boca. A cachaça, em seu processo de repouso, passa por tanques de pedra parafinados e subterrâneos, construídos há 250 anos e tombados pelo Patrimônio Histórico Nacional.

VISITAÇÃO

O engenho é aberto para visitação de segunda-feira a sábado das 8h às 17h.

No período de safra é possível acompanhar todas as etapas do processo produtivo. O visitante também pode degustar e adquirir as cachaças produzidas no engenho.

LINHA DE PRODUTOS

Cachaça Santo Grau Coronel Xavier Chaves

- Graduação alcoólica: 40% vol.
- Armazenamento: sem envelhecimento em madeira.
- Cor: branca.
- Aroma: remete aos canaviais de antigamente.
- Sabor: sabor vigoroso, torna-se quase doce e preenche toda a boca.
- Harmonização: na hora da sobremesa, sua Santo Grau Coronel Xavier Chaves vai bem com cocada de forno, sorvete de limão e calda de melaço.

Cachaça Santo Grau Coronel Xavier Chaves Século XVIII

- Graduação alcoólica: 40% vol.
- Armazenamento: sem envelhecimento.
- Cor: branca.
- Aroma: aroma de cana-de-açúcar.
- Sabor: redondo, desce leve e torna-se amplo.

Cachaças Segredo de Araxá e Carnaval

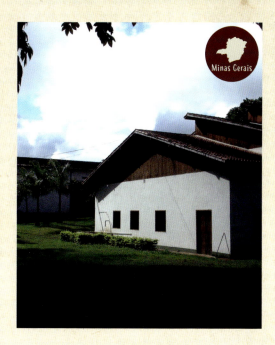

Razão social:
Chicrala Agroindustrial Ltda.

Proprietário:
Paulino Corrêa Chicrala

Endereço:
Fazenda Asa Branca, Rodovia Araxá--Uberlândia, km 301, Araxá/MG

Site: www.cachacasegredodearaxa.com.br

Telefones: (34) 99105-6674 e (34) 3322-7623

Visitação: (34) 99105-6674

HISTÓRICO

As cachaças Segredo de Araxá e Carnaval começaram a ser produzidas em 1999, de acordo com rigorosos padrões técnicos e boas práticas de produção, proporcionando a obtenção de uma bebida aromática e de singular paladar. São produzidas na Fazenda Asa Branca, de propriedade da família Chicrala, em Araxá/MG, no Alto Paranaíba, porta de entrada para o Triângulo Mineiro, a 6 km de Araxá, uma estância hidromineral situada no circuito da serra da Canastra, a 360 km de Belo Horizonte e a 500 km de São Paulo/SP.

A preservação ambiental, boas práticas agrícolas, cuidado no manejo das lavouras e utilização de mudas de cana-de-açúcar desenvolvidas na própria fazenda garantem o fornecimento de matéria-prima de qualidade e impacto ambiental mínimo.

VISITAÇÃO

A propriedade, bem como a destilaria, ficam abertas diariamente para visitação. O horário de funcionamento é de segunda-feira a sábado, das 9h às 17h, e aos domingos e feriados, das 9h às 15h.

LINHA DE PRODUTOS

Cachaça Segredo de Araxá - Ouro

- Graduação alcoólica: 40% vol.
- Armazenamento: carvalho, 5 anos.
- Cor: dourada e transparente.
- Aroma: frutado.
- Sabor: leve e suave.
- Harmonização: queijo canastra.

Cachaça Segredo de Araxá - Diamond

- Graduação alcoólica: 40% vol.
- Armazenamento: carvalho, 12 anos.
- Cor: dourada e transparente.
- Aroma: frutado com notas amadeiradas.
- Sabor: leve e suave.
- Harmonização: queijo canastra.

Cachaça Carnaval - Prata

- Graduação alcoólica: 40% vol.
- Armazenamento: jequitibá, 3 anos.
- Cor: cristalina.
- Aroma: discreto aroma frutado.
- Sabor: ligeiramente adocicado.
- Harmonização: além de proporcionar ótima harmonização com o tradicional queijo canastra, é excelente para a elaboração de caipirinha e enriquecer o tutu à mineira.

Cachaça Terra Forte

Razão social:
Cachaçaria Terra Forte Ltda.

Proprietário:
Ronaldo Soares Guimarães

Endereço:
Rodovia BR 259, km 507, Presidente Juscelino/MG

Site: www.cachacaterraforte.com.br

Telefones: (31) 9992-7557 e (31) 3337-2974

Visitação: Distribuidora Adega da Pinga Ltda., (31) 9992-7557

HISTÓRICO

A Cachaçaria Terra Forte Ltda., sediada na Fazenda Terra Forte, é uma empresa familiar, de pequeno porte, que iniciou as suas atividades em 2000.

Produzir uma cachaça de excelência, utilizando um processo artesanal, seguindo as mais rígidas normas técnicas e dentro dos mais altos padrões de qualidade, e assim garantir a satisfação dos seus clientes, foi ideia do seu fundador, Ronaldo Soares Guimarães, comerciante do ramo varejista de cachaça desde 1982.

Elaborada com matéria-prima selecionada, oriunda de canaviais próprios, sem aditivos químicos, além do uso de água mineral, a Cachaça Terra Forte traz a qualidade dos produtos em sintonia com a natureza. A preocupação com a sustentabilidade do meio ambiente resultou em um sistema de produção agrícola que busca manejar, de forma equilibrada, o solo e os demais recursos naturais, conservando-os no longo prazo e mantendo a harmonia do ambiente com os seres humanos.

O alambique produz anualmente 20 mil litros de cachaça, tendo conquistado Medalha de Prata, na categoria de melhor cachaça, na 26ª Expocachaça, em Belo Horizonte.

VISITAÇÃO

Para acompanhar o fluxo do processo produtivo, a Fazenda Terra Forte oferece a possibilidade de agendamento prévio para grupos que desejam visitar a fazenda, por intermédio da Distribuidora Adega da Pinga. O horário de funcionamento é de segunda a sexta-feira, das 8h às 20h; sábados, das 8h às 17h; e domingos, das 9h às 14h. Além de conhecer todo o processo produtivo, desde a matéria-prima, passando pelo armazenamento até o engarrafamento, o visitante tem ainda a oportunidade de degustar os diferentes tipos de cachaça produzidos no local.

LINHA DE PRODUTOS

Cachaça Terra Forte - Nova

- Graduação alcoólica: 40% vol.
- Armazenamento: aço inoxidável.
- Cor: branca, límpida e incolor.
- Aroma: fino, intenso com notas frutadas.
- Sabor: leve, acidez equilibrada e persistente.
- Harmonização: acompanha petiscos, como torresmo e queijos, caldinhos e frutos do mar.

Cachaça Terra Forte - Umburana

- Graduação alcoólica: 39% vol.
- Armazenamento: umburana, 10 anos.
- Cor: amarelo-palha, clara e límpida.
- Aroma: muito fino, intenso e persistente, com notas de caramelo e especiarias.
- Sabor: leve e redondo, com notas adocicadas de canela.
- Harmonização: acompanha sobremesas à base de tortas e sorvetes.

Cachaça Terra Forte - Carvalho

- Graduação alcoólica: 39% vol.
- Armazenamento: carvalho, 10 anos.
- Cor: amarelo-palha, densa e límpida.
- Aroma: leve e fino, com notas de especiarias e madeira.
- Sabor: leve, macio, fino e persistente, com notas de baunilha e café torrado.
- Harmonização: acompanha pratos condimentados e de médio peso.

Cachaça Tiara

Razão social:
Indústria de Aguardente Jurumirim Ltda.

Proprietário:
Juliano de Freitas Siqueira

Endereço:
Fazenda Jurumirim,
Zona Rural, Barra Longa/MG

Site: www.cachacatiara.com

Telefones: (31) 98467-2626 e (31) 98368-0802

Visitação: Rota "Destilando Sonhos", (31) 98467-2626

HISTÓRICO

Em 1940, na pequena cidade de Barra Longa, na Zona da Mata mineira, o Sr. Benjamin Siqueira fundou a Cachaça Iara. Com a modernização da empresa, a marca passou a adotar o nome de Tiara. Atualmente, quem administra o negócio é o empreendedor Juliano Siqueira, filho de Benjamin Siqueira – segunda geração do negócio, juntamente com sua esposa Gabriela Lanna. Ele herdou do pai a arte da produção da cachaça de alambique, e não abre mão de acompanhar as tendências de mercado.

Uma das grandes preocupações da marca é investir na sustentabilidade da cadeia produtiva, com a reutilização dos subprodutos gerados, como o vinhoto (reaproveitado por fazendeiros locais para alimentação animal e adubação de lavouras) e o bagaço gerado após moagem da cana, que é queimado para gerar o calor na destilação e também na alimentação animal.

O casal faz parcerias com universidades mineiras e acredita que a pesquisa só tem a agregar ao nobre destilado brasileiro. A empresa destaca a importância de novos mercados, novos clientes e novas estratégias. Eles acreditam em seu negócio e querem mostrá-lo ao mundo. Não é à toa que possui expressão acima da média, e conquistou os jurados do renomado Concurso Mundial de Bruxelas com a Tiara Rainha (ouro em 2014 e prata em 2015 e 2017).

Recentemente eles criaram um novo produto, que tem uma proposta única: o Licor 112, que se destaca pela fusão do irresistível dulçor da rapadura com os sabores e aromas de uma equilibrada cachaça armazenada em jequitibá. É um licor fino de rapadura, 100% brasileiro, que surgiu a partir de uma ideia nascida na cozinha do casal, e foi se aperfeiçoando com a ajuda de grandes especialistas. O nome 112 foi escolhido por ser o número da casa onde vivem e onde surgiu a receita original. E eles apostam que é muito fácil se apaixonar por essa bebida.

VISITAÇÃO

A destilaria é aberta para visitações individuais ou em grupo e seus proprietários amam receber pessoas. O horário de funcionamento é de segunda a sexta-feira, das 8h às 17h, e aos sábados, das 8h às 12h. As visitas são com agendamento prévio. Além de acompanhar todas as etapas da produção, o visitante tem a oportunidade de fazer degustação às cegas, harmonizando com biscoitos e queijos regionais, e conhecer duas lindas cachoeiras que se encontram na fazenda, em um ambiente bem acolhedor.

LINHA DE PRODUTOS

Cachaça Tiara Rainha - Carvalho e Jequitibá

- Graduação alcoólica: 42% vol.
- Armazenamento: carvalho e jequitibá, 3 anos.
- Cor: amarelo-dourada, brilhante.
- Aroma: sensação de estar passeando entre os tonéis de carvalho ao entardecer; tem notas suaves, que lembram uísque jovem e pudim de baunilha.
- Sabor: muito macio, aveludado, com pouca influência vegetal; revela finesse e é fácil de beber.
- Harmonização: acompanha pratos mineiros, carnes, assados, queijos.

Cachaça Tiara Tradicional - Jequitibá e Ipê

- Graduação alcoólica: 42% vol.
- Armazenamento: jequitibá e ipê, 18 meses.
- Cor: amarelo-palha, límpida.
- Aroma: sensação de estar passeando pelo canavial nas primeiras horas do dia; notas frutadas que lembram a lichia fresca.
- Sabor: adocicado, macio, leve e aveludado; acidez equilibrada.
- Harmonização: acompanha saladas, peixes, frutos do mar.

Cachaça Tiê

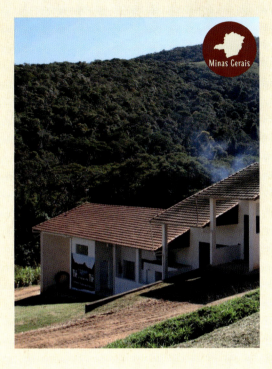

Razão social:
Tiê Indústria e Comércio Ltda.

Proprietários:
Arnaldo Ramoska e
Antônio Carlos Castellani

Endereço comercial:
Rua Ribeirão Pires, 402, Jardim São Caetano, São Caetano do Sul/SP

Endereço do alambique:
Estrada Aiuruoca-Alagoa, s/nº, km 12, Zona Rural, Bairro Guapiara, Aiuruoca/MG

Site: www.cachacatie.com.br

Telefone: (11) 4233-9691

Visitação: o mesmo endereço do alambique, (11) 4233-9691

HISTÓRICO

Localizada no município de Aiuruoca, em Minas Gerais, o alambique foi estabelecido em 2012. Situa-se na altitude de 1.200 metros, na serra da Mantiqueira, com solo, clima e microclima ideais ao cultivo da cana-de-açúcar e à produção de cachaça.

O nome da cachaça faz referência ao pássaro tiê, habitante das Reservas Particulares do Patrimônio Natural, nascentes do Aiuruoca I e II, criadas pelos proprietários visando a preservação da biodiversidade da região.

A missão da Cachaça Tiê é produzir cachaça com excelência, aprimorando, cada vez mais o rigor da tradição, da técnica, da tecnologia e da arte, visando oferecer aos apreciadores produtos do mais elevado padrão de qualidade e segurança alimentar.

Desde a escolha da variedade da cana utilizada, passando pela moagem, decantação, filtragem, fermentação, destilação, envelhecimento, armazenamento e engarrafamento, todo o processo é totalmente documentado e registrado, atendendo aos preceitos da sustentabilidade.

A destilaria tem uma capacidade produtiva anual de 30 mil litros por ano, quando são produzidas as Cachaça Tiê Prata e Cachaça Tiê Ouro.

Todo o processo é conduzido e monitorado por profissionais capacitados e certificados, o que garante a alta qualidade e a segurança dos produtos.

Em 2016, a empresa foi premiada com a Medalha de Prata no San Francisco World Spirits Competition.

VISITAÇÃO

A partir de 2015, foi inaugurado um centro de visitação, aberto durante todo o ano. São oferecidas visitas guiadas ao alambique, momento em que se pode realizar o acompanhamento de todo o processo produtivo, até a sala de degustação. O visitante tem a oportunidade de provar os dois tipos de produtos, comparando, sob orientação do guia, as diversas características sensoriais.

LINHA DE PRODUTOS

Cachaça Tiê - Prata

- Graduação alcoólica: 44,77% vol.
- Armazenamento: aço inoxidável.
- Cor: límpida e clara.
- Aroma: fino, intenso, com notas frutadas.
- Sabor: leve, acidez equilibrada e persistente.
- Harmonização: acompanha petiscos, caldinhos e frutos do mar.

Cachaça Tiê - Ouro

- Graduação alcoólica: 42,72% vol.
- Armazenamento: carvalho, 2 anos.
- Cor: amarelo-palha.
- Aroma: leve e fino; especiarias e madeira.
- Sabor: macio e fino, com notas de baunilha e café torrado.
- Harmonização: acompanha pratos condimentados e de médio peso.

Cachaça São Paulo

Razão social:
R. Fernandes & Cia.

Proprietário:
Múcio Carlos Lins Fernandes

Endereço:
Engenho São Paulo, Zona Rural, Cruz do Espírito Santo/PB

Site: www.engenhosaopaulo.com.br

Telefones: (83) 3254-1210 e (83) 3254-1222

Visitação: Engenho São Paulo

HISTÓRICO

Os quase 500 anos de história comprovam a propensão das terras da várzea do rio Paraíba para a produção da melhor cana-de-açúcar do Nordeste. Foi nessa região, onde predomina o solo tipo massapê, ideal para a plantação da cana-de-açúcar, que surgiram os primeiros engenhos da Paraíba, entre eles o Pacatuba dos Carvalhos, do qual fazia parte a propriedade Engenho São Paulo. Desmembrado em 1909, o Engenho São Paulo instalou a sua própria unidade produtora de açúcar, dando início ao seu ciclo produtivo.

Localizado no município de Cruz do Espírito Santo, a 28 km de João Pessoa, capital do estado, o Engenho São Paulo iniciou suas atividades, produzindo açúcar mascavo, mel, rapadura e cachaça. Mas foi na década de 1930, junto com o surgimento das grandes usinas produtoras de açúcar, que o Engenho São Paulo direcionou a sua produção para a cachaça de alambique e, no início da década de 1940, passou a engarrafar as cachaças São Paulo e Cigana.

Na década de 1980, na chamada segunda fase do engenho, iniciou-se uma série de transformações com o aumento da produção e o aprimoramento da qualidade de suas cachaças, que se firmaram no mercado nacional e começaram a ser exportadas para alguns países, tendo os Estados Unidos como principal comprador.

Com o aprimoramento do processo, foram lançados novos produtos, como a Cigana Envelhecida, a Caipira e a São Paulo Cristal. Atualmente, o Engenho São Paulo é o maior produtor de cachaça de alambique do país, com capacidade de armazenamento de 4,5 milhões de litros e planejamento para ultrapassar os 8 milhões de litros em 2018.

Devido ao criterioso processo de produção, desde o plantio da cana até o engarrafamento, as cachaças do Engenho São Paulo vêm conquistando prêmios em diversos concursos nacionais e internacionais, como o Concurso Mundial de Bruxelas em 2008, 2010 e 2012; o Concurso Paraibano de Cachaças de Alambique em 2013 e San Francisco World Spirits Competition em 2014.

VISITAÇÃO

Encontra-se em implantação estrutura para visitação no parque fabril do Engenho São Paulo. O projeto consiste na construção de uma casa em estilo colonial, que terá uma adega de envelhecimento de cachaça e um espaço temático sobre a história do cultivo da cana-de-açúcar até a produção da cachaça.

O local terá uma área de degustação, um restaurante regional e um centro de comercialização das cachaças e de produtos derivados da cana-de-açúcar e artesanato.

LINHA DE PRODUTOS

Cachaça São Paulo - Branca

- Graduação alcoólica: 45% vol.
- Armazenamento: 4 a 6 meses.
- Cor: amarelo-palha muito claro, com reflexos esverdeados, densa e límpida.
- Aroma: fino, intenso, com notas de fruta madura.
- Sabor: encorpado, acidez equilibrada, macio e fino.
- Harmonização: acompanha petiscos à base de frutos do mar, mandioca frita e caldinhos.

Cachaça São Paulo - Cristal

- Graduação alcoólica: 43% vol.
- Envelhecimento: carvalho, 2 anos.
- Cor: amarelo-ouro, brilhante e límpida.
- Aroma: notas amadeiradas de baunilha e leve caramelo.
- Sabor: médio corpo, acidez equilibrada, redondo e fino.
- Harmonização: acompanha pratos condimentados e suculentos.

Cachaça Cigana - Envelhecida

- Graduação alcoólica: 43% vol.
- Envelhecimento: carvalho, processo soleira, 40 meses.
- Cor: caramelo, densa e límpida.
- Aroma: elegante, com certa complexidade, com muita fruta em compota, boa madeira, caramelo e ervas aromáticas.
- Sabor: encorpado, acidez equilibrada, muito macio, fino e persistente; lembrança de madeira e caramelo.
- Harmonização: acompanha pratos com molhos de boa condimentação; pode ser apreciada como aperitivo on the rocks ou como digestivo, acompanhando café expresso.

Cachaça Porto Morretes

Razão social:
Agroecológica Marumbi S.A.

Proprietário:
Fulgêncio Torres Viruel

Endereço:
Caixa Postal 151, Morretes/PR

Site: www.portomorretes.com.br

Telefone: (41) 3462-2743

Visitação: (41) 3462-2743

HISTÓRICO

Em 2003, o engenheiro químico Fulgêncio Torres Viruel decidiu deixar para trás a carreira estável e ativa como executivo de uma multinacional automobilística para empreender um negócio próprio.

Em setembro de 2004 foi iniciada a primeira produção da cachaça Porto Morretes. O projeto era ambicioso: produzir uma cachaça de alto padrão, seguindo o processo tradicional, mas utilizando alta tecnologia.

A escolha de Morretes como sede e como nome também não foram por acaso. Documentos históricos dão conta de que a produção de cachaça na cidade iniciou-se por volta de 1700. O município tornou-se referência na produção da bebida no Paraná e no Brasil. A tradição do lugar na produção de cachaça, por ser tão arraigada, deu origem à palavra "morreteana", que aparece nos dicionários Aurélio e Houaiss como sinônimo de cachaça, sendo assim, beber uma "morreteana" virou sinônimo de tomar cachaça.

Atualmente a Porto Morretes exporta entre 70% e 80% da sua produção, que é de 60 a 70 mil litros/ano, para os Estados Unidos e a Europa.

A marca Porto Morretes chancela quatro bebidas nobres, próprias para degustação: a Premium, envelhecida em barris de carvalho; a Prata, ideal para caipirinha e outros drinques, a aguardente composta com banana, produto típico da região litorânea do Paraná; e a cachaça Tradição, um blend exclusivo de cinco barris com uma média aproximada de 7 anos de envelhecimento.

A Porto Morretes Premium foi eleita a melhor cachaça do Brasil em uma prova às cegas realizada durante a 2ª edição da Cúpula da Cachaça. No Concurso Mundial de Bruxelas (Spirits Selection) 2014 - considerada a "copa do mundo dos destilados", em que 55 especialistas (35 internacionais e 20 brasileiros) avaliaram 720 destilados de diversas partes do mundo - as cachaças da Porto Morretes conquistaram cinco medalhas.

VISITAÇÃO

A Agroecológica Marumbi, fabricante da cachaça Porto Morretes, está localizada aos pés do conjunto de montanhas do Marumbi, na cidade paranaense de Morretes, cercada pela belíssima floresta atlântica.

As instalações produtivas oferecem oportunidade para visitações individuais ou em grupo, em horário comercial, de segunda a sexta-feira, das 8h30 às 11h30 e das 14h às 17h; aos sábados, das 8h30 às 11h30.

LINHA DE PRODUTOS

Cachaça Porto Morretes - Prata

- Graduação alcoólica: 39% vol.
- Armazenamento: aço inoxidável.
- Cor: límpida, incolor e cristalina.
- Aroma: intenso, delicado e equilibrado, com notas frutadas e especiadas.
- Sabor: baixa acidez, delicado, com notas adocicadas.
- Harmonização: acompanha petiscos e pratos à base de frutos do mar e peixes; apropriada para a preparação de caipirinha e coquetéis.

Cachaça Porto Morretes - Premium

- Graduação alcoólica: 39% vol.
- Armazenamento: carvalho, 3 anos.
- Cor: amarelo-ouro, límpida e brilhante.
- Aroma: intenso, com notas de baunilha, manteiga, café e cereja.
- Sabor: equilibrado, com personalidade marcante, amadeirado com notas adocicadas.
- Harmonização: acompanha pratos condimentados e suculentos.

Cachaça Porto Morretes - Tradição

- Graduação alcoólica: 43% vol.
- Armazenamento: carvalho, 7 anos.
- Cor: amarelo-ouro, brilhante e límpida.
- Aroma: intenso de frutas em calda e baunilha.
- Sabor: persistente, amadeirado, com notas de especiarias e amêndoas.
- Harmonização: acompanha pratos complexos e condimentados; excelente on the rocks ou acompanhando café ao final das refeições.

Cachaça 51

Razão social:
Companhia Müller de Bebidas Nordeste

Proprietária:
Companhia Müller de Bebidas Sociedade Ltda.

Endereço:
Rodovia BR 101 Sul, km 28, s/nº, Ponte dos Carvalhos, Cabo de Santo Agostinho/PE

Site: www.ciamuller.com.br

Telefone: (81) 0800-015-5151

Visitação: fábrica

HISTÓRICO

Fundada por Guilherme Müller Filho, um brasileiro de origem alemã e um dos mais importantes empreendedores da indústria de bebidas no país, a Müller, Franco & Cia Ltda. originou-se em 1959 na cidade de Pirassununga, interior de São Paulo, com a produção e comercialização da Cachaça 51, que se transformou em um produto líder no ramo de cachaças.

Para garantir a demanda do mercado em expansão nos anos 1970, o Sr. Guilherme importou a mais moderna linha de engarrafamento da época, em 1974, quando a empresa adquiriu a fazenda Taboão, também localizada em Pirassununga, onde hoje está instalada a fábrica local. O crescimento gerou recordes de produção, graças aos investimentos em tecnologia e uma pioneira política de gestão de qualidade.

No fim da década, a empresa lançou o brilhante conceito "51 - Uma Boa Ideia", que se tornou um dos slogans mais lembrados desde então. Virou marca registrada, tornando-se um marco para o mercado publicitário brasileiro.

Os anos 1980 começaram com grandes investimentos na formação de equipe de gerentes, vendedores e promotores para atender ao mercado sempre em expansão. A empresa implementou novas estruturas organizacionais, fabris e escritórios comerciais em várias regiões do Brasil, otimizando o contato com os clientes.

Em 1983, a empresa passou a se chamar Caninha 51 - Indústria e Comércio de Bebidas Ltda. Nessa fase, ocorreu um fator fundamental para o crescimento da marca 51: o investimento em pesquisa de mercado, com objetivo de conhecer cada vez mais o consumidor e, assim, oferecer produtos que atendessem às suas exigências. A década de 1990 foi especial e marcante na história da empresa. Foi o início do processo de exportação da Cachaça 51. O Japão foi o primeiro país a recebê-la e, atualmente, a Cachaça 51 é exportada para aproximadamente 50 países dos cinco continentes.

Atualmente, a corporação é responsável pela geração de 1.300 empregos diretos no país. Tem programas de qualidade, que focam não só em seus produtos, mas também no bem-estar de cada colaborador. Um permanente programa de gestão de qualidade, saúde e meio ambiente transformou a companhia em referência no setor, além de implantar, em todas as áreas operacionais, sofisticados sistemas tecnológicos. A incessante busca pela melhoria contínua de suas práticas e processos resultou em importantes certificações como a ISO 9001:2008 (Gestão de Qualidade), ISO 14001:2004 (Gestão de Meio Ambiente), Kosher (Preparação dos Produtos de Acordo com as Leis Judaicas), Certificação Etanol Verde (Gestão Ambiental no Setor Sucroenergético) e para a Unidade Taboão (Pirassununga) a OHSAS 18:001:2007 (Gestão de Segurança e Saúde Ocupacional).

VISITAÇÃO

A Companhia Müller de Bebidas Nordeste tem um programa de visita à fábrica bem elaborado, que contempla: apresentação da empresa, coffee break especial, visita à destilaria, visita à produção, almoço especial e happy hour de encerramento. As visitas devem ser agendadas e são destinadas a clientes e grupos interessados. Na recepção da Companhia Müller, os visitantes têm a oportunidade de adquirir produtos ali fabricados.

LINHA DE PRODUTOS

Cachaça 51

- Graduação alcoólica: 39% vol.
- Armazenamento: aço inoxidável, 4 meses.
- Cor: branca, límpida e brilhante.
- Aroma: intenso, com notas frutadas de cana-de-açúcar.
- Sabor: leve, acidez equilibrada e notas adocicadas, levemente metálicas.
- Harmonização: acompanha tira-gostos como torresmo e salame; indicada para caipirinha, batidas e coquetéis diversos.

Cachaça Reserva 51 - Extra Premium

- Graduação alcoólica: 40% vol.
- Armazenamento: carvalho, 4 anos.
- Cor: amarelo-ouro, límpida e brilhante.
- Aroma: leve, com notas levemente especiadas.
- Sabor: redondo e fino, com notas de baunilha e coco.
- Harmonização: acompanha pratos condimentados e suculentos; pode ser apreciada nos dias quentes com gelo e como digestivo, acompanhando café.

Cachaça 51 - Ouro

- Graduação alcoólica: 38% vol.
- Armazenamento: carvalho, 2 anos.
- Cor: amarelo-clara, límpida e brilhante.
- Aroma: leve baunilha e caramelo.
- Sabor: caramelo, levemente herbáceo e notas amadeiradas.
- Harmonização: pratos com certa condimentação, bem como sobremesas, como bolos e tortas.

Cachaça Carvalheira

Razão social:
Decana do Brasil Ltda.

Proprietário:
Eduardo Carvalheira

Endereço:
Rua Manoel Didier, 53,
Imbiribeira, Recife/PE

Site: www.carvalheira.com.br

Telefone: (81) 3081-8130

Visitação: Cachaçaria Carvalheira

HISTÓRICO

De origem portuguesa, Carvalheira é o nome da família do empresário Eduardo, proprietário da Cachaça Carvalheira. O químico Octávio Carvalheira, pai de Eduardo, dedicou boa parte da sua vida profissional ao trabalho na produção de açúcar, álcool e aguardente. Após uma viagem a Cuba, em 1993, Octávio sugeriu ao seu filho Eduardo que adquirisse, junto ao Instituto Cubano de Investigaciones de los Derivados de la Caña de Azúcar (ICIDCA) a tecnologia de envelhecimento ali praticada. Em 1995, teve início a produção da Cachaça Carvalheira. O trabalho foi acompanhado pelos técnicos cubanos, tendo resultado, no caso da Carvalheira Extra-Premium, em um produto diferenciado das demais marcas existentes no mercado regional, sendo engarrafada exatamente como sai do barril, após um período mínimo de envelhecimento de três anos.

VISITAÇÃO

A Cachaçaria Carvalheira dispõe de um amplo espaço para eventos e visitação, permitindo ao visitante se informar sobre todas as fases do processo produtivo, além de ter acesso às áreas de armazenamento e envelhecimento da cachaça, evidenciando todos os cuidados no cumprimento dos procedimentos operacionais padrão e das normas vigentes. O visitante tem ainda a oportunidade de degustar as cachaças produzidas, bem como adquiri-las na loja local.

LINHA DE PRODUTOS

Cachaça Carvalheira - Brasil

- Graduação alcoólica: 38% vol.
- Armazenamento: aço inoxidável, 6 meses.
- Cor: branca, límpida e brilhante.
- Aroma: fino, intenso, com notas frutadas de cana-de-açúcar.
- Sabor: leve, acidez equilibrada e notas adocicadas, levemente metálicas.
- Harmonização: acompanha petiscos, caldinhos e frutos do mar; indicada para caipirinha, batidas e coquetéis diversos.

Cachaça Carvalheira - Extra Premium

- Graduação alcoólica: 40% vol.
- Armazenamento: carvalho, 3 anos.
- Cor: âmbar, límpida e brilhante.
- Aroma: persistente, com notas predominantemente especiadas.
- Sabor: redondo e fino, com notas de baunilha e coco.
- Harmonização: acompanha pratos condimentados e suculentos; também é indicada como digestivo, acompanhando café.

Cachaça Engenho Água Doce

Razão social:
Engenho Água Doce

Proprietário:
Mário Ramos de Andrade Lima Neto

Endereço:
Rodovia PE 74, km 10, Zona da Mata, Vicência/PE

Site: www.engenhoaguadoce.com.br

Telefone: (81) 3641-1257 e (81) 3641-1232

Visitação: Engenho Água Doce, (81) 99936-5169

HISTÓRICO

Localizado no município de Vicência, às margens da Rodovia PE 74, na Zona da Mata de Pernambuco, distante 87 km do Recife, o Engenho Água Doce iniciou a produção de cachaça, em pequena escala, em 2003, tendo sido ampliada a partir de 2006. O local ganhou esse nome em decorrência da excelente qualidade da água dos poços ali perfurados, ainda no século passado.

A cana-de-açúcar, que é cortada de acordo com a curava de maturação de cada variedade, é plantada e cultivada sem uso de adubos químicos e agrotóxicos. A fermentação é obtida com o uso de leveduras naturais desenvolvidas no próprio engenho. A destilação, o envelhecimento, o armazenamento e o engarrafamento obedecem a critérios rígidos de controle de qualidade e boas práticas de fabricação.

VISITAÇÃO

O Engenho Água Doce oferece a possibilidade de visita às instalações de produção da cachaça, onde são mostradas todas as fases do processo, desde o plantio da matéria-prima até o engarrafamento, passando pela fermentação, destilação, armazenamento e envelhecimento. O visitante tem também a oportunidade de degustar e adquirir os diferentes tipos e estilos das cachaças produzidas.

LINHA DE PRODUTOS

Cachaça Engenho Água Doce – Prata

- Graduação alcoólica: 40% vol.
- Armazenamento: freijó, 4 meses.
- Cor: branca, límpida e brilhante.
- Aroma: fino, intenso, com notas frutadas.
- Sabor: leve, acidez equilibrada e notas adocicadas.
- Harmonização: acompanha petiscos, caldinhos e frutos do mar; indicada para caipirinha e batidas.

Cachaça Engenho Água Doce – Ouro

- Graduação alcoólica: 40% vol.
- Armazenamento: carvalho, 3 anos.
- Cor: amarelo-clara e límpida.
- Aroma: notas amadeiradas de baunilha e leve caramelo.
- Sabor: leve, acidez equilibrada, redondo e fino.
- Harmonização: acompanha pratos condimentados e suculentos.

Cachaça Engenho Água Doce – Premium

- Graduação alcoólica: 40% vol.
- Armazenamento: carvalho, 4 anos.
- Cor: âmbar, densa e límpida.
- Aroma: certa complexidade com notas marcantes de especiarias, madeira e caramelo.
- Sabor: encorpado, macio, fino e persistente.
- Harmonização: como aperitivo ou digestivo, ideal para consumir com gelo ou acompanhando um cafezinho no final das refeições.

Cachaça Pitú

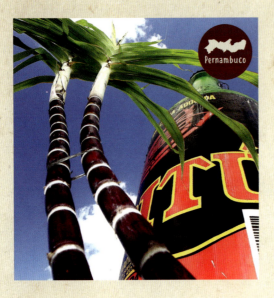

Razão social:
Engarrafamento Pitú Ltda.

Proprietárias:
Famílias Ferrer e Carneiro

Endereço:
Avenida Áurea Ferrer de Moraes, s/nº, km 55,5, Vitória de Santo Antão/PE

Site: www.pitu.com.br

Telefone: (81) 3523-8000

Visitação: Centro de Visitação Pitú, (81) 3523-8066

HISTÓRICO

Fundado em 1938 pelas famílias Ferrer de Moraes e Cândido Carneiro, o Engarrafamento Pitú Ltda. é uma das empresas de bebidas mais tradicionais do Brasil. Sua sede está localizada na cidade de Vitória de Santo Antão, na Zona da Mata pernambucana, onde o clima tropical predomina o ano inteiro. No mercado interno, a Cachaça Pitú é líder absoluta de vendas na Região Nordeste e ocupa a vice-liderança no mercado brasileiro. No mercado internacional, a Pitú é a cachaça mais exportada e a mais consumida na Alemanha, principal mercado fora do Brasil.

A qualidade da Cachaça Pitú recebeu renomados prêmios internacionais como o World Spirits Award 2010, oferecido pela publicação austríaca Wolfram Ortner, e a Medalha de Ouro na premiação realizada pela revista inglesa The Drinks Business, também em 2010.

VISITAÇÃO

O Engarrafamento Pitú tem, anexo às instalações fabris, um Centro de Visitação que, além da história - onde e como tudo começou -, apresenta todo o processo produtivo. Os visitantes têm a oportunidade de ver registros históricos, fotos antigas, o primeiro alambique do engenho da empresa e um vídeo em sua moderna sala de projeção.

Para grandes grupos, solicita-se agendar a visita antecipadamente.

LINHA DE PRODUTOS

Cachaça Pitú - Branca

- Graduação alcoólica: 40% vol.
- Armazenamento: bálsamo, 3 meses.
- Cor: branca, límpida e incolor.
- Aroma: fino, intenso, com notas frutadas.
- Sabor: leve, acidez equilibrada e notas adocicadas.
- Harmonização: acompanha petiscos, caldinhos e frutos do mar.

Cachaça Pitú - Gold

- Graduação alcoólica: 39% vol.
- Armazenamento: carvalho, 2 anos.
- Cor: amarelo-ouro, densa e límpida.
- Aroma: notas amadeiradas de baunilha e caramelo.
- Sabor: leve, acidez equilibrada, redondo e fino.
- Harmonização: acompanha sobremesas, tortas e bolos.

Cachaça da Pitú - Vitoriosa

- Graduação alcoólica: 39% vol.
- Armazenamento: carvalho francês, 5 anos.
- Cor: âmbar, densa e límpida.
- Aroma: certa complexidade, especiarias, madeira e caramelo.
- Sabor: encorpado, macio, fino e persistente.
- Harmonização: como aperitivo ou digestivo, ideal para consumir pura ou com gelo.

Cachaça Sanhaçu

Razão social:
Cachaçaria Barreto Silva Ltda.

Proprietária:
Família Barreto Silva

Endereço:
Sítio Valado, s/nº, Caixa Postal 06, Chã Grande/PE

Site: www.sanhacu.com.br

Telefone: (81) 3537-1413, (81) 9226-6474 e (81) 9251-7447

Visitação: Centro de Visitação Sanhaçu, (81) 3537-1413

HISTÓRICO

A Cachaça Sanhaçu é produzida na propriedade da Família Barreto Silva, em Chã Grande, na Zona da Mata de Pernambuco, a 15 km de Gravatá e 85 km do Recife. Desde 1993, a empresa trabalha com agricultura orgânica, tendo implantado o sistema agroflorestal que atualmente está bastante desenvolvido, já podendo se encontrar alguns exemplares de árvores da Mata Atlântica.

Os inúmeros cuidados na produção orgânica, começando pelo plantio da cana, com canavial próprio, e passando por todas as etapas do processo produtivo, se refletem na imagem, no aroma e no paladar dos produtos Sanhaçu.

Buscando harmonia com a natureza e causando o mínimo de impacto ambiental, a Sanhaçu tem preocupação especial com os resíduos que produz e a energia que utiliza.

Desde o seu lançamento, em 2013, a Sanhaçu Amburana tem colecionado vários prêmios: 1º lugar na seleção de produtos – prêmio da economia pernambucana – pela Secretaria de Desenvolvimento do Estado de Pernambuco, 2013; Medalha de Ouro na Expocachaça de 2013; Medalha de Prata no Concurso Mundial de Bruxelas de 2014; e Medalha Duplo Ouro no Concurso Mundial de Bruxelas de 2015.

VISITAÇÃO

A destilaria é aberta diariamente para visitações individuais ou em grupo. O horário de funcionamento é de segunda-feira a sábado, das 9h às 17h, e aos domingos e feriados, das 9h às 15h. Além de acompanhar todas as etapas do processo produtivo orgânico, o visitante tem a oportunidade de degustar os produtos Sanhaçu, harmonizados com frutas regionais.

LINHA DE PRODUTOS

Cachaça Sanhaçu - Freijó

- Graduação alcoólica: 40% vol.
- Armazenamento: freijó, 2 anos.
- Cor: branco-amarelada, brilhante e límpida.
- Aroma: frutado, com sutis traços de madeira.
- Sabor: leve e macio, com acidez equilibrada.
- Harmonização: acompanha petiscos, caldinhos e pratos à base de frutos do mar.

Cachaça Sanhaçu - Carvalho

- Graduação alcoólica: 40% vol.
- Armazenamento: carvalho, 2 anos.
- Cor: amarelo-ouro, densa e límpida.
- Aroma: notas amadeiradas de baunilha e caramelo.
- Sabor: leve, acidez equilibrada, redondo e fino.
- Harmonização: acompanha pratos suculentos e condimentados.

Cachaça Sanhaçu - Umburana

- Graduação alcoólica: 40% vol.
- Armazenamento: umburana, 2 anos.
- Cor: amarelo-ouro clara, límpida e brilhante
- Aroma: elegante e persistente, com notas especiadas de canela.
- Sabor: notas discretas adocicadas de canela e baunilha.
- Harmonização: com sobremesas, salada de frutas e sorvetes, especialmente com o tradicional bolo de rolo.

Cachaça Triumpho

Razão social:
Agroindústria São Pedro Ltda.

Proprietário:
Pedro Gomes de Oliveira Jr.

Endereço:
Sítio Bela Vista, s/nº, Zona Rural, Triunfo/PE

Site: www.cachacatriumpho.com.br

Telefones: (87) 3846-1229, (87) 99638-1338 e (87) 3846-1103

HISTÓRICO

Nascida nos engenhos no início do século XVI, a Cachaça Triumpho impõe-se nos restaurantes requintados do país e cai no gosto de degustadores. O Engenho São Pedro data do início do século passado, e vem sendo restaurado nos últimos anos. A sua recuperação surgiu da vontade do proprietário, neto de senhor de engenho, de produzir cachaça e rapadura de qualidade, obedecendo aos preceitos dos produtos orgânicos, ecologicamente corretos.

A Cachaça Triumpho foi a primeira cachaça do Brasil a receber a certificação de conformidade do Inmetro. É destilada em alambique e envelhecida em barris de carvalho, possuindo características singulares de aroma e sabor propiciadas pelo cultivo de cana e ritual de produção em região de terras altas, acima de 1.000 metros de altitude.

VISITAÇÃO

O Engenho São Pedro, localizado a 800 metros do centro da cidade, é aberto todos os dias para visitação, das 8h30 às 16h30. É possível acompanhar, por meio de uma visita guiada, todas as etapas de produção da famosa e ecológica Cachaça Triumpho, das rapaduras e do premiado licor de cana-de-açúcar. Aos sábados, temos forró pé-de-serra, caldo de cana, sorvete de rapadura, picolé de cachaça, alfenim, drinques e torresmo no Boteco do Engenho, além da degustação e venda dos produtos na loja.

LINHA DE PRODUTOS

Cachaça Triumpho – Freijó

- Graduação alcoólica: 42% vol.
- Armazenamento: freijó, 6 meses.
- Cor: límpida e brilhante.
- Aroma: fino, revelando traços de fruta e madeira.
- Sabor: leve, acidez equilibrada e sensação de frescor.
- Harmonização: peixes, frutos do mar, aperitivos e entradas leves.

Cachaça Triumpho – Carvalho

- Graduação alcoólica: 40% vol.
- Armazenamento: carvalho, 2 anos.
- Cor: amarelo-ouro.
- Aroma: notas de especiarias, deixando discreto sabor amadeirado do carvalho.
- Sabor: fino, intenso e persistente ao olfato.
- Harmonização: acompanha excelentemente pratos principais condimentados e suculentos, típicos da culinária nordestina.

Cachaça da Quinta

Razão social:
Fazenda da Quinta

Proprietária:
Katia Alves Espírito Santo

Endereço:
Fazenda da Quinta, s/nº,
Município do Carmo/RJ

Site: www.cachacadaquinta.com.br

Telefone: (21) 3502-9091

Visitação: agendamento prévio para grupos

HISTÓRICO

Localizada no Município do Carmo, no estado do Rio de Janeiro, a Fazenda da Quinta, onde é produzida a Cachaça da Quinta, situa-se em baixa altitude, em torno de 200 metros, na região serrana do estado, em um vale do rio Paraíba, com solo, clima e microclima ideais ao cultivo da cana-de-açúcar e à produção de cachaça.

O Alambique foi fundado em 1923 pelo imigrante português Francisco Lourenço Alves, que iniciou a produção de forma muito tímida. Sucedeu-o o filho, José Ramos Alves, que durante meio século conduziu o processo e, no início do século XXI, transmitiu lições tradicionais à sua filha, Katia Alves Espírito Santo, que assumiu a produção e o controle de qualidade.

Aprimorando constantemente a técnica, a Cachaça da Quinta conquistou o certificado de qualidade Inmetro, o Certificado de Produto Orgânico e, em 2013, tornou-se o primeiro destilado brasileiro a receber a Grande Medalha de Ouro do Spirits Selection, prova mundial do Concurso Mundial de Bruxelas.

VISITAÇÃO

Para acompanhar o fluxo do processo produtivo, a Fazenda da Quinta oferece a possibilidade de agendamento prévio de visitas a grupos. Além de conhecer todo o processo produtivo, desde a matéria-prima, passando pelo armazenamento, até o engarrafamento, o visitante tem ainda a oportunidade de conhecer um pouco da história da fazenda e da cachaça, bem como degustar os diferentes tipos produzidos no local.

LINHA DE PRODUTOS

Cachaça da Quinta - Branca

- Graduação alcoólica: 42% vol.
- Armazenamento: aço inoxidável.
- Cor: branca, límpida e incolor.
- Aroma: fino, intenso, com notas frutadas.
- Sabor: leve, acidez equilibrada e persistente.
- Harmonização: acompanha petiscos, caldinhos e frutos do mar.

Cachaça da Quinta - Amburana

- Graduação alcoólica: 40% vol.
- Armazenamento: amburana, 2 anos.
- Cor: amarelo-palha, densa e límpida.
- Aroma: notas amadeiradas de caramelo e especiarias.
- Sabor: leve, acidez equilibrada, redondo e fino.
- Harmonização: acompanha sobremesas, por suas notas de amêndoas, ameixa e canela.

Cachaça da Quinta - Carvalho

- Graduação alcoólica: 40% vol.
- Armazenamento: carvalho, 2 anos.
- Cor: amarelo-palha, densa e límpida.
- Aroma: boa fruta madura, especiarias, madeira e caramelo.
- Sabor: leve, macio, fino e persistente.
- Harmonização: acompanha pratos de carne de peso médio e boa condimentação.

Cachaça Duvale

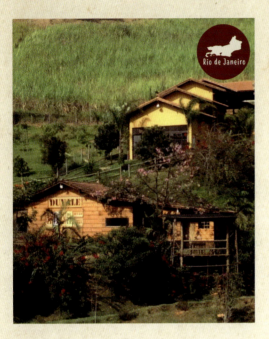

Razão social:
Fazenda do Vale Agronegócios Ltda. - EPP

Proprietário:
José Eduardo Carneiro de Carvalho

Endereço:
Estrada Almirante Paulo Meira (RJ 117), km 25, Vale das Videiras, Paty do Alferes/RJ

Site: www.alambiqueduvale.com.br

Telefones: (24) 2225-3145, (24) 2225-8075 e (24) 99425-7642

Visitação: sábados e feriados, das 8h às 17h. Horários alternativos podem ser agendados.

HISTÓRICO

O Alambique Duvale produz, desde 2011, cachaça artesanal em instalações e equipamentos modernos que viabilizam produtos finais com rigorosos controles técnicos e de qualidade, utilizando somente a cana plantada ou cultivada na propriedade, sem uso de agrotóxicos. A armazenagem e o envelhecimento são realizados em tonéis de madeira de carvalho francês e americano.

Em 2016, na Expocachaça em Belo Horizonte, a Cachaça Duvale Carvalho Americano foi premiada com a Medalha de Prata.

VISITAÇÃO

O Alambique está sempre aberto para visitações e é ponto de encontro de cavalgadas e passeios de ciclistas, muito comuns no Vale das Videiras.

A apresentação, muito didática e espontânea, feita pelo mestre alambiqueiro, de todo o processo de produção e armazenagem, é um sucesso e termina sempre na degustação das cachaças, em um quiosque à beira de um lago. A degustação é acompanhada com geleias caseiras, de pimenta biquinho e de maracujá, e queijos minas curados, de vaca ou de ovelha, produzidos nas vizinhanças do Vale das Videiras.

LINHA DE PRODUTOS

Cachaça Duvale Branquinha

- Graduação alcoólica: 42% vol.
- Armazenamento: aço inoxidável, 6 meses.
- Cor: transparente, límpida e densa.
- Aroma: fino e intenso, com notas frutadas vegetais.
- Sabor: macio, fino, aveludado e notadamente adocicado.
- Harmonização: recomendada para o preparo de coquetéis e caipirinha, bem como para acompanhar petiscos, caldinho de feijão, torresmo e linguiças.

Cachaça Duvale Carvalho Americano

- Graduação alcoólica: 42% vol.
- Envelhecimento: carvalho americano, 1 a 3 anos.
- Cor: amarelo-ouro, límpida e brilhante.
- Aroma: intenso e persistente, com notas de café e amêndoa.
- Sabor: bom corpo, macio e fino, com traços de fruta e madeira.
- Harmonização: acompanha pratos de peso médio e leve condimentação.

Cachaça Duvale Carvalho Francês

- Graduação alcoólica: 42% vol.
- Envelhecimento: carvalho francês, 1 a 3 anos.
- Cor: amarelo-ouro, intensa e límpida.
- Aroma: intenso e persistente, com notas de caramelo e certa madeira.
- Sabor: untuoso e redondo, com notas especiadas de baunilha e ervas secas.
- Harmonização: ideal para acompanhar pratos mais pesados e condimentação complexa.

Cachaça Fazenda Soledade

Razão social:
Fazenda Soledade Ltda.

Proprietária:
Família Bastos Ribeiro

Endereço:
Estrada do Rio Grande de Cima, Nova Friburgo/RJ

Site: www.soledade.com

Telefones: (22) 2522-7186 e (22) 2521-6774

Visitação: (22) 2522-7186

HISTÓRICO

A Fazenda Soledade iniciou a produção de cachaça em 1977, colocando em prática, desde o início, a sua vocação para produtos de altíssima qualidade, unindo a tradição artesanal e a tecnologia moderna, respeitando as práticas ambientalmente responsáveis.

Apesar do crescimento empresarial, desde a sua fundação, a empresa é dirigida com envolvimento direto dos irmãos Bastos Ribeiro, que asseguram pessoalmente a consistência da qualidade de seus produtos.

Como reconhecimento de sua qualidade e capacidade de inovação, as cachaças da Fazenda Soledade, em 1981, penetraram no mercado internacional, sendo hoje exportadas para a Alemanha, Itália, Suíça e Estados Unidos.

Para a produção das cachaças com o elevado nível, a qualidade da água é fator primordial. As nascentes da Fazenda Soledade encontram-se preservadas em áreas de Mata Atlântica, situadas a 1.200 m de altitude. A água, desmineralizada naturalmente, é captada antes de qualquer contato humano, dispensando assim qualquer tratamento químico.

Além do rígido controle do processo produtivo, a altitude da montanha e o ar puro da Mata Atlântica formam uma combinação ideal para que o destilado repouse em temperaturas amenas e condições ideais de umidade, que preservam a qualidade da cachaça e também contribuem para a complexidade do sabor e do aroma.

Pelo seu padrão de qualidade, as Cachaças Fazenda Soledade têm sido agraciadas com diversas medalhas, em concursos nacionais e internacionais.

VISITAÇÃO

A Fazenda Soledade oferece a possibilidade de visitação, permitindo o acompanhamento de todo o processo produtivo, evidenciando todos os cuidados no cumprimento dos procedimentos operacionais padrão e das normas vigentes. O visitante tem ainda a oportunidade de degustar as cachaças produzidas, bem como adquiri-las.

As visitas ocorrem de segunda a sexta-feira, das 13h às 17h, mediante agendamento.

LINHA DE PRODUTOS

Cachaça Fazenda Soledade Pura

- Graduação alcoólica: 40% vol.
- Armazenamento: aço inoxidável.
- Cor: branco-límpida.
- Aroma: frutado, com notas cítricas bem destacadas.
- Sabor: leve e macio, com acidez equilibrada.
- Harmonização: acompanha petiscos, caldinhos e pratos à base de frutos do mar.

Cachaça Soledade Ipê

- Graduação alcoólica: 40% vol.
- Armazenamento: ipê, 2 anos.
- Cor: amarelo-ouro e límpida.
- Aroma: elegante e persistente, com notas de especiarias e baunilha.
- Sabor: muito suave, com retrogosto elegante e persistente.
- Harmonização: comida suculenta e assados.

Cachaça Soledade Umburana

- Graduação alcoólica: 40% vol.
- Armazenamento: umburana, 2 anos.
- Cor: amarelo-ouro e límpida.
- Aroma: elegante e persistente, com notas adocicadas e canela.
- Sabor: muito suave, com retrogosto elegante e persistente.
- Harmonização: sobremesas, salada de frutas e sorvetes, especialmente com o tradicional bolo de rolo.

Cachaça Soledade Bálsamo

- Graduação alcoólica: 40% vol.
- Armazenamento: bálsamo, 18 meses.
- Cor: amarelo-ouro.
- Aroma: elegante e persistente, com notas de especiarias.
- Sabor: com excelente corpo, nota de pimenta no retrogosto elegante e persistente.
- Harmonização: tira-gostos fritos e condimentados.

Cachaça Soledade Jequitibá

- Graduação alcoólica: 40% vol.
- Armazenamento: barris pequenos de jequitibá, 2 anos.
- Cor: amarelo-clara.
- Aroma: especialmente frutado, resultante de armazenamento em pequenos barris.
- Sabor: aveludado, com notas cítricas delicadas.
- Harmonização: frutos do mar e carnes magras.

Cachaça Magnífica

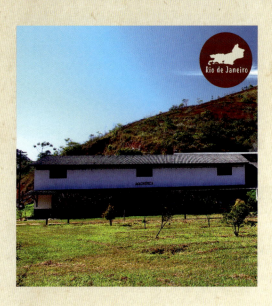

Razão social:
JLF Agropecuária Ltda.

Proprietário:
João Luiz Coutinho de Faria

Endereço:
Fazenda do Anil, Estrada Deputado Gustavo de Faria, s/nº, Vassouras/RJ

Site: www.cachacamagnifica.com.br

Telefones: (21) 2508-9042 e (21) 2252-4928

Visitação: Fazenda do Anil

HISTÓRICO

Em 1985 foi criada a empresa CMJ Agropecuária Ltda. - atualmente JLF Agropecuária Ltda. -, que adquiriu 90 alqueires de terra da Fazenda do Anil, situada em Vassouras, nos limites dos municípios de Paty do Alferes e Miguel Pereira, com acesso por este último.

A empresa, assim estabelecida tinha como objetivo a produção de cachaça de alta qualidade em alambiques de cobre, capaz de competir com os melhores destilados conhecidos e satisfazer aos apreciadores mais exigentes. Para isso, o seu produtor envolveu-se ativamente, desde o início, no processo de aprimoramento da qualidade e, consequentemente, de valorização da cachaça.

No que se refere ao processo produtivo, a Cachaça Magnífica obedece a alguns princípios básicos:

- Todas as etapas da produção da cachaça, desde o plantio da cana até a comercialização do produto final, estão concentradas na Fazenda do Anil, o que permite total controle do processo.

- A cana é cortada manualmente, sem queima, e a extração do caldo é feita no mesmo dia.

- A fermentação é realizada em dornas de aço inoxidável, utilizando leveduras selecionadas, nativas da própria região.

- A destilação é feita por meio de alambiques de cobre de três copos - "Alambique Alegria" -, um dos únicos que continuam em operação no Brasil, com capacidade de destilar 2.000 litros de mosto fermentado a cada batelada (lote).

- No envelhecimento são usados três tipos de tratamento, visando ao aprimoramento de suas qualidades organolépticas: armazenamento em ipê, envelhecimento em carvalho e envelhecimento segundo o processo "soleira".

- No processo "soleira", a cachaça é transferida de uma bateria de barris de carvalho, de oito níveis, de um para outro, a cada cinco meses, até ser engarrafada. O processo todo demora 40 meses, até chegar à prateleira mais próxima do solo, daí o qualificativo "soleira".

Nos quase 20 anos de mercado, a Cachaça Magnífica acumula diversos prêmios, sendo exportada para países da Comunidade Europeia e Reino Unido.

VISITAÇÃO

A Fazenda do Anil oferece a possibilidade, mediante agendamento, de visita guiada às instalações de produção da cachaça, onde são mostradas todas as fases do processo, desde o plantio da matéria prima até o engarrafamento, passando pela fermentação, destilação, envelhecimento e armazenamento.

O visitante tem também a oportunidade de degustar as cachaças Magnífica, nas formas puras, caipirinha ou batidas. Há também a possibilidade de almoçar na fazenda e adquirir os diferentes tipos e estilos das cachaças produzidas.

LINHA DE PRODUTOS

Cachaça Magnífica - Tradicional

- Graduação alcoólica: 45% vol.
- Armazenamento: ipê, 2 anos.
- Cor: amarelo-palha muito clara com reflexos esverdeados, densa e límpida.
- Aroma: fino, intenso com notas de fruta madura e madeira.
- Sabor: encorpado, acidez equilibrada, macio e fino.
- Harmonização: acompanha petiscos à base de frutos do mar, mandioca frita e caldinhos.

Cachaça Magnífica - Envelhecida

- Graduação alcoólica: 43% vol.
- Envelhecimento: carvalho, 2 anos.
- Cor: amarelo-ouro, brilhante e límpida.
- Aroma: notas amadeiradas de baunilha e leve caramelo.
- Sabor: médio corpo, acidez equilibrada, redondo e fino.
- Harmonização: acompanha pratos condimentados e suculentos.

Cachaça Magnífica - Reserva Soleira

- Graduação alcoólica: 43% vol.
- Envelhecimento: carvalho, processo soleira, 40 meses.
- Cor: caramelo, densa e límpida.
- Aroma: elegante, com certa complexidade, com muita fruta em compota, boa madeira, caramelo e ervas aromáticas.
- Sabor: encorpado, acidez equilibrada, muito macio, fino e persistente; lembrança de madeira e caramelo.
- Harmonização: própria para acompanhar pratos com molhos de boa condimentação. Pode ser apreciada como aperitivo on the rocks ou como digestivo, acompanhando café expresso.

Cachaça Maria Izabel

Razão social:
Alambique Paratycana Ltda.

Proprietária:
Maria Izabel Gibrail Costa

Endereço:
Sítio Santo Antônio, Bairro Corumbê, Caixa Postal 75078, Paraty/RJ

Site: www.mariaizabel.com.br

Telefone: (24) 99999-9908

Visitação: Sítio Santo Antônio, (24) 99999-9908

HISTÓRICO

Maria Izabel é trineta de tradicionais produtores de aguardente em Paraty. As famílias Costa e Madruga iniciaram suas atividades de produção de cachaça em meados do século XVIII, que se estendeu até o século XX. Há registros de que no século XIX exportaram para Portugal 7 pipas de aguardente branca e 28 garrafões da aguardente Laranjinha Celeste.

Com o imaginário marcado pelas histórias sobre produção de cachaça, em sua família e em Paraty, Maria Izabel, em 1996, iniciou-se nesse universo, tornando-se a primeira mulher de que se tem notícia a realizar todas as fases da fabricação da bebida - da produção até a comercialização -, contando com sua pequena equipe. Assim, a marca do seu produto não poderia ser outra: Cachaça Maria Izabel.

Do processo produtivo da Cachaça Maria Izabel, merecem destaque os seguintes aspectos:

- A cana é plantada no Sítio Santo Antônio, à beira do mar, mantendo assim a salinidade que caracteriza a tradicional aguardente de Paraty.

- O fermento é obtido por processo natural, respeitando o processo secular de sua produção nesta cidade.

- O controle de qualidade é mantido com o corte da cana e sua moagem, em pequeno intervalo de tempo, tendo todos os cuidados necessários nas fases de fermentação, destilação e armazenamento da produção anual, que é de 7,5 mil litros.

Pela alta qualidade dos produtos, a Cachaça Maria Izabel figurou nos rankings bienais da revista Playboy – um dos mais conceituados do país –, que classifica as 20 melhores cachaças do Brasil. Em 2007, a Cachaça Maria Izabel Prata, armazenada em tonéis de jequitibá, ficou em 11º lugar com destaque. Em 2009, esta mesma cachaça ocupou o 7º lugar. Em 2011, última edição do ranking, a Cachaça Maria Izabel Ouro foi classificada em 7º lugar, com destaque.

A Cachaça Maria Izabel integra a Indicação de Procedência de Paraty, conferida pelo Inpi em 2007.

VISITAÇÃO

O Alambique Paratycana, onde é produzida a Cachaça Maria Izabel, oferece, durante os fins de semana e dias de feriados, das 10h30 às 17h, a possibilidade de visitação, permitindo o acompanhamento de todo o processo produtivo, evidenciando todos os cuidados no cumprimento dos procedimentos operacionais padrão e das normas vigentes. Nos outros dias, é requerido agendamento da visita por telefone. O visitante tem ainda a oportunidade de degustar as cachaças produzidas, bem como adquiri-las.

LINHA DE PRODUTOS

Cachaça Maria Izabel – Prata

- Graduação alcoólica: 44% vol.
- Armazenamento: jequitibá, 12 meses.
- Cor: branca, com reflexos esverdeados, densa e límpida.
- Aroma: fino, intenso e persistente, lembrando garapa.
- Sabor: encorpado, acidez equilibrada, macio e fino; notas discretas de ervas.
- Harmonização: acompanha petiscos à base de frutos do mar, como caldinho de peixe ou de mariscos. Levemente resfriada, torna-se mais redonda.

Cachaça Maria Izabel – Ouro

- Graduação alcoólica: 40% vol.
- Armazenamento: carvalho, 12 meses.
- Cor: amarelo-ouro, límpida e brilhante.
- Aroma: fino, intenso e persistente, com marcante presença de madeira, lembrando ervas secas e especiarias.
- Sabor: encorpado, acidez equilibrada, macio e fino; a madeira aparece, secundada por notas de ervas e discreta baunilha e coco.
- Harmonização: acompanha pratos condimentados, gordurosos e suculentos.

Cachaça Tellura

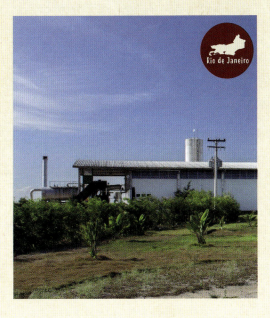

Razão social:
Cachaça Artesanal Abadia Ltda.

Sócio-administrador:
Carlos Alberto Corrêa Mariz

Endereço:
Avenida Francisco Lamego, s/nº, Estrada Campos Gargaú (RJ 194), Campos dos Goytacazes/RJ

Site: www.tellura.com.br

Telefones: (22) 3095-9507, (21) 4063-9076 e (11) 4063-3570

Visitação: (22) 3095-9507, (21) 4063-9076 e (11) 4063-3570

HISTÓRICO

Localizada no município de Campos dos Goytacazes, na região norte fluminense do estado do Rio de Janeiro, a Cachaça Tellura é produzida na Fazenda Abadia, com mais de 100 anos de tradição no cultivo da cana-de-açúcar.

A partir da palavra telúrica (que se refere à Terra ou ao solo) foi criada a marca Tellura. Seu nome associa-se diretamente a todos os valores oriundos da região: desde a qualidade da cana até as reconhecidas obras criadas pelos seus artistas. O símbolo da empresa representa o traço do artista na criação de sua obra de arte. A tipografia inspira-se no corte da cana em sua colheita. Sua missão é produzir a verdadeira "cachaça arte" e permitir a melhor experiência sensorial aos seus apreciadores.

Preocupada com o meio ambiente e com a sustentabilidade, a Cachaça Tellura aproveita todos os resíduos produzidos durante o seu processo de fabricação. O bagaço da cana-de-açúcar é queimado na caldeira para gerar o vapor que é utilizado na destilação e o restante é utilizado como alimentação animal, assim como as leveduras secas. O vinhoto é utilizado na fertirrigação dos canaviais.

VISITAÇÃO

A partir de 2015 foi inaugurado o centro de visitação, aberto durante todo o ano. São oferecidas visitas guiadas com acompanhamento de todo o processo produtivo até a sala de degustação. O visitante tem a oportunidade de provar a Cachaça Tellura, sob a orientação de um mestre alambiqueiro, com informações sobre as diversas características dos processos e dos aspectos sensoriais.

LINHA DE PRODUTOS

Cachaça Tellura - Prata

- Graduação alcoólica: 40% vol.
- Armazenamento: aço inoxidável, 6 meses.
- Cor: incolor, cristalina e totalmente límpida.
- Aroma: vegetal, com notas especiais de cana fresca.
- Sabor: suave e harmonioso, sem deixar rusticidade.
- Harmonização: ideal para elaboração de drinks e aperitivos.

Cachaça Tellura - Jequitibá Rosa

- Graduação alcoólica: 40% vol.
- Armazenamento: jequitibá, mínimo 6 meses.
- Cor: coloração dourada clara e brilhante.
- Aroma: fresco, com toques cítricos e notas minerais.
- Sabor: frutado, aveludado e macio.
- Harmonização: perfeita para elaboração de drinks; acompanha petiscos, caldinhos e pratos à base de frutos do mar.

Cachaça Tellura - Amburana

- Graduação alcoólica: 40% vol.
- Armazenamento: blending amburana/jequitibá, mínimo 1 ano.
- Cor: amarelo-ouro, intensa.
- Aroma: amadeirado, com toque de canela.
- Sabor: levemente adocicado, com notas de baunilha, apresentando a maciez de um blending, conferido pelo equilíbrio das duas madeiras, jequitibá-rosa e amburana.
- Harmonização: ideal para apreciação na forma pura, acompanha pratos condimentados e, principalmente, sobremesas e sorvetes.

Cachaça Werneck

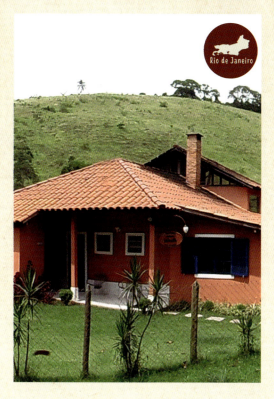

Razão social:
ECX Cachaças Artesanais Ltda.

Proprietários:
Eli, Cilene, Aurélia, Laura e Jorge Werneck

Endereço:
Estrada Rio das Flores-Barreado, 9001, Zona Rural, 1º Distrito, Rio das Flores/RJ

Site: www.cachacawerneck.com e www.safiraregia.com

Telefones: (24) 99298-9900, (24) 99298-9998 e (21) 3411-5008

Visitação: Sítio Werneck, visitas agendadas para até 30 pessoas, com, no mínimo, 3 dias de antecedência, eli@cachacawerneck.com.br ou contato@cachacawerneck.com.br

HISTÓRICO

A Destilaria Werneck está localizada na cidade de Rio das Flores, no estado do Rio de Janeiro, dentro do histórico Vale do Café, na região do Médio Vale do Paraíba, onde a grande maioria das fazendas do século XIX produzia café e cachaça.

O projeto da destilaria nasceu em 2007 e a primeira produção, em 2008. Em 2010, as cachaças Werneck foram lançadas no mercado. Em 2012, a Werneck recebeu a Certificação de Qualidade do Inmetro e a primeira exportação foi feita em 2013.

Situada em uma região com um dos melhores climas do mundo, o Sítio Werneck cultiva o seu próprio canavial, utilizando métodos naturais sem a o uso de agrotóxicos. Aliando tradição, os melhores equipamentos, ética, responsabilidade socioambiental e o que há de mais moderno no processo produtivo, a Werneck foi uma das primeiras na implantação das boas práticas de qualidade no cultivo da cana-de-açúcar e na produção da cachaça, o que garante a excelência do produto final. Com capacidade anual de 16 mil litros, todo o processo de produção é feito no próprio sítio, do plantio da cana até o engarrafamento.

As premiações e medalhas recebidas de instituições nacionais e internacionais demonstram que a Werneck, em poucos anos, assumiu posição de destaque no mercado: medalhas de Ouro e Prata no Concurso Mundial de Bruxelas.

A Cachaça Werneck é produzida pessoalmente pelo casal Eli e Cilene Werneck, que são mestres alambiqueiros e cuidam de cada etapa do processo: é uma paixão que se traduz em excelência.

VISITAÇÃO

Na Destilaria Werneck os visitantes são recepcionados pelos próprios donos e têm a oportunidade de conhecer todas as instalações da fábrica e as caves. Em cada sala recebem informações sobre as etapas da produção e podem tirar dúvidas sobre cada fase.

No final, para tornar a visita inesquecível, é oferecido um momento de descontração no quiosque de degustação. Lá, os visitantes podem provar todos os produtos e saborear petiscos em um ambiente agradável e cercado de árvores e pássaros. As degustações só são permitidas para maiores de 18 anos. Todos os produtos da destilaria podem ser adquiridos no próprio quiosque.

LINHA DE PRODUTOS

Cachaça Werneck - Tradicional

- Graduação alcoólica: 42% vol.
- Armazenamento: aço inoxidável, 4 meses.
- Cor: branca (incolor), límpida e cristalina.
- Aroma: fino, intenso e persistente, com notas frutadas de cana-de-açúcar.
- Sabor: encorpado, acidez equilibrada, macio e persistente.
- Harmonização: acompanha petiscos, iscas de peixe, camarão e caldos.

Cachaça Werneck - Reserva Especial

- Graduação alcoólica: 40% vol.
- Envelhecimento: jequitibá e carvalho, 10 meses a 1 ano.
- Cor: amarelo-clara, brilhante e límpida.
- Aroma: fino, intenso e persistente, com notas vegetais e leve madeira.
- Sabor: médio corpo, acidez equilibrada, muito macio, com notas de especiarias.
- Harmonização: acompanha pratos levemente condimentados e médio peso.

Cachaça Werneck Safira Régia - Extra Premium

- Graduação alcoólica: 40% vol.
- Envelhecimento: carvalho, 3 a 5 anos.
- Cor: amarelo-dourada natural, densa e límpida.
- Aroma: elegante, fino, intenso e persistente, com notas frutadas, vegetais e de baunilha.
- Sabor: encorpado, acidez equilibrada, muito macio, fino e persistente; lembrança de madeira e baunilha.
- Harmonização: própria para acompanhar pratos com molhos de boa condimentação; pode ser apreciada como aperitivo on the rocks ou como digestivo, acompanhando café expresso.

Cachaça Harmonie Schnaps

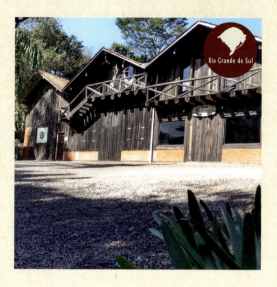

Razão social:
Cachaçaria Harmonie Schnaps

Proprietário:
Leandro Augusto Hilgert

Endereço:
Rua Jacó Fink, 2000, Bairro Morro Azul, Harmonia/RS

Site: www.harmonieschnaps.com.br

Telefone: (51) 9899-2046

Visitação: contato@harmonieschnaps.com.br

HISTÓRICO

Localizada no município de Harmonia, onde predomina a cultura alemã, no Vale do rio Caí, no Rio Grande do Sul, a Cachaçaria Harmonie Schnaps, idealizada e criada pela família Hilgert, foi pioneira na região na produção de cachaça artesanal.

As condições climáticas e edáficas da região mostraram-se extremamente propícias para o cultivo da cana-de-açúcar, que, pelas características peculiares do verão e do inverno, apresenta alto teor de sacarose, primordial para a elaboração de um produto de elevada qualidade.

A partir de 1940, a família dedicou-se à produção da cachaça, interrompida em 1980. Em 2004, Leandro Augusto Hilgert retomou a produção, mantendo-se até a data de hoje.

Investindo sempre para aprimorar a qualidade dos processos, controlando cada detalhe de todas as fases, a produção é realizada integralmente em instalações próprias e exclusivas. Todo o processo - desde a plantação da cana-de-açúcar, pelo método orgânico, até a fase de distribuição - é artesanal e totalmente rastreado, garantindo assim a máxima segurança para o consumidor. Produz, no máximo, 20 mil litros/ano.

O resultado são produtos de altíssima qualidade, que na última década têm recebido prêmios e destaques em concursos e eventos nacionais e internacionais: em 2013 obteve a Grande Medalha de Ouro no Concurso Mundial de Bruxelas e, em 2014, recebeu Medalha de Prata na 23ª Expocachaça e Medalha de Ouro no Concurso Mundial de Bruxelas.

VISITAÇÃO

A Cachaçaria Harmonie Schnaps, localizada a 70 km de Porto Alegre, dispõe da possibilidade de visitação, individual ou em grupos. O visitante tem a oportunidade de conhecer todo o processo de produção da cachaça, desde o cultivo da cana-de-açúcar até o engarrafamento.

LINHA DE PRODUTOS

Cachaça Harmonie Schnaps - Prata

- Graduação alcoólica: 38% vol.
- Armazenamento: aço inoxidável, 6 meses.
- Cor: branca (incolor), límpida e brilhante.
- Aroma: fino, intenso, com notas frutadas de cana-de-açúcar.
- Sabor: leve, acidez equilibrada e notas adocicadas, levemente metálicas.
- Harmonização: acompanha petiscos, caldinhos e frutos do mar; recomendada para caipirinha, batidas e coquetéis diversos.

Cachaça Harmonie Schnaps - Envelhecida

- Graduação alcoólica: 38% vol.
- Armazenamento: carvalho, grápia, louro e cabreúva (blend), 3 anos.
- Cor: amarelo-ouro, límpida e brilhante.
- Aroma: complexo, harmônico e elegante, com notas especiadas.
- Sabor: redondo e fino, amadeirado com notas de baunilha e coco.
- Harmonização: ideal para ser degustada pura. Acompanha pratos condimentados e suculentos. Como digestivo, devido à complexidade, pode acompanhar o cafezinho no final das refeições.

Cachaça Weber Haus

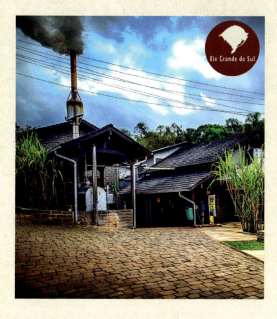

Razão social:
H. Weber & Cia Ltda.

Proprietária:
Família Weber

Endereço:
Rua 48 Alta, 2625, Picada 48 Alta, Ivoti/RS

Site: http://www.weberhaus.com.br

Telefones: (51) 3563-3194 e (51) 3563-4800

Visitação: diariamente, inclusive finais de semana e feriados, das 8h às 11h30 e das 13h às 17h30

HISTÓRICO

A família Weber faz parte da grande imigração germânica para todo o sul do Brasil na metade do século XIX. Um dos costumes da família, desde a Alemanha, era a elaboração do destilado Schnaps.

No Brasil, após instalar-se nas férteis colinas de Ivoti, no Rio Grande do Sul, a família Weber adotou a cana-de-açúcar para preparar a cachaça para consumo próprio. Consolidada a continuidade da tradição de produzir destilados, os Weber passaram a fornecer sua apreciada cachaça para as pessoas mais próximas.

A partir de 1948, a família Weber fundou a Cachaçaria Weber Haus, onde, até hoje, elabora cachaças de qualidade com apelo ecológico e orgânico, garantindo equilíbrio entre tradição e tecnologia, para apreciadores cada vez mais exigentes. Assim a Weber vem recebendo reconhecimento nacional e internacional.

Ao completar 70 anos, a Cachaça Weber Haus está presente em quase todo o mercado brasileiro, além de exportar 35% da produção para a Alemanha, Estados Unidos, Portugal, Canadá, França, Ilhas Bermudas, Itália, China, Japão, Holanda, Inglaterra, Suécia, Dinamarca, Turquia e Bélgica.

VISITAÇÃO

Em 1968 foi inaugurado um centro de visitação, aberto durante todo o ano. São oferecidas visitas guiadas, acompanhamento de todo o processo produtivo, até a sala de degustação. O visitante tem a oportunidade de provar os produtos, comparando, sob orientação, as diversas características sensoriais. Há também uma loja no local, onde se podem adquirir cachaças, brindes e acessórios.

LINHA DE PRODUTOS

Cachaça Prata Orgânica

- Graduação alcoólica: 38% vol.
- Armazenamento: aço inoxidável, 1 ano.
- Volume: 750 ml.
- Cor: límpida e incolor.
- Aroma: fino, intenso, com notas frutadas.
- Sabor: leve, acidez equilibrada e persistente.
- Harmonização: acompanha petiscos, caldinhos.

Cachaça Premium Orgânica

- Graduação alcoólica: 38% vol.
- Armazenamento: carvalho francês, 3 anos.
- Volume: 750 ml.
- Cor: amarelo-palha.
- Aroma: leve e fino; especiarias e madeira.
- Sabor: macio e fino, com notas de baunilha e café torrado.
- Harmonização: acompanha pratos condimentados, servir pura.

Cachaça Extra Premium - Reserva Especial 6 anos de envelhecimento

- Graduação alcoólica: 38% vol.
- Armazenamento: carvalho francês, 5 anos; bálsamo, 1 ano.
- Volume: 750 ml.
- Cor: amarelo-palha clara.
- Aroma: muito fino, intenso e persistente.
- Sabor: leve, redondo.
- Harmonização: especial para beber pura.

Cachaça Armazém Vieira

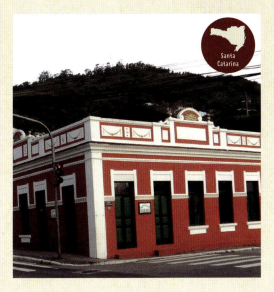

Razão social:
Canafita Indústria de Bebidas Ltda.

Proprietários:
Wolfgang Schrader e
Renato Grasso Bollo

Endereço:
Rua Aldo Alves, 15, Saco dos Limões,
Florianópolis/SC

Site: www.armazemvieira.com.br;

Telefone: (48) 3333-8687

Visitação: Armazém Vieira,
voce@armazemvieira.com.br

HISTÓRICO

A Cachaça Armazém Vieira é produzida desde o século XVIII, em Florianópolis, na Ilha de Santa Catarina, antigo Porto Nossa Senhora do Desterro. A edificação do entreposto marítimo Armazém Vieira, em 1840, à beira-mar da pequena baía do Saco dos Limões na ilha, constitui-se em um importante marco na comercialização entre as diferentes freguesias e arraiais da região, bem como abastece os navios de alimentos e cachaça produzida nos 110 engenhos locais.

Desde esta época a cachaça era armazenada no Armazém Vieira em grandes tonéis e, no seu balcão, servida em doses, comercializada em botijas de barro seladas e em barris de madeiras nativas.

Em 1983, os engenheiros e mixologistas Wolfgang Schrader e Renato Grasso Bollo adquiriram o histórico Armazém Vieira e ficaram fascinados ao conhecer a sua tradição mercantil em cachaça. Após estudos e pesquisas junto a tradicionais destiladores da região, decidiram fabricar a própria cachaça e resgatar a história da Cachaça Armazém Vieira.

Devido ao clima, solo e cana-de-açúcar tipo "cana fita", a cachaça possui características únicas e especiais. Com fermento produzido a partir do próprio mosto, os processos de fermentação e destilação são totalmente controlados. O coração da destilação é, então, transferido para grandes tonéis das madeiras ariribá e grápia, localizados nos fundos do Armazém Vieira, para o processo de envelhecimento natural por longos períodos de até 30 anos, pelo "método solera", com atestos anuais.

VISITAÇÃO

O Armazém Vieira tem a primazia de ser o prédio histórico mais visitado de Florianópolis, recebendo hoje entre 12 e 15 mil visitantes anualmente.

No espaço do Armazém Vieira tem lugar de destaque um balcão recuperado, que servia e comercializava cachaça aos navios que aportavam na ilha. No entorno do balcão há mesas e cadeiras art noveau, do início do século XX. O salão é iluminado por grandes lustres suspensos, com muitas esferas translúcidas, havendo nas paredes luminárias do mesmo estilo. Do balcão é possível visualizar, nos fundos, a adega com antigos tonéis de envelhecimento e o maquinário artesanal de engarrafamento.

O Armazém Vieira está aberto para a venda das cachaças de segunda a sexta-feira, das 9h às 12h e das 14h às 16h. De quinta-feira a sábado, a partir das 20h, funciona como cantina que, além de divulgar as cachaças, serve caipirinha, chope e outros destilados, comidas e petiscos regionais.

O Armazém Vieira ainda serve de palco a músicos locais para execução de MPB e músicas dos anos 1980/1990. Também, para divulgar a cultura catarinense, são realizados lançamentos de livros, exposições de artistas plásticos e outras manifestações culturais.

LINHA DE PRODUTOS

Cachaça Armazém Vieira Porto Nossa Senhora do Desterro - Tradicional

- Graduação alcoólica: 40% vol.
- Armazenamento: ariribá e grápia, 6 anos.
- Cor: amarelo-palha muito clara com reflexos esverdeados; densa e límpida.
- Aroma: fino, intenso, com notas frutadas e amadeiradas.
- Sabor: leve, baixa acidez, macio e fino.
- Harmonização: acompanha petiscos à base de frutos do mar, mandioca frita e caldinhos. Pode ser apreciada pura, on the rocks e em coquetéis.

Cachaça Armazém Vieira Rubi

- Graduação alcoólica: 40% vol.
- Envelhecimento: ariribá e grápia, 8 anos.
- Cor: amarelo-palha clara, brilhante e límpida.
- Aroma: fino e intenso, com notas amadeiradas.
- Sabor: complexo, acidez equilibrada, redondo e fino.
- Harmonização: acompanha pratos condimentados e suculentos; levemente aquecida com a mão, pode ser apreciada como digestivo.

Cachaça Armazém Vieira Onix

- Graduação alcoólica: 40% vol.
- Envelhecimento: ariribá e grápia, 16 anos.
- Cor: amarelo-palha, densa e límpida.
- Aroma: elegante, com certa complexidade, com muita fruta e boa madeira.
- Sabor: bom corpo, acidez equilibrada, muito macio, fino e persistente; lembrança de madeira.
- Harmonização: própria para acompanhar pratos com molhos de boa condimentação. Pode ser apreciada como aperitivo on the rocks ou como digestivo, acompanhando café expresso.

Cachaça Heats Brazil

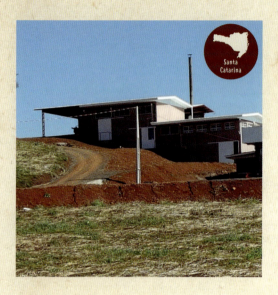

Razão social:
HB Agroindústria Ltda ME.

Proprietário:
Vilmar Lima de Souza

Endereço:
Estrada Fundo União, s/nº, Caixa Postal 01, Paraíso/SC

Site: www.heatsbrazil.com

Telefones: (49) 3197-1122
(49) 98408-1122 e (49) 98435-6173

Visitação: visitação técnica com agendamento, (49) 98435-6173 ou contato@heatsbrazil.com

HISTÓRICO

Localizada no município de Paraíso, em Santa Catarina, com fácil acesso, distante 1,0 km do centro da cidade, a HB Agroindústria, fabricante da Cachaça Heats Brazil, situa-se em média altitude, em torno de 720 metros, na região extremo oeste do estado, na divisa com Argentina, com solo, clima e microclima ideais ao cultivo da cana-de-açúcar e à produção de cachaça.

O alambique foi fundado e iniciou sua produção no ano de 2015, pelo idealizador Vilmar Lima de Souza, que fez vários estudos do contexto da cachaça no Brasil e no mundo, movido pela emoção e o desejo de elevar a cachaça aos níveis mais altos quanto a sua qualidade e representatividade entre as bebidas alcoólicas produzidas no mundo, dando à cachaça o destaque que ela merece.

Com o intuito de criar uma marca que realmente representasse o clima quente, o calor tropical do Brasil, aliada à história da cachaça, surgiu a Heats Brazil. Sem desprezar nenhum equipamento tradicional nem alterar o processo original, a empresa inovou no estilo de fabricação de cachaça utilizando equipamentos de última geração que agregam qualidade aos produtos.

Além do cultivo próprio do canavial, com práticas orgânicas, e da retirada de todos os componentes químicos da cachaça que são prejudiciais à saúde dos consumidores, a empresa adotou práticas de tripla filtragem e possui uma equipe de profissionais treinados nos melhores alambiques de cachaça de Minas Gerais.

No processo de envelhecimento também foram dedicados vários estudos, com análise sensorial para definir quais madeiras dariam os melhores sabores à nobre bebida. Assim foram escolhidos barris fabricados com:

- carvalho europeu, tradicional pela sua propriedade de coloração da cachaça na cor ouro claro, pela maciez e sabor levemente adocicado;

- jequitibá, por não alterar a cor da cachaça, pela retirada da acidez e por deixar a bebida mais leve;

- amendoim, por ser uma madeira nobre e raríssima, não transforma a cachaça em outra bebida, apenas acentua o perfume e o sabor da cana-de-açúcar, deixando uma coloração levemente amarelada.

É assim que a cachaça Heats Brazil chega ao mercado nacional e internacional, com extrema qualidade, respeitando o público consumidor e afirmando-se como uma das melhores cachaças do Brasil.

VISITAÇÃO

Aberto durante todo o ano, são oferecidas visitas técnicas, acompanhamento e explicação de todo o processo produtivo. Na sala de degustação, o visitante tem a oportunidade de provar todos os tipos de produtos, comparando, sob orientação do guia, as diversas características sensoriais.

O centro de visitação tem também uma loja, onde se podem adquirir cachaças, brindes, acessórios e vestuário da grife Heats Brazil.

No caso de grupos, podem ser agendados e oferecidos coquetéis, caipirinha e salgados como acompanhamento da degustação.

LINHA DE PRODUTOS

Cachaça Clássica

- Graduação alcoólica: 39% vol.
- Armazenamento: aço inoxidável.
- Volume: 700 ml.
- Cor: límpida e incolor.
- Aroma: fino, intenso, com notas frutadas.
- Sabor: leve, acidez equilibrada e persistente.
- Harmonização: caipirinha e coquetéis.

Cachaça Jequitibá

- Graduação alcoólica: 39% vol.
- Armazenamento: jequitibá, 1 ano.
- Volume: 500 ml.
- Cor: clara.
- Aroma: imperceptível.
- Sabor: leve, redondo, com notas adocicadas, muito agradáveis.
- Harmonização: acompanha pratos à base de frutos do mar e carnes magras.

Cachaça Amendoim

- Graduação alcoólica: 39% vol.
- Armazenamento: amendoim, 1 ano.
- Volume: 500 ml.
- Cor: levemente amarelada.
- Aroma: estabilizado, preserva os aromas da cana-de-açúcar.
- Sabor: levemente adstringente.
- Harmonização: acompanha peixes e carnes brancas.

Cachaça Carvalho Europeu

- Graduação alcoólica: 39% vol.
- Armazenamento: carvalho, 3 anos.
- Volume: 500 ml.
- Cor: dourada.
- Aroma: amêndoas, madeira tostada e taninos.
- Sabor: suave e buquê aromático complexo.
- Harmonização: acompanha pratos suculentos e condimentados à base de carnes vermelhas.

Cachaça Velho Pilho

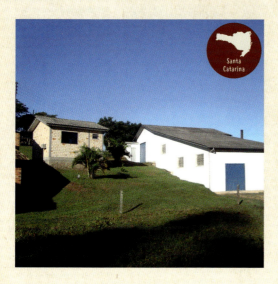

Razão social:
Cachaçaria Velho Pilho

Proprietários:
Samuel Niero e Ismael Niero

Endereço:
Estrada Geral Ribeirão d'Areia, s/nº, Pedras Grandes/SC

E-mail: samuelniero@yahoo.com.br

Telefones: (48) 3465-3457, (48) 9993-6754 e (48) 99606-7834

Visitação: www.velhopilho.com.br

HISTÓRICO

A Cachaça Velho Pilho é produzida na propriedade da família Niero, situada entre a serra Geral e o litoral catarinense, rodeada de vales e montanhas a 180 km de Florianópolis e 23 km de Criciúma. A produção de cachaça teve início em 1992, a partir de canaviais próprios, e as etapas da produção são submetidas a um rigoroso controle de qualidade para dar aroma e paladar da verdadeira cachaça brasileira.

VISITAÇÃO

A Cachaçaria Velho Pilho é aberta ao público de segunda a sexta-feira, das 9h às 12h e das 13h30 às 17h, e aos sábados das 8h às 12h. Além de conhecer a história da cachaçaria e saber mais sobre o processo de produção, os visitantes poderão apreciar uma boa cachaça.

LINHA DE PRODUTOS

Velho Pilho Prata

- Graduação alcoólica: 38% vol.
- Armazenamento: aço inoxidável, 6 meses.
- Cor: branca e límpida.
- Aroma: frutado.
- Sabor: leve e macio.
- Harmonização: sopas ou caldinhos de peixes e frutos do mar.

Cachaça Xanadu

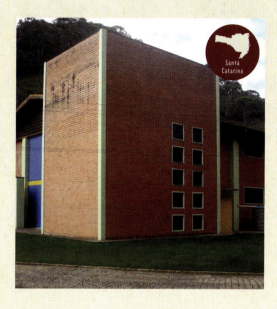

Razão social: Xanadu Agroindústria de Bebidas Premium Ltda.

Proprietário: Roberto Zimmermann

Endereço: Sítio Xanadu, Rua Euclides da Cunha, 1.837, Velha Blumenau/SC

Site: www.xanadu.com.br

Telefones: (47) 3325-1275 e (47) 9177-6164

Visitação: Destilaria Xanadu, (47) 3325-1275

HISTÓRICO

Com sede própria em Blumenau, Santa Catarina, mais de 1 milhão de metros quadrados, rodeados por muito verde e uma infraestrutura de 3.500 metros de área construída, ela conta com mais de 1.000 barris de madeira nobre vindos da Europa, Estados Unidos e norte do Brasil, como carvalho, jequitibá, bálsamo, castanheira, entre outras, objetivando envelhecer a cachaça, agregando as nuances da própria madeira para o sabor e olfato de cada consumidor final, com alta qualidade e garantia de produto "Premium". A empresa possui químico permanente, mestre alambiqueiro, alambique de cobre antizinabre e toda infraestrutura necessária ao melhor processo fabril de seus produtos, desde laboratório, onde se realizam os blends, até a câmara de envelhecimento dos barris. Possui 160 mil litros de cachaça em estoque, envelhecendo por seis, oito e dez anos. Os barris de carvalho de doze anos foram lacrados pelos fiscais federais do Ministério da Agricultura.

O nome da linha faz referência à história da cidade perdida de Xanadu, cidade lendária, onde tudo é leite e mel, perfeita. O novo Éden. Vale oculto onde estavam os frutos da vida, capazes de prolongar a vida de quem os comesse e degustasse do blended. A linha reúne o coração da cachaça, a porção mais nobre no processo da destilação, o envelhecimento em barris de madeira nobre, proporcionando maciez, aroma e sabor, que seduzem ao primeiro gole.

VISITAÇÃO

A destilaria é aberta diariamente para visitações individuais ou em grupo. O visitante tem a oportunidade de conhecer toda a estrutura da destilaria, assim como degustar de toda a sua linha de produtos. O horário de funcionamento é de segunda a sexta-feira, das 9h às 17h. Nos finais de semana, somente com agendamento.

LINHA DE PRODUTOS

Cachaça Xanadu Pura

- Graduação alcoólica: 38% vol.
- Armazenamento: jequitibá, 3 anos.
- Cor: branca, brilhante e límpida.
- Aroma: frutado, com sutis traços de madeira.
- Sabor: leve e macio, com acidez equilibrada.
- Harmonização: acompanha petiscos, caldinhos e pratos à base de frutos do mar.

Cachaça Xanadu Ouro

- Graduação alcoólica: 38% vol.
- Armazenamento: carvalho, 6 anos.
- Cor: amarelo-ouro, densa e límpida.
- Aroma: notas amadeiradas de baunilha, tabaco e caramelo.
- Sabor: leve, acidez equilibrada, redondo e fino.
- Harmonização: acompanha pratos suculentos e condimentados.

Cachaça Xanadu Woman

- Graduação alcoólica: 38% vol.
- Armazenamento: carvalho americano, 6 anos.
- Cor: amarelo-ouro, límpida e brilhante.
- Aroma: notas amadeiradas de baunilha.
- Sabor: leve, acidez equilibrada, redondo e fino.
- Harmonização: acompanha pratos suculentos e condimentados.

Cachaça Intisica Prata

- Graduação alcoólica: 38% vol.
- Armazenamento: jequitibá, 6 anos.
- Cor: branca, brilhante e límpida.
- Aroma: frutado e floral, com sutis traços de madeira.
- Sabor: leve e macio, com acidez equilibrada.
- Harmonização: acompanha petiscos, caldinhos e pratos à base de frutos do mar.

Cachaça Intisica Ouro

- Graduação alcoólica: 38% vol.
- Armazenamento: carvalho, 6 anos.
- Cor: amarelo-ouro, densa e límpida.
- Aroma: notas amadeiradas de baunilha, tabaco e caramelo.
- Sabor: leve, acidez equilibrada, redondo e fino.
- Harmonização: acompanha pratos suculentos e condimentados.

Cachaça Bruaca

- Graduação alcoólica: 38% vol.
- Armazenamento: carvalho, 6 anos.
- Cor: amarelo-ouro, densa e límpida.
- Aroma: notas amadeiradas de baunilha, tabaco e caramelo.
- Sabor: leve, acidez equilibrada, redondo e fino.
- Harmonização: acompanha pratos suculentos e condimentados.

Cachaça Blumenau Schnaps Carvalho

- Graduação alcoólica: 40% vol.
- Armazenamento: carvalho, 6 anos.
- Cor: amarelo-ouro, densa e límpida.
- Aroma: notas amadeiradas de baunilha, tabaco e caramelo.
- Sabor: leve, acidez equilibrada, redondo e fino.
- Harmonização: cervejas Lagger e Pilsen.

Cachaça Xanadu Bálsamo

- Graduação alcoólica: 39% vol.
- Armazenamento: bálsamo, 6 anos.
- Cor: amarelo-dourada, densa e límpida.
- Aroma: notas amadeiradas e herbáceas.
- Sabor: adstringente, acidez equilibrada, redondo e fino.
- Harmonização: cervejas weizen e IPA. Acompanha carnes de caça e cacau.

Cachaça Oktober Schnaps

- Graduação alcoólica: 40% vol.
- Armazenamento: jequitibá, 6 anos.
- Cor: branca, brilhante e límpida.
- Aroma: frutado e floral, com sutis traços de madeira.
- Sabor: leve e macio, com acidez equilibrada.
- Harmonização: cervejas escuras Dunkel e Bock e cerveja Pilsen.

Cachaça Xanadu Jequitibá

- Graduação alcoólica: 39% vol.
- Armazenamento: jequitibá, 6 anos.
- Cor: branca, brilhante e límpida.
- Aroma: frutado e floral, com sutis traços de madeira.
- Sabor: leve e macio, com acidez equilibrada.
- Harmonização: acompanha petiscos, frutos do mar.

Cachaça Xanadu Carvalho

- Graduação alcoólica: 39% vol.
- Armazenamento: carvalho, 6 anos.
- Cor: amarelo-ouro, densa e límpida.
- Aroma: notas amadeiradas de tabaco e baunilha.
- Sabor: leve, acidez equilibrada, redondo e fino.
- Harmonização: acompanha carnes vermelhas e frango.

Cachaça Xanadu Castanheira

- Graduação alcoólica: 39% vol.
- Armazenamento: castanheira, 6 anos.
- Cor: amarelo-cobre, densa e límpida.
- Aroma: notas amadeiradas de tabaco, oleaginosas e defumado.
- Sabor: encorpado, marcante, robusto, acidez equilibrada, redondo e fino.
- Harmonização: acompanha carnes vermelhas e de caça.

Middas Cachaça

Razão social:
Dias de Ouro Ltda.

Proprietário:
Leandro Dias

Endereço:
Fazenda Santa Catarina,
Bairro Tigre, Dracena/SP

Site: www.middascachaca.com.br

Telefone: (18) 3522-1329

Visitação: Destilaria Vitória,
(18) 3522-1329

HISTÓRICO

A Middas Cachaça destaca-se pela inovação: a primeira cachaça com flocos de ouro comestível 23K. Foi lançada em maio de 2014 pelo empreendedor Leandro Dias, que, residindo por um período fora do país, presenciou a tendência mundial de consumo de ouro comestível, tendo então a ideia de unir essa tendência a um produto genuinamente brasileiro, valorizando e elevando a cachaça, entregando sempre um produto com a mais alta qualidade.

Em novembro de 2015, lançou ao mercado a Middas Reserva, um lote numerado de apenas mil garrafas de cachaça armazenada em barris de carvalho francês de primeiro uso. O processo produtivo teve o acompanhamento de um dos mais conceituados master blender de cachaça do mundo, o pós-doutor pela Universidade de São Paulo Leandro Marelli, que assina a produção.

A Middas é produzida em um dos alambiques mais tradicionais da Nova Alta Paulista, localizada no oeste do estado de São Paulo, na cidade de Dracena. A Destilaria Vitória foi fundada em 2006 em uma das primeiras propriedades da região, originária da década de 1940, reconhecida como empresa rural sustentável pela Universidade Estadual Paulista.

O nome foi inspirado no mito do rei Midas, que foi abençoado pelo deus Baco com o toque de ouro. Ao adquirir a Middas, o consumidor interage com a garrafa ao adicionar um frasco com ouro comestível 23K, dando o toque de ouro à cachaça.

A qualidade na produção já rendeu à Middas Cachaça cinco prêmios internacionais, em Nova York, Miami, Hong Kong e Berlim.

VISITAÇÃO

É possível visitar a Destilaria Vitória durante todo o período de safra, que compreende de junho a setembro. A visita é guiada pelo master destiller da Middas Cachaça, que explica todo o processo de produção e conta a história do alambique. O visitante tem a oportunidade de acompanhar desde a moagem até a destilação, conhecer a sala de envelhecimento onde a cachaça é armazenada em barris e tonéis e, por fim, degustar as cachaças produzidas pela destilaria.

O escritório da Middas Cachaça também está aberto à visitação durante o ano todo, sendo acompanhada por profissionais capacitados para tirar eventuais dúvidas e apresentar a loja oficial.

LINHA DE PRODUTOS

Middas Cachaça

- Graduação alcoólica: 40% vol.
- Armazenamento: amendoim do campo.
- Cor: límpida e incolor.
- Aroma: leve e frutado.
- Sabor: leve e de baixa acidez.
- Harmonização: torresmo, feijoada, risotos e peixes.

Middas Reserva

- Graduação alcoólica: 39% vol.
- Armazenamento: carvalho francês, 2 anos.
- Cor: amarelo-ouro.
- Aroma: frutado, com notas aromáticas de mel.
- Sabor: toque de caramelo, amêndoas e canela.
- Harmonização: churrasco, carnes assadas, chocolate e bolo.

Cachaça Sebastiana

Razão social: Santa Rufina Ind. Com. Derivados de Cana Ltda.

Proprietário: Carlos Alberto de Barros Mattos

Endereço: Rodovia SP 255, km 60,5, Américo Brasiliense/SP

Site: www.cachacasebastiana.com.br

Telefones: (16) 3325-5592 e (16) 99760-2386

Visitação: agendamento, (16) 99760-2386

HISTÓRICO

Diz a lenda que, na década de 1960, a Fazenda Santa Rufina, localizada em Ibaté, cidade do interior do estado de São Paulo, produzia uma cachaça tão boa que um de seus grandes apreciadores a comparava às pernas de uma bela moça que trabalhava no engenho, de nome Sebastiana. Por essa razão, inicialmente, a cachaça "danada de boa" foi batizada pela família Barros de Perna de Moça. Muito tempo se passou e, no intuito de resgatar mais de 60 anos de tradição, a segunda geração de produtores do Alambique Santa Rufina lançou sua cachaça super premium com o nome de Sebastiana, também em homenagem à moça de belas pernas.

Para Carlos Alberto Mattos, sócio-presidente do Alambique Santa Rufina, conquistar medalhas nos maiores e mais importantes concursos de bebidas, além de uma grande conquista pessoal, é o reconhecimento de que os produtos Sebastiana têm extrema qualidade. "É emocionante ter o seu espírito produtivo reconhecido em uma avaliação às cegas, perante meticuloso painel de juízes experientes, porém, melhor que isso, é poder representar o Brasil e nossa cultura com muito orgulho para o mundo".

A Cachaça Sebastiana acumula vários prêmios internacionais:

- 2014 - Medalha de Bronze no International Spirits Challenge (Londres) e Medalha de Ouro no New York World Wine & Spirits Competition;

- 2015 - Medalha de Prata no International Spirits Challenger (Londres); Medalha de Prata no San Francisco World Spirits Competition;

- 2016 - Medalha Duplo Ouro e Best in Show no San Francisco World Competition; Medalha Best in Class e Medalha de Ouro no Miami Rum Festival;

- 2017 - Medalha de Ouro no Concurso Mundial de Bruxelas e Medalha de Prata no Berlin International Spirits Competition.

VISITAÇÃO

A Fazenda Santa Rufina oferece a possibilidade de visitação com agendamento. Durante a visita, além dos aspectos históricos do local, tem-se o contato com todo o processo produtivo, desde a fase do plantio da cana, passando pelo corte, moagem, fermentação, destilação até o envase. Também são apresentados os vários tipos de cachaças e as suas diferenças sensoriais decorrentes dos estágios em madeiras.

LINHA DE PRODUTOS

Cachaça Sebastiana Castanheira

- Graduação alcoólica: 40% vol.
- Envelhecimento: castanheira, 3 anos.
- Cor: branco-amarelada, brilhante e límpida.
- Aroma: frutado, com traços de chocolate e castanhas.
- Sabor: álcool extremamente equilibrado, baixa acidez, notas de caramelo, chocolate e herbais.
- Harmonização: acompanha petiscos, caldinhos e pratos à base de frutos do mar.

Cachaça Sebastiana Carvalho Single Barrel

- Graduação alcoólica: 40% vol.
- Envelhecimento: carvalho americano, 2 anos.
- Cor: âmbar, densa e límpida.
- Aroma: notas amadeiradas de baunilha, mel, tabaco, canela e caramelo.
- Sabor: encorpado, acidez baixíssima, canela, especiarias, tabaco e baunilha.
- Harmonização: acompanha pratos de carne, churrasco, chocolate amargo.

Cachaça Sebastiana Cristal

- Graduação alcoólica: 40% vol.
- Armazenamento: aço inoxidável, 6 meses.
- Cor: límpida e brilhante.
- Aroma: elegante e persistente, com notas de gramíneas, herbais e adocicado.
- Sabor: notas discretas adocicadas de cana, gramíneas e demais ervas.
- Harmonização: com petiscos e tira-gostos.

Cachaça Sebastiana Duas Barricas

- Graduação alcoólica: 40% vol.
- Envelhecimento: castanheira, 1 ano e 6 meses, carvalho americano, 1 ano e 6 meses.
- Cor: âmbar, encorpada.
- Aroma: suave e adocicado, com notas de mel e frutas secas, com notáveis e elegantes camadas de caramelo, toffee e baunilha.
- Sabor: envolvente, extremamente agradável e com baixíssima acidez, com notas nítidas de chocolate, em contraponto às notas de castanhas e um leve defumado.
- Harmonização: com pratos mais condimentados, à base de carnes vermelhas; pode ainda acompanhar café ao final das refeições.

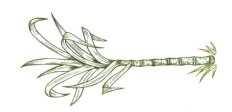

Sinonímia

Talvez pelo fato de não haver uma única explicação linguística e etmológica para a palavra cachaça, o brasileiro criou, à luz da sua diversidade sociocultural, uma incontável relação de sinônimos e eufemismos para apelidar a sua bebida.

Supõe-se ainda que o uso de diferentes denominações para a cachaça teve início com a proibição, pela Coroa Portuguesa, da produção de cachaça, entre 1649 e 1661. Usando da sua criatividade atávica, o brasileiro começou a chamar a aguardente, produzida então clandestinamente, com mais de 600 sinônimos, ainda hoje utilizados, driblando assim a fiscalização.

Igualmente interessantes são os sinônimos atribuídos aos devotos inseparáveis da branquinha, aos estados etílicos que estes ficam após consumo exagerado e às doses da dita cuja (SILVA, 2008).

Os quatro conjuntos, embora muitas vezes ostentem uma conotação pejorativa, não deixam de expressar o caráter social e lúdico de uma das melhores características do povo brasileiro: a alegria de viver!

Nomes da cachaça

A

- Abençoada
- A boa
- Abraçadeira
- Abre
- Abre apetite
- Abre bondade
- Abre coração
- Abrideira
- Abridora
- Aça
- Acalma nervo
- Ácido
- Aço
- Acuicui
- A do ó
- Adormece virgem
- Africana
- Água
- Água benta
- Água bórica
- Água branca
- Água bruta
- Água de briga
- Água de cana
- Água de fogo
- Água de setembro
- Água doce
- Água lisa
- Água maluca
- Água mineral

- Água pé
- Água p'ra tudo
- Água que gato não bebe
- Água que passarinho não bebe
- Aguardente
- Aguardente de cana
- Aguarrás
- Águas de setembro
- Aguinha
- Agundu
- Alicate
- Alpista
- Alpiste
- Aluanda
- Amansa corno
- Amansa sogra

- Amarelinha
- Amorosa
- Anacuíta
- Angico
- Aninha
- Anjo da guarda
- Antibiótico
- Anticaspa
- Antioxidante
- Apaga tristeza
- A que incha
- Aquela
- Aquela que matou o guarda
- A que matou o guarda
- Aquiqui
- Arapari
- Ardosa

- Ardosei
- Ariranha
- Arrebenta peito
- Arrupiada
- Aruana
- Aruanda
- Assina ponto
- Assovio de cobra
- Atentada
- Atitude
- Azeite
- Azinhavre
- Azougue
- Azulada
- Azuladinha
- Azulina
- Azulzinha

B

- Badalo
- Bafo de tigre
- Baga
- Bagaceira
- Baronesa
- Bataclã
- Bebida de pobre
- Bicarbonato de soda
- Bicha
- Bichinha
- Bicho
- Bico

- Birinaite
- Birinata
- Birita
- Birrada
- Bitruca
- Boa
- Boa ideia
- Boa p'ra tudo
- Boinha
- Bom p'ra tudo
- Borbulhante
- Boresca

- Bota fora
- Braba
- Branca
- Brande
- Branquinha
- Brasa
- Braseir
- Braseira
- Brasileira
- Brasileirinha
- Brava

C

- Cabreira
- Cachaça
- Cachorro de engenheiro

- Caeba
- Café branco
- Caiana
- Caianarana

- Caianinha
- Calorenta
- Camarada
- Cambirra

- Cambraia
- Cambrainha
- Campestre
- Camulaia
- Cana
- Cana capim
- Cândia
- Canguara
- Canha
- Canibirna
- Canicilina
- Caninha
- Caninha verde
- Canjebrina
- Canjica
- Capim santo
- Capote de pobre
- Cascabulho
- Cascarobil
- Cascavel
- Catinguenta
- Catrau
- Catrau campeche
- Catuaba
- Catura
- Catuta
- Cauim
- Caúna
- Caxaramba
- Caxiri
- Caxixi
- Celular
- Cem virtudes
- Chá de cana
- Champanha da terra
- Chapuletada
- Chato
- Chibatada
- Chica
- Chica-boa
- Chicote
- Chinelada
- Chora menina
- Chorinho
- Choro
- Chuchu
- Cidrão
- Cipinhinha
- Cipó
- Cipoada
- Cobertor de pobre
- Cobreia
- Cobreira
- Coco
- Concentrada
- Congonha
- Conguriti
- Consolação
- Consola corno
- Contra
- Contrarrainha
- Corta bainha
- Cotreia
- Crislotique
- Crua
- Cruaca
- Cumbe
- Cumbeca
- Cumbica
- Cumulaia
- Cura tudo

D

- Danada
- Danadinha
- Danadona
- Danguá
- Delas frias
- Delegado de laranjeiras
- Dengosa
- Depurativo
- Desabafa peito
- Desgraça
- Desmanchada
- Desmanchadeira
- Desmancha samba
- Dindinha
- Distinta
- Ditadura
- Doidinha
- Dona branca
- Dormideira
- Douradinha

E

- Ela
- Elixir
- Endiabrada
- Engasga gato
- Engenhoca
- Engorda marido
- Entorta pé
- Espanta moleque
- Espiridina

- Espírito
- Esquenta aqui dentro
- Esquenta corpo
- Esquenta dentro
- Esquenta por dentro
- Estricnina
- Extrato hepático

F

- Faísca
- Fanta
- Faz dodó
- Faz xodó
- Fecha corpo
- Fedegosa
- Ferro
- Filha de senhor de engenho
- Filha do engenho
- Filha do senhor do engenho
- Fogo
- Fogo molhado
- Fogosa
- Forra peito
- Fragadô
- Friinha
- Fruta
- Fuinha

G

- Garapa
- Garapa doida
- Gás
- Gasolina
- Gaspa
- Geada
- Generosa
- Gengibirra
- Girgolina
- Girumba
- Glostora
- Gole
- Goró
- Gorobeira
- Gororoba
- Gororobinha
- Gramática
- Granzosa
- Gravanji
- Graxa
- Grogue
- Guamba
- Guampa
- Guampe
- Guarupada

H

- Hidolitro
- Homeopatia

I

- Iaiá me sacode
- Igarapé mirim
- Imaculada
- Imbiriba
- Incha
- Incha cara
- Inchadeira
- Incha pé
- Injeção
- Inspiração
- Insquento
- Isbelique
- Isca

J

- Já começa
- Jamaica
- Januária
- Jeribá
- Jeribita
- Jeritiba
- Jerumba
- Jinjibirra
- Jora
- Juçara
- Junca
- Jura
- Jurubita
- Jurupinga

L

- Lágrima de virgem
- Lambada
- Lamparina
- Lanterneta
- Lapada
- Lapinga
- Laprinja
- Laranjinha
- Lebrea
- Lebreia
- Legume
- Levanta velho
- Limpa
- Limpa goela
- Limpa olho

M

- Maçangana
- Maçaranduba
- Maciça
- Malafa
- Malafo
- Malavo
- Malavra
- Malunga
- Malvada
- Mamadeira
- Mamãe de aluana
- Mamãe de aluanda
- Mamãe de aruana
- Mamãe de luana
- Mamãe de luanda
- Mamãe sacode
- Manduraba
- Mandureba
- Mangaba
- Mangabinha
- Mania
- Marafa
- Marafo
- Maria
- Maria branca
- Maria meu bem
- Maria seu bem
- Maria teimosa
- Marimbondo
- Mariquinhas
- Martelada
- Martelo
- Marumbis
- Marvada
- Marvadinha
- Mata bicho
- Mata paixão
- Mata saudade
- Mateus
- Mé
- Meiota
- Meladinha
- Mele
- Meleira
- Menina de azul
- Meropeia
- Meu consolo
- Miana
- Mijo de cão
- Mijo santo
- Mindona
- Mindorra
- Minduba
- Mindubinha
- Mindureba
- Miscorete
- Místria
- Moça branca
- Moça loura
- Molengão
- Molhadura
- Monjopina
- Montuava
- Morrão
- Morretinna
- Muamba
- Mulata
- Mulatinha
- Muncadinho
- Mungango

N

- Não sei quê
- Negrita
- Nó cego
- Nordígena
- Número um

Sinonímia

O

- Obsessão
- Óleo
- Óleo de cana
- Omim fum fum
- Oranganje
- Ori
- Orontanje
- Otim
- Otim fifum
- Otim fim fim

P

- Paixão
- Panate
- Parati
- Paraty
- Parda
- Parnaíba
- Passa raiva
- Patrícia
- Pau de urubu
- Pau no burro
- Pau selado
- Pechincha
- Pé de briga
- Péla goela
- Pelecopá
- Penicilina
- Perigosa
- Petróleo
- Pevide
- Pifão
- Pílcia
- Pilóia
- Pilora
- Pindaíba
- Pindaíva
- Pindonga
- Pinga
- Pingada
- Pinga de cabeça
- Pinga mansa
- Pinguinha
- Piraçununga
- Piribita
- Pirita
- Pitianga
- Pitula
- Porco
- Porongo
- Preciosa
- Prego
- Presepe
- Pringomeia
- Proletária
- Pura
- Purgante
- Purinha
- Purona

Q

- Quebra gelo
- Quebra goela
- Quebra jejum
- Quebra munheca
- Quindim

R

- Rama
- Reforça rapapé
- Remédio
- Restilo
- Retroz
- Rija
- Ripa
- Roxo forte

S

- Saideira
- Salsaparrilha de bristol
- Samba
- Santa branca
- Santa Maria
- Santamarense
- Santinha
- Santo amarense
- Santo Onofre de bodega
- Sapupara
- Semente de arenga

- Semente de arrenga
- Sem nata
- Sete virtudes
- Sinhasinha
- Sipia
- Siúba
- Somo de cana
- Sorna
- Sputinik
- Sumo de cana
- Sumo de cana torta
- Suor de alambique
- Suor de cana torta
- Supupara
- Suruca

T

- Tafiá
- Talagada
- Tanguara
- Tapa no beiço
- Teimosa
- Teimosinha
- Tempero
- Tenebrosa
- Terebintina
- Tiguara
- Tigura
- Tindola
- Tíner
- Tinguaciba
- Tioba
- Tiquara
- Tira calor
- Tira juízo
- Tira prosa
- Tira teima
- Tira vergonha
- Titara
- Tiúba
- Tode de garrafa
- Tome juízo
- Topada
- Trago
- Tremedeira
- Três martelos
- Três tombos
- Truaca

U

- Uca
- Uísque de pobre
- Uma
- Uma aí
- Umazinha
- Unganjo
- Upa
- Urina de santo
- Usga

V

- Vela
- Veneno
- Venenosa
- Vexadinha
- Virge
- Virgem
- Virtude

X

- Xarapada
- Xarope de grindélia
- Xarope dos bebos
- Xarope galeno
- Xavielada
- Ximbica
- Ximbira
- Xinabre
- Xinapre

Z

- Zombeteira
- Zuninga
- Zunzum

Bebedores de cachaça

- Bebum
- Cachaceiro
- Caneiro
- Esponja
- Gambá
- Mela goela
- Pau d'água
- Pé de cana
- Pé inchado
- Pinguço
- Pudim de pinga

Estado etílico

- Anu no fio
- Bêbado
- Biritado
- Carijó
- Cercando galo
- Chalado
- Chamando Jesus de Genésio
- Chapado
- Chumbado
- Congonhas
- De fogo
- Embriagado
- Grogue
- Mamado
- Meio lá meio cá
- Muito louco
- Pica pau
- Pileque
- Pra lá de Bagdá
- Turbinado
- Zoró

Dose de cachaça

- Bicada
- Branquinha
- Chamada
- Cipoada
- Dois dedos
- Dosada
- Golada
- Gole
- Lambada
- Lamborada
- Lapada
- Lenhada
- Lisada
- Mata guarda
- Pancada
- Pancadinha
- Pingolete
- Prego
- Purinha
- Ripada
- Talagada
- Tiliscada
- Traco
- Trago
- Triscada
- Uma

Além da riquíssima sinonímia, que caracteriza toda uma sociologia em torno da cachaça, merece destaque o significado que ela adquire para exprimir "paixão", "mania" e "afeição". Como é poético poder dizer a quem se ama e a quem se quer bem:

"Meu amor, a minha cachaça é você!"

Glossário

Ácido acético - produto secundário oriundo da fermentação. É responsável quantitativamente pela fração ácida da cachaça. Alta acidez pode ser atribuída à contaminação da cana ou do próprio mosto por bactérias acéticas.

Ácido volátil - denominação dada aos ácidos que se volatilizam, ou seja, se evaporam, e que quando destilados mantêm as suas propriedades, por exemplo: ácido acético.

Açúcar - também chamado de carboidrato ou hidrato de carbono, é um composto orgânico formado por carbono, hidrogênio e oxigênio, encontrado no caldo da cana representado por sacarose, glicose e frutose.

Água fraca - ver Cauda.

Aguardente de cana - termo usado para denominar, genericamente, destilados brasileiros obtidos da cana-de-açúcar: cachaça e caninha industrial.

Alambicada - ciclo completo de produção de um lote de cachaça artesanal em equipamentos descontínuos.

Alambique - equipamento de destilação utilizado na produção de cachaça artesanal. São aparelhos ditos descontínuos, pois operam por ciclos, e são geralmente feitos de cobre, embora o uso de aço inoxidável esteja se tornando comum.

Álcool - composto resultante da substituição de um ou mais átomos de hidrogênio dos hidrocarbonetos por um ou mais oxidrilos. Com dois átomos de carbono é o álcool etílico, com 4 recebe a denominação de álcool butílico, com 5 átomos, álcool amílico.

Álcool etílico - principal álcool presente na cachaça, também denominado de etanol. Contém dois átomos de carbono e uma hidroxila.

Álcool metílico - também denominado de metanol, é formado por um átomo de carbono e uma hidroxila. É um álcool particularmente indesejável na cachaça e sua ingestão, mesmo em quantidades reduzidas, por longos períodos, afeta o sistema respiratório e pode também ocasionar cegueira.

Álcool superior - álcool com mais de dois átomos de carbono formado durante o processo oxidativo da fermentação. É o responsável direto pelo odor da cachaça ("bouquet").

Alcoolismo - transtorno crônico do comportamento manifestado pela ingestão repetida e excessiva de bebidas alcoólicas, capaz de comprometer a saúde e as funções sociais e econômicas do indivíduo.

Alcoômetro - instrumento utilizado para medir o teor alcoólico do destilado. Contém normalmente duas escalas: escala Cartier e escala Gay-Lussac.

Aldeído - classe de substâncias voláteis e de odor penetrante, que apresentam, pelo menos, um grupo de funcional denominado carbonila. Os nomes dos aldeídos normalmente têm o sufixo "al", por exemplo: furfural.

Análise organoléptica - ver Degustação.

Azinhavre - hidrocarbonato de cobre, venenoso, de cor verde, que se forma na superfície de cobre, quando exposta ao ar úmido.

Bagacilho - são partículas existentes no caldo extraído pelas moendas. Como são impurezas, agem como focos de infecções, além de provocar a formação de furfural, que é indesejável para a qualidade da cachaça.

Bagaço - resíduo fibroso obtido a partir da extração do caldo dos colmos da cana, por meio da moagem.

Beaumé - unidade utilizada para medir o teor de açúcar, ou sacarose, de uma solução. É também chamada de Grau Beaumé. A unidade mais utilizada, no entanto, é o grau Brix.

Bidestilação - novo processo de destilação ao qual é submetido o produto destilado para alcançar um melhor grau de pureza do líquido final.

Brix - unidade de medida do sacarímetro, que é o instrumento utilizado para a medição do teor de açúcar ou sacarose de uma solução. É também chamada de grau Brix.

Cabeça - denominação para a primeira fração da destilação. Apresenta ponto de ebulição menor que o álcool, devido ao fato de ter mais substâncias voláteis, como certos aldeídos e ésteres. Também denominada de "produtos da cabeça", em seu conjunto, correspondendo de 5% a 10% do total destilado.

Cachacista - profissional responsável pelo serviço da cachaça, ou seja, é o "sommelier da cachaça".

Cachaçófilo - aquele que aprecia e entende de cachaça. Quando exagera na quantidade é chamado pejorativamente de cachaceiro.

Cachaçólogo - profissional responsável pela elaboração e armazenamento da cachaça. É o mestre que conduz o processo de produção. É popularmente chamado de alambiqueiro.

Caipirinha - bebida típica brasileira preparada exclusivamente com cachaça, limão, açúcar de cana e gelo.

Caninha - denominação popular da cachaça ou da aguardente de cana.

Carta de cachaças - relação das cachaças oferecidas em um restaurante, uma cachaçaria ou em um bar, contendo a lista das ofertas colocadas à disposição dos consumidores.

Cartier - unidade utilizada para exprimir a graduação de álcool em uma mistura hidroalcoólica. Tem a mesma utilidade que a escala Gay Lussac, embora seja menos utilizada.

Cauda - denominação para o "produto de cauda", que é a terceira fração do processo de destilação com graduação alcoólica abaixo de 38 °GL. Representa de 10% a 15% do total destilado.

Coluna de destilação - equipamento de destilação contínua utilizado normalmente para a produção de cachaça em escala industrial. É geralmente feito de aço inoxidável e é também chamado de "destilador de coluna" ou "torre de destilação".

Coração - denominação para a segunda fração da destilação, que é a cachaça propriamente dita, com graduação alcoólica entre 38 °GL e 48 °GL e que compreende de 75% a 85% do total da destilação.

Degustação - realização de uma análise organoléptica, utilizando-se dos órgãos dos sentidos - visão, olfato e paladar -, com interesse e concentração, fazendo ainda uso da memória e do conhecimento técnico. É também chamada de "análise sensorial" e "análise organoléptica", podendo ser hedonística ou técnica.

Degustação hedonística - degustação cujo objetivo principal é a apreciação, procurando sentir prazer em cada gole, sem grandes preocupações analíticas.

Degustação técnica - degustação, normalmente conduzida por cachaçólogos ou cachacistas, cujo principal objetivo é fazer uma análise crítica, profunda, definitiva e formal, para avaliar a aceitabilidade e a qualidade de determinado produto.

Descanso - primeira fase de estocagem da cachaça após passar pela destilação e pela filtragem. O descanso pode ser de 2 a 4 meses, em tonéis de material inerte.

Destilação - processo que consiste em separar e selecionar componentes voláteis de uma mistura por vaporizações e condensações alternadas e repetidas, de acordo com as temperaturas de ebulição ou de mudança de fase.

Digestivo - destilado de alto teor alcoólico que, pela sua característica fortificada, ajuda na digestão de comidas pesadas e picantes.

Dorna - recipiente onde o mosto é submetido ao processo fermentativo, para ser transformado em vinho e em seguida ser destilado. Pode ser construída de alvenaria, madeira, plástico ou chapas de aço. São também denominadas de cocho ou cuba.

Drincologia - neologismo cunhado pelo embaixador Maurício Nabuco com a grafia "drinkologia", que retratava as regras básicas do bem beber e definia os princípios elementares que regem o preparo dos "mixed drinks".

Envelhecimento - segunda fase de estocagem da cachaça após a destilação. Essa fase deve ser de 12 meses ou mais e a cachaça é acondicionada em barris de madeira.

Enzima - é uma proteína sintetizada na célula que catalisa (acelera) uma reação termodinâmica, de tal forma que os processos bioquímicos são essenciais para a vida celular. Toda a atividade para a produção de álcool ou aguardente está relacionada com a atividade enzimática.

Éster - substância aromática volátil resultante da condensação de um ácido orgânico e de um álcool. O principal éster encontrado na cachaça é o acetato de etila, que em pequenas quantidades confere um "bouquet" agradável à cachaça.

Etanol - ver álcool etílico.

Fermentação - transformação microbiológica dos açúcares presentes no mosto em álcool, gás carbônico, ácidos, glicerol e outros compostos.

Fermento - composto que tem o objetivo de provocar o desdobramento dos açúcares do caldo de cana em álcool etílico e gás carbônico. É o agente do processo de fermentação e é também chamado de "levedura" ou "inóculo".

Flegma - produto hidroalcoólico obtido da destilação do vinho. É o mesmo que aguardente ou cachaça.

Furfural - aldeído que pode estar presente no caldo de cana queimado, formado pela desidratação parcial dos açúcares presentes aquecidos em meio ácido.

Gay Lussac - unidade utilizada para exprimir a percentagem de álcool, em volume, de uma mistura hidroalcoólica à temperatura padrão de 15 °C.

Levedura - ver fermento.

Metanol - ver álcool metílico.

Mosto - caldo obtido por meio da moagem da cana-de-açúcar e que está apto a desenvolver o processo fermentativo.

Nutriente - elemento nutritivo que deve ser adicionado ao fermento para completar as suas evidências nutricionais. O fubá e o farelo de arroz são nutrientes mais empregados.

Óleo fúsel - mistura de álcoois superiores, com predominância dos álcoois amílicos e iso-amílicos, que se formam na fermentação e devem ser retirados durante o processo de destilação.

Pé-de-cuba - composto preparado com fermento e nutrientes para iniciar o processo de fermentação. É também chamado de "inóculo", "pé-de-fermentação" ou "levedo".

Rabo - ver Cauda.

Ressaca - indisposição e mal-estar comum no dia seguinte à grande ingestão de álcool, resultado da intoxicação por excesso.

Terroir - palavra francesa que caracteriza um conjunto de condições ideais para o desenvolvimento de uma planta: solo, temperatura, umidade, clima e sol.

Vinhaça - ver vinhoto.

Vinho - mosto após o desdobramento dos açúcares em etanol, CO_2 e outros compostos.

Vinhoto - resíduo que permanece na panela do destilador após o corte da destilação da água-fraca ou cauda. É também denominado de vinhaça.

Zinabre - ver azinhavre.

Bibliografia

ANUÁRIO BRASILEIRO DA CANA-DE-AÇÚCAR 2004. Santa Cruz do Sul: Gazeta, 2004.

ARTHUR, Helen. O guia do whisky de malte: guia do conhecedor. Florianópolis: Livros e livros, 1998.

ASSOCIATION DE LA SOMMELLERIE INTERNATIONALE. Sommelier, profissão do futuro: técnicas para formação profissional. Rio de Janeiro: Senac Rio, 2003.

BASTOS, Edna. Cana-de-açúcar: o verde mar de energia. Rio de Janeiro: Tecnoprint, 1987.

BEBIDAS & CIA. São Paulo: Escala, s/d., v. 1, n. 2.

BEHRENDT, Axel & BEHRENDT, Bibiana. Cognac. Nova York: Abbeville Press, 1977.

BIANCO, Sergio. Manual básico de degustação de vinhos. Caxias do Sul, s/ed., 2004.

BOSI, Roberto. La Grappa: vom Bauernschnaps zum edlen Brand. Munique: Droemer Knaur, 1997.

BRAGA, Rubem. As boas coisas da vida. 2. ed. Rio de Janeiro: Record, 1989.

BRASIL. Agenda estratégica da cachaça 2010-2015. Ministério da Agricultura, Pecuária e Abastecimento, Secretaria Executiva, Brasília, DF, 2011. Disponível em: http://www.agricultura.gov.br/assuntos/camaras-setoriais-tematicas/agendas/arquivos/cachaca.pdf. Acesso em: 6/4/2018.

BRAZILIAN MEETING ON CHEMISTRY OF FOODS AND BEVERAGES, V. São Carlos, 2004: Program and abstracts. São Carlos: IQSC, 2004.

BROOM, Dave. Rum. Munique: Christian Verlag, 2004.

CACHAÇA MAGAZINE. Belo Horizonte, v. 2, n. 3, abr. 2003.

CALLADO, Antônio. A revolta da cachaça. Rio de Janeiro: Nova Fronteira, 2004.

CÂMARA, Marcelo. Cachaça: prazer brasileiro. Rio de Janeiro: Mauad, 2004.

CARDOSO, Fernando Henrique. Discurso nas comemorações dos 500 anos do Descobrimento do Brasil. Folha de S.Paulo, São Paulo, 23/4/2000. Disponível em: https://www1.folha.uol.com.br/fsp/brasil/fc2304200012.htm. Acesso em: 6/4/2018.

CARDOSO, Maria das Graças. Produção de aguardente de cana-de-açúcar. Lavras: UFLA, 2013.

CASSONE, Luigi. Manual internacional do barman. São Paulo: Gaia, 1995.

CASCUDO, Luís da Câmara. Prelúdio da cachaça. Belo Horizonte: Itatiaia, 1986.

CERUTTI, Miriam. Coquetéis com cachaça: 30 coquetéis brasileiros com cachaça. Natal: Prefeitura de Natal, 2002.

CÔRTE REAL, Mauro. O ritual do vinho: etiqueta e serviço. 6. ed. Porto Alegre: AG Editora, 2004.

DRUNKARD, Richard. O guia definitivo da ressaca. São Paulo: Editora Senac São Paulo, 2004.

ELISEU CRISPIM, Jack. Manual da produção de aguardente de qualidade. Guaíba: Agropecuária, 2000.

ENCONTRO CACHAÇAS DE MINAS, parte integrante da revista Encontro, n. 29, jul. 2004.

ENGARRAFADOR MODERNO. São Caetano do Sul, v. 6, n. 40, jul./ago. 1995.

FEIJÓ, Atenéia & MACIEL, Engels. Cachaça artesanal do alambique à mesa. Rio de Janeiro: Senac Nacional, 2001.

FREYRE, Gilberto. Açúcar: uma sociologia do doce, com receitas de bolos do Nordeste do Brasil. 5. ed. São Paulo: Global, 2012.

_____. "Cachaça". Calendário Pirelli 77. São Paulo: Pirelli, 1977.

_____. Nordeste: aspectos da influência da cana sobre a vida e a paisagem do nordeste do Brasil. 6. ed. Rio de Janeiro: Record, 1989.

GLOBO RURAL. São Paulo, v. 18, n. 211, maio 2003.

GRAVATÁ, Carlos Eduardo. Manual da cachaça artesanal. 4. ed. Belo Horizonte: UNA Editora, 1999.

GLASGOW, Roy. Nzing: a resistência africana à investida do colonialismo português. São Paulo: Perspectiva, 1982.

GUIA OFICIAL DA CACHAÇA: ANUÁRIO 2005. Sabará: Lastro, 2005.

GULA BAR. Edição especial. São Paulo: Editora Peixes, nov./dez. 2003.

HABER, Anette. Das kleine Brandybuch. Monastério: Hölker, 2004.

HERBST, Herbert. Schnaps brennen: Rezepte für Obstbrände und Ansatzschnäpse mit Schritt - für - Schritt - Anleitungen. Munique: Südwest, 2005.

KRETCHMER, Laurence. Tequila: die besten Brände, Drinks und Margaritas. Colônia: Könemann, 1999.

LARANJEIRA, Ronaldo & PINSKY, Ilana. O alcoolismo. 6. ed. São Paulo: Contexto, 2000.

LEITE, José Sobreira. Ypióca 1846-1996: sua história, minha vida. 2. ed. Fortaleza: Tipogresso, 2001.

MALLE, Bettina & SCHMICKL, Helge. Schnapsbrennen als Hobby. Götingen: Verlage Die Werkstatt GmBH, 2004.

MANFROI, Vitor. Degustação de vinhos. Porto Alegre: UFRGS, 2004.

MARICATO, Percival. Marketing para bares e restaurantes. Rio de Janeiro: Editora Senac Rio, 2004.

MENDONÇA, Dante. Botecário: dicionário de sobrevivência no boteco, sem mestre. Curitiba: Ed. do Autor, 2004.

MONTEZUMA, Paulo. Nos bares da vida: contos de bar. Recife: UFPE, 1977.

NABUCO, Maurício. Drinkologia dos estrangeiros. 3. ed. Rio de Janeiro: Nova Fronteira, 2002.

NASCIMENTO, Antônio Carlos do. Vinho, saúde e longevidade. São Paulo: G & Graphil Produções, 2004.

NEVEU, Jean-Louis. Eaux-de-vie & bouilleurs. La Crèche: Geste Éditions, 1999.

OLIVEIRA, Pérsio Santos de. Introdução à sociologia. 24. ed. São Paulo: Ática, 2002.

PACHECO, Aristides de Oliveira. Manual de serviço do garçom. 4. ed. São Paulo: Editora Senac São Paulo, 2002.

_____. Manual do bar. 3. ed. São Paulo: Editora Senac São Paulo, 2002.

PELLOTA, Paulo. Paz na terra aos homens de botequim. São Paulo: Clio Editora, 2003.

PERRIER-ROBERT, Annie. Le café. Paris: Solar, 2002.

PINO, Alberto & VEGRO, Celso Luís Rodrigues. Café: um guia do apreciador. São Paulo: Saraiva, 2005.

PIRES, Antonio Carlos Rabelo. Cachaça: análise de um empreendimento. Recife: Sebrae, 2001.

POKHLIÓBKIN, W.V. Uma história da vodka. São Paulo: Ática, 1995.

QUIRINO, Jessier & NUNES, Joselito. A folha de boldo: notícias de cachaceiros. Recife: Bagaço, 1999.

RIBEIRO, José Carlos Gomes Machado. Fabricação artesanal da cachaça mineira. Belo Horizonte: Perform, 1997.

RICHSHOFFER, Ambrósio. Diário de um soldado da Companhia das Indias Occidentaes (1629-1632). Recife: Laemmert & comp., 1897. Disponível em: https://archive.org/details/diariodeumsolda00richgoog. Acesso em: 6/11/2017.

RIZZINI, Carlos Toledo. Árvores e madeiras úteis do Brasil: manual de dendrologia brasileira. 2. ed. São Paulo: Blucher, 1978.

SERVIÇO DE APOIO ÀS MICRO E PEQUENAS EMPRESAS DE PERNAMBUCO. Perfil empresarial da cachaça de alambique. Recife: Sebrae, 2003.

SEVENICH, Julia. Weinsensorik. Leopoldsdorf: avBUCH, 2005.

SILVA, Jairo Martins da. Cachaça: o mais brasileiro dos prazeres. São Paulo: Anhembi Morumbi, 2008.

_____. Caipirinha: espírito, sabor e cor do Brasil (Spirit, flavor and color of Brazil). Recife: Associação Pernambucana dos Produtores de Aguardente de Cana e Rapadura (Apar), 2014.

SOARES, Jô. O xangô de Baker Street. São Paulo: Companhia das Letras, 1995.

SOUSA, Gabriel Soares. Tratado descritivo do Brasil em 1587. São Paulo: Companhia Editora Nacional, 1938.

SOUTO MAIOR, Mário. Cachaça. 2. ed. Brasilia: Thesaurus, 1985.

_____. Dicionário folclórico da cachaça. Recife: Massangana, 2004.

SOUZA, Derivan Ferreira de. O livro dos coktails. São Paulo: Art Editora, 1987.

UCHÔA, Maria Lúcia; MACIEL, Engels; PAGANO. Sérgio. Caipirinha: o drinque popular brasileiro. Rio de Janeiro: Casa da Palavra, 2003.

VENÂNCIO, Renato Pinto & CARNEIRO, Henrique. Álcool e drogas na história do Brasil. Belo Horizonte: PUC Minas, 2005.

VIEIRA, Lucio Salgado & VIEIRA, Maria de Nazareth. Manual de morfologia e classificação de solos. 2. ed. Ouro Fino: Ceres, 2016.

WISNIEWSKI, Ian. Wodka: Kultur & Genuss. Weil der Stadt: Hädecke, 2005.

WTC WORLD TRADE CENTER. São Paulo, v. 7, n. 51, set./out. 2004.

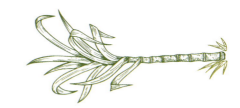

Crédito das imagens

Capa; pp. 10; 12; 15; 31; 34; 42; 48; 53; 57; 59; 63-64; 70; 84; 88; 94; 97; 140; 146; 168-169; 189 - iStock.

p. 19 - Benedito Calixto de Jesus, Moagem de cana, Fazenda Cachoeira, Campinas, 1830. Óleo sobre tela 105 x 136 cm. Obra que integra o acervo do Museu Paulista da USP. Coleção Benedito Calixto de Jesus (CBCJ).

p. 20 - Mapa de Luís Teixeira, anexo ao Roteiro de todos os Sinaes. Acervo Biblioteca da Ajuda, Lisboa.

p. 24 - Acervo do Instituto de Estudos Brasileiros (IEB/USP). Arquivo Mário de Andrade.

p. 26-27 - Johann Moritz Rugendas, Moulin à sucre [Moinho de açúcar]. Gravura que integra a obra Voyage pittoresque dans le Brésil, 1835. Obra rara do acervo bibliográfico do Arquivo Nacional, Biblioteca Maria Beatriz Nascimento, OR 2.119, div. 4, pl. 09.

p. 28 - Johann Moritz Rugendas, Jogar capoeira: ou Dança da guerra, gravura, 1835.

p. 37 - Lanfranco Vaselli (Lan), cartum Roda de samba, [s.d.].

pp. 41; 50; 95; 190 e 200 - Acervo do autor.

p. 56 - Adaptada de Nipe-Unicamp, IBGE e CTC.

pp. 72; 77; 80; 90 - Acervo da Cachaçaria Sanhaçu (Elk Barreto Silva).

p. 75 - Mogana Das Murtey e Patchamuthu Ramasamy. Disponível em: https://commons.wikimedia.org/wiki/File:Saccharomyces_cerevisiae_SEM.jpg.

p. 109 - Adaptadas de MDIC - ALICEWEB - NCM 2208.40.00, Instituto Brasileiro da Cachaça (Ibrac).

p. 142 - Acervo da Fundação Gilberto Freyre.

p. 148 - Acervo da Associação Pernambucana dos Produtores de Aguardente de Cana e Rapadura (Apar).

p. 208 - Cachaçaria Carvalheira (Cristiano Lumack do Monte Filho).

p. 214 a 294 - Acervo das respectivas cachaçarias.

Sobre o autor

Jairo Martins da Silva é graduado em engenharia eletrônica pelo Instituto Tecnológico de Aeronáutica (ITA), com especialização em marketing e propaganda pela FAE-CDE-Curitiba e MBA em gestão de negócios pela Duke University, nos Estados Unidos. Trabalhou na Siemens do Brasil e da Alemanha, onde ocupou várias posições: engenheiro de serviços técnicos, diretor de serviços, diretor industrial, diretor-geral, CIO e vice-presidente. Atualmente, é presidente executivo da Fundação Nacional da Qualidade (FNQ), em São Paulo.

No segmento de alimentos e bebidas, possui cursos de extensão em degustação de vinhos, cachaça e whisky, no Brasil e na Alemanha; de produção de aguardentes, no Brasil e na Áustria; e de análise sensorial no Brasil. Participou de visitações técnicas a produtores de destilados em vários países: México, Escócia, Turquia, França, Itália, Áustria, Chile, República Dominicana e Polônia.

É também professor visitante da Business School São Paulo, do Senac São Paulo e da Münchner Volkshochschule, em Munique, na Alemanha. É consultor especial da Câmara Setorial da Cachaça, do Ministério da Agricultura, Pecuária e Abastecimento (Mapa), membro honorário do Instituto Brasileiro da Cachaça (Ibrac) e sócio benemérito da Associação Pernambucana de Produtores de Aguardente e Rapadura (Apar). É autor, consultor e conferencista no segmento de cachaças, bem como juiz oficial do Bruxelles Concours Mondial - Spirits Selection.

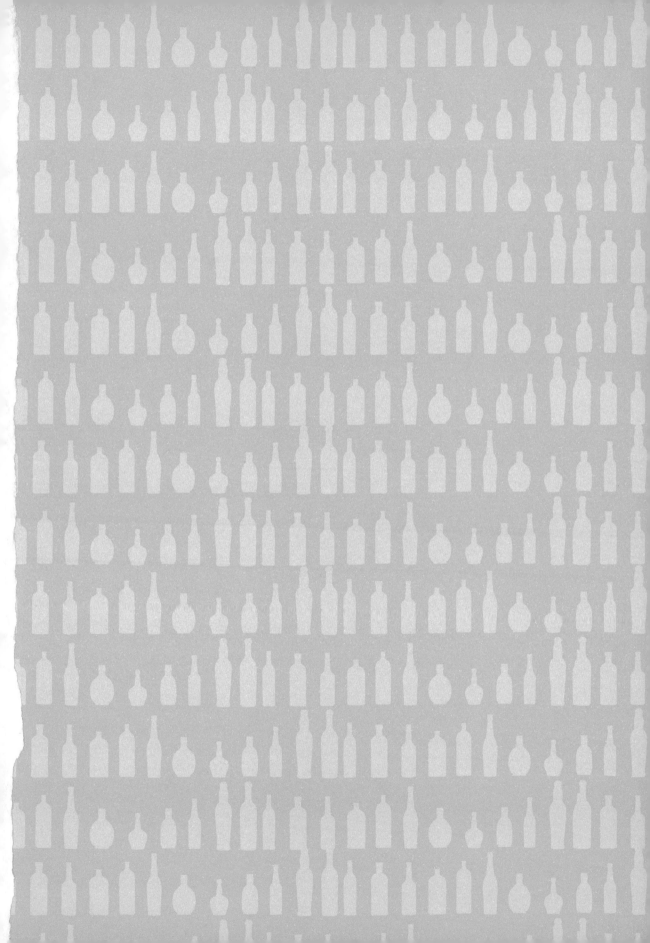